KB080863

로블록스 루아
프로그래밍 첫 발자국 떼기

KOREAN language edition published by acORN Publishing Co., Copyright ⓒ 2023

Authorized translation from the English language edition,
entitled CODING WITH ROBLOX LUA IN 24 HOURS: THE OFFICIAL ROBLOX GUIDE, 1st Edition, 9780136829423
by OFFICIAL ROBLOX BOOKS published by Pearson Education, Inc, Copyright ⓒ 2022 Roblox Corporation.

All rights reserved. No part of this book may be reproduced or transmitted in any form or by any means,
electronic or mechanical, including photocopying, recording or by any information storage retrieval system,
without permission from Pearson Education, Inc.

이 책은 Pearson Education, Inc.와 에이콘출판(주)가 정식 계약하여 번역한 책이므로
이 책의 일부나 전체 내용을 무단으로 복사, 복제, 전재하는 것은 저작권법에 저촉됩니다.

로블록스 루아
프로그래밍 첫 발자국 떼기
로블록스 공식 가이드

진석준 옮김　ROBLOX 지음

에이콘

에이콘출판의 기틀을 마련하신 故 정완재 선생님 (1935-2004)

옮긴이 소개

진석준(bbjoony@gmail.com)

게임 QA로 데브시스터즈 진저랩에 재직 중이다. 게임과 소프트웨어 테스팅에 관련된 다양한 서적을 번역하면서 끊임없이 변하는 IT 트렌드에 발맞추어 진화하는 법을 늘 고민하고 있다. 번역서로 『게임 테스팅 3/e』(에이콘, 2019), 『봇을 이용한 게임 해킹』(에이콘, 2018), 『언리얼 엔진 4로 나만의 게임 만들기』(에이콘, 2016), 『게임 물리 엔진 개발』(지앤선, 2016), 『시스템으로 풀어보는 게임 디자인』(에이콘, 2022) 등이 있다.

옮긴이의 말

이제 게임은 우리의 일상에서 뗄레야 뗄 수 없는 생활의 일부가 됐습니다. 특정한 공간과 시간에만 누릴 수 있었던 게임을 이제는 누구나 쉽게 언제 어디서나 즐길 수 있습니다. 또한 이전에는 소수의 사람들이 전문적인 기술을 동원해 오랜 시간 공을 들여 게임을 만들었다면, 최근에는 전문적인 지식이 없더라도 다양하고 효과적인 툴의 도움을 받아 손쉽게 자기만의 게임을 만들 수 있게 됐습니다.

로블록스는 누구나 쉽게 게임을 만들 수 있는 시대의 선봉에 서 있습니다. 게임 엔진을 통해 게임을 만드는 것이 상식으로 자리잡은 게임 시장에서, 후발주자인 로블록스가 눈에 띄는 성장을 할 수 있었던 것은 다른 게임 엔진들에 비해 더욱 쉽고 직관적으로 게임을 만들 수 있는 환경을 제공했기 때문입니다. 게임을 즐기는 사용자들로부터 오랫동안 사랑받았던 프로그래밍 언어인 루아를 사용하는 로블록스 스튜디오는 그 어떤 게임 엔진보다 쉽고 풍부한 게임 제작 경험을 제공할 것입니다.

이 책은 프로그래밍 언어로써의 루아가 가지고 있는 문법적 특징 뿐만 아니라, 루아를 사용해 로블록스 게임을 만드는 법에 대해서도 자세하게 설명하고 있습니다. 또한 각 장마다 제공되는 연습문제를 통해 게임에서 바로 활용할 수 있는 수준의 코드를 만들어 볼 수도 있습니다. 책의 내용을 충실히 따라간다면 조금씩 쌓이는 게임 제작 역량과 루아 프로그래밍에 대한 자신감을 체감하실 수 있을 겁니다.

번역하는 동안 세심한 관심을 기울여 주신 에이콘 출판사의 김다예 님, 그리고 황영주 부사장님과 권성준 대표님께도 감사의 말씀드립니다. 로블록스의 열혈 팬인 아들 하율에게도 감사의 말을 전합니다. 하율이가 이 책으로 첫 로블록스 게임을 만들어 보기를 바라마지 않습니다.

마지막으로 이 책을 읽어주시는 모든 독자들에게도 감사의 말씀을 드립니다.

여러분의 로블록스 게임 제작 과정에 이 책이 조금이라도 도움이 되길 바랍니다.

감사합니다.

지은이 소개

제네비에브 존슨 Genevieve Johnson

세계에서 제일 큰 사용자 생성 소셜 플랫폼인 로블록스의 선임 교육 디자이너다. 교육적 콘텐츠의 생성을 관리하고, 전세계의 교육자들에게 STEAM 기반 교육 프로그램에 어떻게 로블록스를 사용할 수 있는지 조언한다. 학생들이 창업자, 엔지니어, 디자이너 등의 꿈을 가지도록 격려한다. 로블록스에서 일하기 전 iD Tech에서 교육 콘텐츠 매니저로 일했으며, 5만명이 넘는 6세에서 18세 사이의 학생들을 대상으로 하는 전국적 기술 교육 프로그램을 담당했다. 또한 iD Tech에서 소녀들로만 이뤄진 STEAM 프로그램을 성공적으로 런칭했고, 코딩, 로봇 기술은 물론 게임 디자인까지 60개가 넘는 기술 관련 교육 콘텐츠를 개발했다.

차례

HOUR 1
첫 프로젝트 코딩하기

이번 시간에 배울 내용

▶ 로블록스와 루아가 환상의 조합인 이유 알아보기

▶ 로블록스 스튜디오의 메인 윈도우 살펴보기

▶ "Hello" 코딩하기

▶ 폭탄 만들기

▶ 에러 확인하기

▶ 주석 남기기

로블록스^Roblox는 세계적인 인기를 얻고 있는 게임 개발 플랫폼이다. 전 세계의 다양한 사람들이 로블록스를 통해 환상적인 경험을 얻고 있다. 프로그래머들뿐만 아니라 아티스트와 뮤지션들도 여기에 포함된다. 게임을 즐기는 플레이어들은 프로그래머들이 코드로 만들어낸 게임 세계와 소통한다.

로블록스의 코드는 루아^Lua로 작성된다. 루아는 손쉽게 배울 수 있는 대표적인 프로그래밍 언어로, 로블록스 스튜디오를 통해 루아를 더욱 빠르고 손쉽게 사용할 수 있다. 단지 몇 줄의 루아 코드로 게임 안에 등장하는 거대한 폭발 장면을 구현할 수 있을 정도다.

로블록스 스튜디오는 로블록스 게임의 모든 것을 만들어 내는 도구다. 로블록스 스튜디오는 루아를 사용해 멀티플레이어 서버, 물리와 조명 시스템을 포함한 다양한 게임 세계를 구축하고 아이템 판매를 통해 수익을 얻을 수 있는 시스템도 만들어 낼 수 있다. 로블록스는 프로그램을 구동할 수 있는 환경을 제공해 시각적으로 표현되는 것들을 제어할 수 있도록 해준다. 이를 통해 당신은 크리에이터이면서 동시에 아티스트가 될 수 있다. 로블록스는 그림을 그릴 수 있는 캔버스와 물감, 브러시 그리고 이 모든 것을 움직일 수 있는 능력을 함께 제공해 준다. 코드를 능숙하게 다룰 수 있다면 손쉽게 훌륭한 게임을 만들어 낼 수 있는 것이다. 우선 이번 첫 시간에는 로블록스 스튜디오를 설치해 보고, 첫 번째 스크립트를 작성하고 이를 테스트해 본다.

로블록스 스튜디오 설치하기

가장 먼저 로블록스 스튜디오를 설치해야 한다. 로블록스 스튜디오는 윈도우와 맥OS 를 지원한다. 이 URL(https://roblox.com/create)에서 OS에 맞는 버전을 다운로드할 수 있다. 페이지를 방문해 '**만들기 시작**'을 클릭한다. 로블록스 계정을 가지고 있지 않다면 새 로 계정을 생성해야 한다(그림 1.1 참조).

그림 1.1 로블록스 스튜디오를 사용하려면 계정 생성이 필요하다. 무료로 빠르게 생성할 수 있다.

간단하게 살펴보기

로블록스 스튜디오는 게임을 만들 때 필요한 모든 것, 즉 캐릭터 모델 같은 에셋, 게임 월 드에 배치돼야 하는 아이템, 하늘을 표현하기 위한 그래픽과 사운드 등을 모두 제공한다.

로블록스 스튜디오를 실행하면 그림 1.2와 같은 화면을 볼 수 있다. 로블록스 웹사이트 에서 계정을 생성할 때 입력했던 사용자 이름과 비밀번호를 입력하고 **로그인**을 클릭한다.

그림 1.2 로블록스 계정 정보를 입력한다.

스튜디오를 처음 실행하면 아래와 같은 템플릿들을 확인할 수 있다. 이들을 활용해 손쉽게 로블록스의 첫 작업을 수행할 수 있다. 우선 가장 쉽게 사용할 수 있는 Baseplate 템플릿을 사용해보자. 그림 1.3을 참고해 Baseplate 템플릿을 클릭한다.

그림 1.3 로블록스 스튜디오는 손쉽게 활용할 수 있는 템플릿을 제공한다.

그림 1.4에서 로블록스 스튜디오의 주요한 부분들을 살펴보고, 이어서 바로 코드를 작성
해 보자.

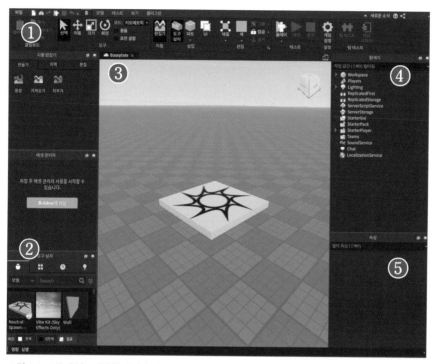

그림 1.4 스튜디오는 다양한 패널과 버튼, 리스트로 구성된다. 이런 구성에 빠르게 익숙해져야 한다.

1. 툴바의 리본은 선택한 메뉴에 따라 변경된다.

2. 도구상자에는 게임에 존재하는 에셋이 표시된다. 블렌더3D와 같은 3D 모델링 프
로그램을 통해 직접 에셋을 만들 수도 있고, 스튜디오에 포함돼 있는 메시 편집 툴
을 통해 이미 만들어진 3D 모델을 수정할 수도 있다.

3. 3D 편집기를 통해 게임 월드를 확인할 수 있다. 오른쪽 마우스를 클릭한 상태에서
화면을 전환하거나, WASD 키를 활용해 카메라를 배치할 수 있다. 표 1.1은 카메라
와 관련된 다양한 조작법을 보여준다.

4. 탐색기 창을 통해 에셋이나 시스템에 편리하게 접근할 수 있다. 게임에 오브젝트를
추가할 때 이 창을 사용한다.

5. 속성 창을 활용해 게임 오브젝트의 컬러, 스케일, 값과 속성을 변경할 수 있다. 탐색
기에서 오브젝트를 선택하면 해당 오브젝트의 속성을 확인할 수 있다.

표 1.1 카메라 제어

키	동작
W A S D	카메라를 전방, 왼쪽, 후방, 오른쪽으로 움직인다.
E	카메라를 위로 움직인다.
Q	카메라를 아래로 움직인다.
Shift	카메라를 천천히 움직인다.
오른쪽 마우스 버튼(홀드한 상태로 마우스를 드래그 함)	카메라를 회전한다.
가운데 마우스 버튼	카메라를 드래그 한다.
마우스 스크롤 휠	카메라의 줌을 확대/축소한다.
F	선택한 오브젝트로 초점을 이동한다.

메인 스크린 역시 다양하게 구성할 수 있다. 각 섹션을 숨길 수도 있고, 위치와 크기를 세세하게 조정할 수도 있다.

로블록스 스튜디오는 루아보다 훨씬 편하고 완벽한 게임 개발 환경을 제공한다. 앞서 출간된 〈로블록스 개발 첫 발자국 떼기〉(에이콘, 2022)에서도 비슷한 주제를 다루고 있으니 참고하기 바란다.

출력창 열기

스튜디오에서 출력창이 처음부터 보이는 것은 아니다. 코드에서 발생한 에러나 메시지를 확인하려면 이 창을 열어야 한다.

다음과 같은 과정을 거쳐 출력창을 표시할 수 있다.

1. **보기** 탭을 클릭한다(그림 1.5 참조). 창을 닫았다가 다시 열어야 하는 경우도 여기를 클릭한다.

그림 1.5 창을 열기 위해 보기 탭을 활용한다.

2. '출력'을 클릭해 그림 1.7에서 보이는 것처럼 화면 하단에 창을 출력한다(그림 1.6 참조).

그림 1.6 출력창을 열기 위해 '출력'을 클릭한다.

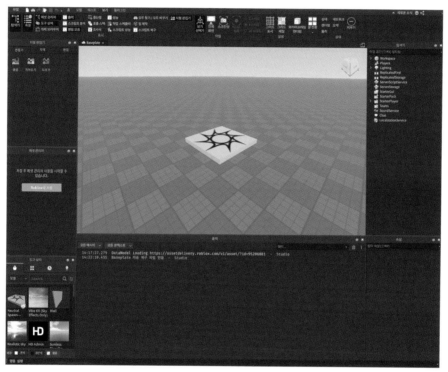

그림 1.7 3D 에디터 밑에 출력창이 열린다.

첫 번째 스크립트 작성하기

자, 이제 코딩을 시작해보자! 주로 스크립트를 활용해 코드를 작성할 것이다. 로블록스 스튜디오에서는 오브젝트에 직접 스크립트를 삽입할 수도 있다. 이런 경우 로블록스는 스크립트를 하나의 파트로 간주한다.

파트에 스크립트 삽입하기

파트는 로블록스를 구성하는 기본적인 블록이라고 할 수 있다. 파트는 아주 작은 것부터 거대한 것까지 크기도 다양하며, 구나 쐐기 형태, 혹은 더 복잡한 모양도 존재한다.

1. **홈** 탭에서 '파트'를 선택한다(그림 1.8 참조). 3D 에디터 창의 가운데에 선택한 파트가 표시된다.

그림 1.8 홈 탭에서 '파트'를 클릭해 파트를 삽입한다.

2. 탐색기에서 **파트**를 클릭하면 '+' 마크가 나타난다. 드롭다운 메뉴에서 스크립트를 선택해 추가한다(그림 1.9 참조).

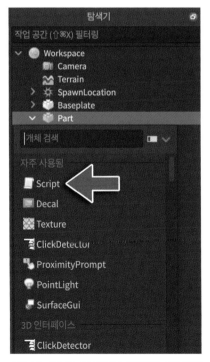

그림 1.9 파트에 스크립트를 삽입하기 위해 탐색기를 활용한다.

▒ 팁

개체 빨리 찾기

찾으려는 아이템의 첫 한 글자 혹은 두 글자를 검색 창에 입력하면 해당 아이템을 빠르게 찾을 수 있다(Script를 찾는다면 's'를 입력한다).

스크립트 창이 자동으로 열리고, 최상단에 모든 프로그래머에게 익숙한 문구가 눈에 띌 것이다. "Hello World!"(그림 1.10 참조)

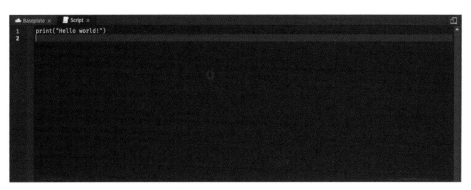

그림 1.10 기본 스크립트와 코드를 창에서 확인할 수 있다.

코드 작성하기

1970년대부터 "Hello World!"는 코드를 배우는 사람들이 가장 먼저 접하는 코드가 됐다. 로블록스 스튜디오에는 프린트 함수에 이 코드가 포함돼 있다. 함수는 특정한 목적을 가진 코드로 구성된다. 미리 만들어진 print() 함수를 통해 메시지를 출력창에 표시한다. 이후에 함수를 직접 만드는 법도 배우게 될 것이다.

Print() 함수는 문자열을 표시한다. 문자열은 문자와 숫자가 포함된 데이터 형태를 의미한다. 여기서는 "Hello World!"를 출력한다.

1. 따옴표 안의 내용을 원하는 대로 바꿔보자. 저녁 식사로 먹고 싶은 것을 넣어본다.

   ```
   print("I want lots of pasta")
   ```

2. 이제 **홈** 탭에서 **플레이**를 클릭해보자(그림 1.11 참조)

그림 1.11 플레이를 클릭해 작성한 스크립트를 테스트해본다.

게임 월드 안에 아바타가 나타나며 출력창을 통해 당신의 저녁 메뉴를 확인할 수 있을 것이다. 어떤 스크립트에서 메시지를 출력하는지도 함께 보여준다(그림 1.12 참조).

그림 1.12 문자열이 출력창에 표시된다.

3. 플레이테스트를 멈추려면 **중지** 버튼을 누른다(그림 1.13 참조).

그림 1.13 '중지'를 클릭해 플레이테스트를 멈춘다.

4. 에디터 상단의 탭을 클릭해 그림 1.14와 같이 스크립트로 돌아온다.

그림 1.14 '스크립트'를 클릭해 스크립트를 확인할 수 있는 창으로 돌아온다.

폭발 코드 만들기

출력창에 메시지를 보여주는 것 말고도 코드를 통해 많은 기능을 수행할 수 있다. 이를 통해 플레이어가 게임 월드와 상호작용을 수행하도록 만들어 게임에 활력을 불어넣을 수 있다. Baseplate 템플릿에서 특정한 파트를 건드리면 폭발하는 블록을 만들어보자.

1. '이동' 툴을 사용해(그림 1.15 참조) 블록을 바닥에서 들어 올려 스폰 지점에 떨어트린다. 코드를 통해 블록을 건드리면 폭발하도록 만들 것이다. 폭발 효과는 잠깐 이어진다.

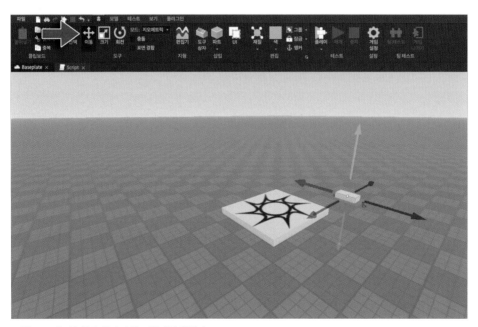

그림 1.15 파트를 들어 올려 스폰 지점에서 옮긴다.

2. '속성' 창에서 Part를 클릭한 다음, Anchored 항목을 클릭한다(그림 1.16 참조). 이 설정을 통해 플레이가 시작돼도 파트가 아래로 떨어지지 않도록 만든다.

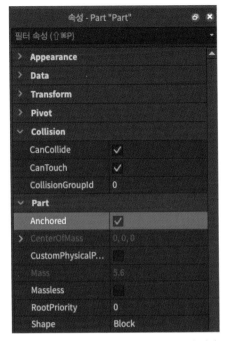

그림 1.16 Anchored 항목을 활성화해 블록이 떨어
지지 않도록 한다.

3. 아래 함수와 코드를 **스크립트** 창에 입력한다.

```
print("I want lots of pasta!")

-- 파트를 건드리는 모든 것 파괴하기
local trap = script.Parent
local function onTouch(partTouched)
    partTouched:Destroy()
end
trap.Touched:Connect(onTouch)
```

노트

코드 박스

이 책에서 코드 박스는 스튜디오의 UX에 주의를 기울일 필요가 없는 한 라이트 모드로 표시된다.

---

4. 플레이를 클릭한 다음 파트를 터치해본다.

아바타를 움직여 파트를 건드리면 아바타가 산산조각 날 것이다. 파트를 직접 건드리는 부분만 산산조각 난다는 것에 유의하자. 파트 위로 점프를 하거나, 팔로 파트를 건드려보자. 아바타를 구성하는 부분 중에서도 파트를 직접 건드린 부분이 파괴되는 것을 확인할 수 있을 것이다.

이런 기능과 동작은 코드를 통해 수행된다. 당신은 방금 직접 터치하는 부분만 파괴하라는 코드를 작성한 것이다. 아바타의 나머지 부분을 처리하는 법은 이 책의 나머지 부분에서 배울 수 있을 것이다. 4번째 시간인 '매개변수와 인수 활용하기'에서 플레이어 캐릭터 전체를 처리하는 법을 배울 수 있다.

에러 메시지

만일 코드가 정상적으로 동작하지 않는다면 어떤 일이 벌어질까? 모든 프로그래머는 코드를 작성하면서 실수를 범한다. 하지만 이를 심각하게 받아들일 필요는 없다. 에디터와 출력창을 통해 실수한 부분을 찾아 수정하면 그만이다. 나중에는 실수한 부분을 찾아내기 위해 일부러 에러를 발생시키기도 할 것이다.

1. print 함수의 두 번째 괄호를 삭제한다. 그럼 local 문자열 밑에 붉은색 줄이 나타날 것이다(그림 1.17 참조). 에디터에서 특정 문구 아래 보이는 붉은색 줄은 그 부분에 문제가 있다는 것을 알려준다.

```
Baseplate ×    📖 Script ×
1    print("I want lots of pasta!"
2
3    -- Destroy whatever touches the part
4    local trap = script.Parent
5  ∨ local function onTouch(partTouched)
6        partTouched:Destroy()
7    end
8    trap.Touched:Connect(onTouch)
```

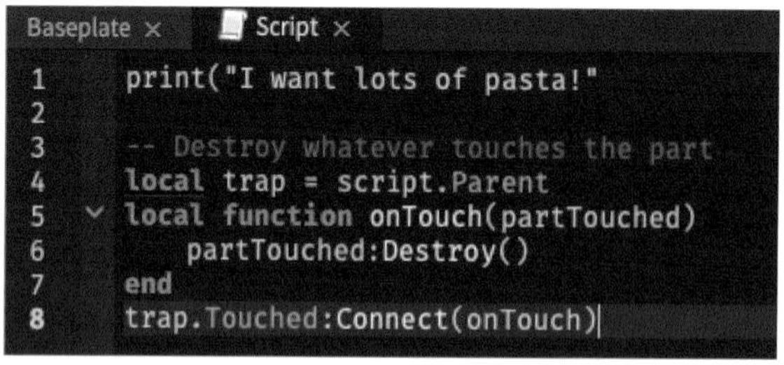

그림 1.17 스튜디오는 붉은색 줄을 통해 에러가 있다는 것을 알려준다.

2. 붉은색 줄 위로 마우스 커서를 올려보자. 잠시 뒤 에디터에서 무엇이 잘못됐는지에 대한 힌트를 그림 1.18과 같이 표시해 줄 것이다. 아직 이 부분을 수정하지는 않는다.

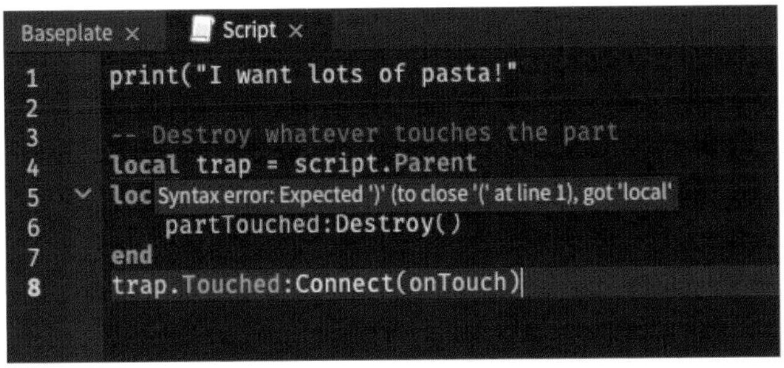

```
Baseplate ×        Script ×
1    print("I want lots of pasta!"
2
3    -- Destroy whatever touches the part
4    local trap = script.Parent
5 ∨  loc Syntax error: Expected ')' (to close '(' at line 1), got 'local'
6        partTouched:Destroy()
7    end
8    trap.Touched:Connect(onTouch)|
```

그림 1.18 붉은색 줄 위로 마우스 커서를 올리면 에러 메시지가 출력된다.

3. 플레이를 클릭하면 그림 1.19처럼 출력창에 에러 메시지가 보일 것이다. 출력창의 **에러 메시지**를 클릭하면 문제가 발생한 코드를 보여준다.

```
                                              출력
모든 메시지 ∨   모든 콘텍스트 ∨
16:02:34.100  Baseplate 자동 복구 파일 만듦  -  Studio
16:02:34.917  Workspace.Part.Script:4: Expected ')' (to close '(' at line 1), got 'local'  -  Studio - Script:4
```

그림 1.19 출력창에 표시된 붉은색 에러 메시지를 클릭한다.

그 다음 문제를 수정한다.

> **팁**
>
> **플레이테스트 중 발생한 변경 사항은 영구적이지 않다.**
>
> 플레이테스트 도중 무언가를 변경할 때는 주의가 필요하다. 당신이 반영한 변경 사항이 자동으로 저장되지 않기 때문이다. 무언가를 변경했다면 플레이테스트를 중단하고 변경 사항을 저장해야 한다.

주석 남기기

앞서 살펴본 코드에 '-- 파트를 건드리는 모든 것 파괴하기'라는 문장이 있었다. 이 문장을 '주석 comment'이라고 한다. 주석은 -- 와 같이 2개의 줄로 시작한다. 이렇게 시작한 문장은 스크립트에 어떤 영향도 미치지 않는다.

프로그래머들은 그들 스스로 혹은 다른 사람에게 코드에 대한 정보를 전달하기 위해 주석을 활용한다. 한동안 코드를 살펴보지 않았다면 그 코드가 무슨 내용이었는지 잊어버리기 쉽다.

다음과 같이 스크립트의 시작 부분에 주석을 달아 해당 코드가 어떤 내용인지 파악할 수 있다.

```
-- 저녁에 뭐 먹지?
print("I want lots of pasta!")
```

요약

지금까지 1시간 정도의 과정을 잘 따라왔다면 아마 지금쯤 당신의 첫 코드 혹은 로블록스 스튜디오 작업을 마칠 수 있었을 것이다. 이번 시간에는 계정을 만들고 로블록스를 처음 구동해 봤다. '+' 버튼을 사용해 파트에 스크립트를 추가할 수 있었고, 이 파트를 건드리는 부분을 파괴하는 코드도 작성해 봤다.

여기에 더해 플레이 버튼을 통해 코드를 테스트하는 법도 배웠고, 스크립트 에디터 창과 출력창에서 자동으로 에러를 감지해 오류를 손쉽게 수정하는 법에 대해서도 알아봤다.

마지막으로 주석에 대해 알아보았다. 주석은 스크립트 에디터 상에서 코드의 목적을 메모로 남기기 위해 사용되며 코드에는 영향을 미치지 않는다.

Q&A

Q 크롬북에서도 스튜디오를 사용할 수 있는가?

A 스튜디오는 맥OS와 윈도우가 구동되는 기기만 지원한다. 하지만 스튜디오를 통해 제작된 게임은 안드로이드, 애플, 맥, PC, 크롬 심지어는 엑스박스 라이브에서도 구동이 가능하다.

Q 작업 종료했던 스크립트를 어떻게 다시 열 수 있는가?

A 스크립트 에디터가 닫힌 상태라면, 탐색기에서 스크립트를 더블 클릭해 에디터를 열 수 있다.

Q 어떻게 작업을 저장할 수 있는가?

A '파일' 항목에서 '다음으로 Roblox에 게시'를 선택하면 클라우드에 작업을 저장할 수 있다.

Q 로블록스 스튜디오에 대해 더 자세한 정보를 얻고 싶다면 어디로 가야 하는가?

A developer.roblox.com 을 방문하면 스튜디오의 기능과 API에 대한 상세한 문서를 얻을 수 있다.

워크샵

이제 배운 것을 다시 한 번 확인하면서 첫 시간을 마무리하자. 다음 질문에 답해보자.

퀴즈

1. 로블록스는 코딩 언어로 _____를(을) 사용한다.

2. 컬러, 회전, 앵커와 같은 오브젝트의 속성은 _____ 창에서 확인할 수 있다.

3. 게임 오브젝트는 _____ 창에서 확인할 수 있다.

4. 코드 메시지와 에러를 확인할 수 있는 출력창은 _____ 탭에서 활성화할 수 있다.

5. 참 혹은 거짓: 주석으로 코드의 기능을 변경할 수 있다.

6. 파트를 공간에 고정시키려면 _____ 항목이 활성화돼야 한다.

정답

1. 루아

2. 속성

3. 탐색기

4. 보기

5. 거짓. 주석은 코드에 영향을 미치지 않으며 스스로 혹은 다른 사람에게 스크립트에 대한 정보나 구현 목적을 남기기 위한 노트로 사용된다.

6. 앵커Anchored

연습

다음 장으로 넘어가기 전에 잠깐 시간을 내어 장애물 코스를 만들어보자. 플레이어가 피해야 하는 장애물도 좋고, 그림 1.20에서 보이는 것처럼 바닥이 용암으로 구성된 코스도 괜찮다.

그림 1.20 지금까지 배운 것을 활용해 용암 장애물 코스를 만들어보자.

팁

▶ **홈** 탭에서 보이는 이동, 크기, 회전 툴을 사용해 다양한 파트를 만들고 설정해보자 (그림 1.21 참조). 파트의 재질과 색도 바꿀 수 있다.

그림 1.21 파트를 만들고 설정하기 위한 다양한 툴이 홈 탭에 준비돼 있다.

▶ 용암으로 활용할 큰 파트를 생성하고 스크립트를 삽입한다.

▶ 도구 상자에서 더 많은 모델을 찾을 수 있다. 일부 모델은 스크립트가 내장돼 있다.

▶ 모든 파트와 모델의 앵커 항목을 활성화시킨다.

▶ 지형 편집기terrain tool을 사용할 줄 안다면 이를 활용해 장애물 코스를 좀 더 손쉽게 만들 수 있을 것이다.

HOUR 2
속성과 변수

이 시간에 배울 내용:

▶ 탐색기에서 부모/자식의 관계인 오브젝트 살펴보기

▶ 오브젝트의 속성 변경하기

▶ 변수 만들기

▶ 변수에 값 할당하기

▶ 데이터 변수의 유형 확인하기

▶ 오브젝트의 인스턴스 생성하기

이 시간에는 계층hierarchy에서 바꾸고 싶은 오브젝트를 찾는 법과 그림 2.1에 등장하는 플레이어에게 위험을 경고하는 NPC를 만드는 법을 알아본다. 코드를 통해 파트의 겉모습과 파트가 수행하는 행위를 업데이트함으로써 이런 일들이 가능해 질 수 있다.

그림 2.1 플레이어에게 위험을 경고하는 NPC

오브젝트 계층

코드를 사용해 오브젝트를 바꾸고 싶다면 우선 게임 계층 상에서 오브젝트가 어디에 위치하고 있는지 알아야 한다. 탐색기를 살펴보면 다양한 오브젝트들이 여러 곳에 자리 잡고 있는 것을 알 수 있다. 그림 2.2에서도 이런 구조를 살펴볼 수 있다. Baseplate 오브젝트는 Workspace의 자식이며, Workspace는 Baseplate의 부모가 된다. 탐색기에서 보이지는 않지만 Workspace는 Game의 자식으로 볼 수 있다.

그림 2.2 Workspace의 자식인 Baseplate

코드에서는 점 연산자^{dot operator}를 통해 게임의 계층 구조를 탐색할 수 있다. 예를 들어 game.Workspace.Baseplate와 같이 표시할 수 있다.

이런 방식을 통해 코드가 어떤 오브젝트를 대상으로 동작하는지 알 수 있다.

▼ 직접 해보기

수색 섬멸

점 연산자를 사용해 Workspace에서 baseplate를 찾고 앞서 Hour1에서도 사용했던 Destroy() 함수를 여기에 활용해 보자.

1. Baseplate에 새로운 스크립트를 추가한다. 스크립트를 더블 클릭하거나 F2를 눌러 스크립트의 이름을 **DestroyBaseplate**라고 변경하자(그림 2.3 참조).

▼

팁

스크립트와 오브젝트의 이름 바꾸기

프로젝트 전체를 효과적으로 관리하기 위해서는 스크립트와 오브젝트의 이름을 적절하게 변경하는 것이 중요하다.

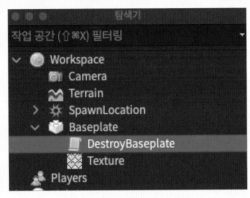

그림 2.3　스크립트의 이름을 변경할 수 있다.

2. game.Workspace.Baseplate:Destroy()를 스크립트 창에 입력한다.

3. 플레이테스트를 수행해 보면 baseplate가 사라진 것을 확인할 수 있다.[1]

키워드

이제 키워드에 대해 알아보자. 키워드는 코딩에 사용되는 핵심적인 단어라고 할 수 있다. 각각의 키워드는 특별한 목적에 사용된다. 루아는 다른 언어에 비해 사용되는 키워드가 적은 편이어서 다른 언어에 비해 상대적으로 좀 더 쉽게 배울 수 있다. 일부 키워드는 루아에 내장돼 있으며 로블록스에도 별도의 키워드가 추가돼 있다.

1　시각적인 효과와 함께 baseplate가 사라지는 것이 아니다. 플레이테스트를 수행하는 화면의 탐색기에서 Workspace 아래 위치하던 baseplate가 사라졌음을 통해 DestroyBasetplate 스크립트가 정상 동작했음을 확인할 수 있다.

소문자 workspace도 루아에 내장된 키워드 중의 하나다. 로블록스를 개발하는 과정에서 game.Workspace를 자주 입력해야 하기 때문에, 사려 깊은 로블록스의 엔지니어들이 이를 줄여서 키워드로 제공한 것이다.

▼ 직접 해보기

workspace 활용하기

game.Workspace를 키워드 workspace로 업데이트해보자.

1. 앞서 작성한 코드에서 game.Workspace가 사용된 부분을 workspace로 바꿔보자.

> 팁
>
> **대소문자 구별**
>
> 키워드는 대소문자에 매우 민감하다. workspace를 모두 소문자로 작성해야 하는 것에 주의하자.

2. 플레이테스트를 통해 여전히 코드가 잘 동작하는지 확인해 보자.

다시 계층을 살펴보자. 점 연산자를 통해 자식 오브젝트뿐만 아니라 부모도 검색할 수 있다. 이번에는 키워드 script를 활용해보자. 이 키워드는 오브젝트의 이름과 상관없이 Script 오브젝트를 표시해 준다. 점 연산자를 사용해 부모 오브젝트에 접근해 보자.

▼ 직접 해보기

코드 줄이기

Destroy() 함수와 script.Parent:를 사용해 코드를 더 줄일 수 있다.

1. 앞서 작성한 코드를 script.Parent:Destroy()로 바꿔보자.

> 팁
>
> **자동 완성의 장점**
>
> 코드를 입력할 때 자동 완성되는 코드를 볼 수 있을 것이다. 엔터를 눌러 자동 완성된 코드를 사용할 수 있다. 이를 통해 타이핑에 드는 시간과 오탈자로 인해 발생하는 리스크를 줄일 수 있다.

2. 플레이테스트를 통해 여전히 코드가 잘 동작하는지 확인해 보자.

이 책의 부록에 전체 키워드 목록이 포함돼 있으니 참고하기 바란다.

속성

점 연산자를 사용해 계층을 탐색해 볼 수 있는 것에 더해, 오브젝트의 '속성properties'에도 접근할 수 있다. 여기서 말하는 '속성'이란 무엇일까? 그림 2.4를 예로 들어 설명해보자. 이 그림의 꽃을 어떻게 설명할 수 있을까?

이 그림을 보고 가장 먼저 '식물'이라고 설명할 수 있을 것이다. 조금 더 나간다면 노란 꽃잎을 가지고 있는 녹색 식물이라고도 설명할 수 있다. 엔지니어라면 높이와 너비가 3:2 비율인 노란 꽃잎을 가진 녹색 식물이라고 설명할 수도 있을 것이다. 그림 2.5를 본다면 누군가는 꽃에 불이 붙어있다고 설명할 것이다.

그림 2.4 이 그림의 꽃을 어떻게 설명할 수 있을까?

그림 2.5 꽃에 불이 붙을 수도 있다.

이렇게 오브젝트를 설명할 수 있는 모든 방식을 속성이라고 할 수 있다.

속성과 데이터 유형 찾기

탐색기에서 오브젝트를 선택하면 변경 가능한 속성들이 모여 있는 속성 창이 뜨는 것을 확인할 수 있다. 다양한 값이 부여될 수 있는 속성은 여러 포맷을 가지고 있는데 이를 데이터 유형data type이라고 한다. 몇 가지 중요한 데이터 유형을 추려보면 다음과 같다.

▶ **숫자**Number: 11.9와 같이 실제 숫자로 구성되는 데이터

▶ **문자열**String: 인용부호로 둘러싸인 문자와 숫자의 집합. 읽을 수 있는 정보를 저장하고 전달하는 효과적인 유형이다. Print() 함수에 사용되는 문자열 값들, 예를 들어 "99 bananas"가 이런 문자열에 속한다.

▶ **불린**Boolean: 참 거짓 값을 가지는 데이터 유형. On/off 혹은 checked/unchecked와 같이 2개의 상태를 가지는 속성들도 불린 형태로 구별된다.

▶ **테이블**Table: 정보의 집합체. {Amy, Bill, Cathleen}와 같이 표시될 수 있다.

부록에서 더 많은 데이터 유형을 확인할 수 있다.

변수 만들기

이제 계층 창에서 오브젝트를 찾아내고 다양한 데이터 유형에 맞는 값을 가진 속성을 확인할 수 있게 됐으니 변수를 만들 준비가 끝났다.

변수는 정보가 저장되는 장소라고 할 수 있다. 변수를 사용해 오브젝트와 데이터 유형을 변경하고 추적할 수 있다. 어떤 변수는 생성된 다음 특정한 스크립트나 코드에서만 사용되기도 한다. 이를 지역 변수local variable라고 부른다. 어떤 변수들은 스크립트 전 영역에서 사용되기도 하는데 이런 변수를 전역 변수global variable라고 한다.

지역 변수를 사용하면 코드가 좀 더 빠르게 동작하고 변수의 이름이 충돌할 가능성이 거의 없다는 장점을 누릴 수 있기 때문에, 특별한 이유가 없다면 가능한 지역 변수를 사용하는 것이 좋다. 이 책에서도 가능한 지역 변수를 사용할 것이다.

지역 변수를 만들려면 원하는 변수 이름 앞에 `local`을 붙이면 된다. 예를 들어 다음과 같다.

```
local baseplate
```

변수가 생성되면 등호를 통해 이 변수에 값을 할당할 수 있다.

```
local baseplate = script.Parent
```

등호는 일반적으로 사용되는 의미와 동일하게 사용된다. 따라서 앞에 위치한 변수 baseplate는 곧 script.Parent가 되는 것이다. 한 번 변수를 생성하면 여러 번 이 변수를 사용해도 상관없다. 예를 들어 다음과 같이 사용해도 무방하다.

```
local basePlate = script.Parent
baseplate.Transparnecy = 0.5
```

변수는 원할 때마다 업데이트가 가능하다. 게임에서 플레이어가 매번 새로운 포인트를 얻어 변경되는 점수를 저장하고 싶다면 동일한 변수를 사용해 이 변수에 업데이트되는 점수를 할당하면 된다.

```
local playerScore = 10

print("playerScore is ".. playerScore)
```

```
local playerScore = playerScore + 1 -- 현재 플레이어의 스코어에 1을 더함

print("new playerScore is ".. playerScore)
```

이 스크립트를 수행하면 그 결과 그림 2.6과 같은 메시지를 출력창에서 확인할 수 있을 것이다.

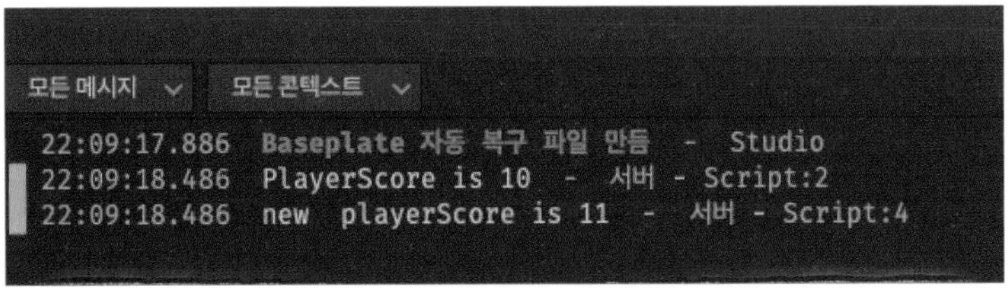

그림 2.6 playerScore에 처음 할당된 값이 출력되고 이어서 업데이트된 playerScore가 출력된다.

📋 팁

문자열과 변수 결합하기

print() 함수는 문자열과 변수 모두 출력할 수 있다. 이 둘을 동시에 출력하려면 2개의 점으로 연결해야 한다. 이렇게 값을 조합하는 것을 연결(concatenation)이라고 한다.

▼ 직접 해보기

NPC 만들기

지금까지 배운 것들을 활용해 용암 지대에서 플레이어에게 위험을 경고하는 NPC를 만들어 볼 수 있다. 이 연습을 통해 계층 창을 탐색하고 점 연산자를 사용해 속성을 설정하는 법, 데이터 유형과 변수를 사용하는 법을 연습할 수 있을 것이다.

우선 NPC를 하나 만들어보자.

1. '파트'의 드롭다운 메뉴에서 구 혹은 다른 형태를 선택해 파트를 만든다.

2. 파트의 이름을 **GuideNPC**로 변경한다.

3. 구에 스크립트를 삽입하고 이름을 변경한다.

4. GuideNPC에 Dialog 오브젝트를 삽입한다. 이 오브젝트의 이름을 변경하지는 않는다(그림 2.7 참조).

그림 2.7 스크립트와 Dialog를 포함하는 NPC 계층

스크립트 작성하기

이 예제에서는 2개의 다른 변수를 사용한다. 첫 번째 변수는 계층 창을 탐색하는데 활용하고 두 번째 변수는 플레이어를 처음 만났을 때 건네는 인사를 저장하는 용도로 사용된다. NPC의 겉모습을 바꾸기 위한 코드도 추가된다.

1. NPCScript 라고 이름 붙인 스크립트에 스크립트의 부모를 가리키는 **guideNPC**라는 지역 변수를 가진 코드를 작성한다.

```
local guideNPC = script.Parent
```

> **팁**
>
> **오브젝트 네이밍 컨벤션**
>
> 게임에서 사용하는 오브젝트의 이름은 첫 글자를 대문자로 표시하는 파스칼케이스(PascalCase)를 사용하고, 변수 이름은 첫 글자를 소문자로 사용하는 카멜케이스(camelCase)를 사용하기로 한다.

2. 문자열로 구성된 메시지를 저장하는 두 번째 변수를 만든다. 문자열로 구성된다면 메시지의 내용은 그 어떤 것도 상관없다.

```
local guideNPC = script.Parent
local message = "Danger ahead, stay on the rocks!"[2]
```

---

2 다른 편집기나 프로그램에서 큰 따옴표를 포함한 문자열을 복사해 로블록스 에디터에 붙여 넣으면 오류가 발생할 수 있다. 가급적 모든 코딩을 로블록스 에디터 상에서 수행하기를 권장한다. – 옮긴이

3. NPC의 투명도 속성을 조정해 유령처럼 보이도록 만들자.

```
local guideNPC = script.Parent
local message = "Danger ahead, stay on the rocks!"
guideNPC.Transparency = 0.5
```

4. GuideNPC의 자식 오브젝트인 Dialog의 InitialPrompt 속성을 message 로 설정한다.

```
local guideNPC = script.Parent
local message = "Danger ahead, stay on the rocks!"
guideNPC.Transparency = 0.5
guideNPC.Dialog.InitialPrompt = message
```

플레이테스트를 수행한 다음 NPC의 머리 위에 떠있는 물음표를 클릭해 메시지가 정상적으로 표시되는지 확인한다.

컬러 속성 바꾸기

오브젝트의 컬러와 같은 속성은 코드를 통해 손쉽게 바꿀 수 있다. 컬러를 바꾸려면 우선 빛이 어떻게 동작하는지 이해할 필요가 있다. 실제 화면에서 보이는 모든 컬러는 붉은색, 녹색, 푸른색의 세 가지의 색으로 구성된다. 각 컬러의 농도는 0에서 255의 범위를 가진다. 세 가지 컬러가 (255, 255, 255)의 최댓값을 가진다면 흰색으로 화면에 출력된다. 이 값들이 (0, 0, 0)이 되면 검은색으로 보인다. 붉은색은 (255, 0, 0)으로, 녹색은 (0, 255, 0)으로 설정할 수 있다. 자, 그럼 푸른색은 어떻게 설정할 수 있을까?

붉은색과 푸른색을 조합해 NPC를 보라색으로 칠해보자.

```
guideNPC.Color = Color3.fromRGB(40, 0, 160)
```

팁

컬러피커로 적절한 색상 값 찾기

위와 같이 코드를 작성하면 작은 컬러 휠이 나타나는 것을 볼 수 있을 것이다(그림 2.8 참조). 이 휠을 클릭해 좀 더 상세하게 원하는 색을 설정할 수 있다. 값을 설정한 다음 '확인'을 클릭하면 RGB 값이 자동으로 설정된다.

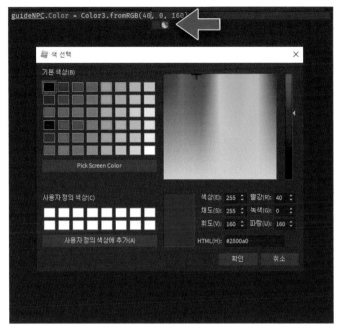

그림 2.8 컬러 휠을 클릭해 RGB 값을 선택할 수 있다.

인스턴스

이번 시간의 마지막 주제는 인스턴스instance다. 인스턴스는 파트나 스크립트, 스파클과 같은 게임 오브젝트의 복사본이라고 이해하면 된다.

지금까지 + 버튼을 사용했지만 인스턴스는 아래와 같이 Instance.new() 함수를 사용해 생성한다.

```
local part = Instance.new("Part")
```

파트를 만들고 나면, 일반적으로 그 모든 속성에 접근이 가능하다. 원하는 대로 변경한 다음, 워크스페이스를 부모로 지정하자.

▼ 직접 해보기

새로운 파트 인스턴스 생성하기

탐색기에서 파트를 직접 생성하는 것보다 코드를 사용해 파트를 만들고 이 파트의 컬러를 변경해 워크스페이스의 적당한 곳에 배치해 보자.

1. ServerScriptService에 새로운 스크립트를 생성한다.

2. 파트의 인스턴스를 생성하고, 컬러를 설정한 다음 이를 부모로 설정한다.

```
local part = Instance.new("Part")
part.Color = Color3.fromRGB(40, 0, 160)
part.Parent = workspace
```

아래와 같이 인스턴스 안에 또 하나의 인스턴스를 만드는 것도 가능하다.

```
local part = Instance.new("Part")
local particles = Instance.new("ParticleEmitter")
part.Color = Color3.fromRGB(40, 0, 160)
particles.Parent = part
part.Parent = workspace
```

⬚ 팁

월드의 중앙에 생성되는 새로운 파트 인스턴스

코드를 통해 생성된 새로운 파트는 기본적으로 월드의 가운데에 표시된다. 이들의 위치를 확인할 수 없다면, 스폰 포인트를 옮겨보고 다시 테스팅을 수행하면 된다.

요약

게임 안에 등장하는 모든 오브젝트는 이들이 어떻게 보이고 어떤 행동을 수행할지 결정하는 컬러와 크기, 투명도와 같은 속성을 가진다. 각각의 속성은 데이터 유형이라고 부르는 특정한 포맷의 값을 가진다. 일반적으로 문자열, 불린, 숫자와 같은 데이터 유형이 빈번하게 사용된다.

코드에서는 점을 사용해 오브젝트의 속성에 접근할 수 있다. 점 연산자는 탐색기의 계층에서 특정한 오브젝트를 찾는 데도 활용된다.

오브젝트의 속성을 이해하고 게임의 계층에서 어떻게 이들에게 접근할 수 있는지 이해
했다면 코드를 사용해 이들을 바꿀 수 있다.

스크립트에 사용되는 변수는 정보를 저장하는 매체로 사용된다. 변수는 크게 지역 변수
와 전역 변수로 구분된다. 특별한 사유가 없다면 지역 변수를 사용하는 것을 권장한다.

Instance.new() 함수를 사용해 Parts, Scripts, Dialogs 그리고 ParticleEmitters와 같은
게임 오브젝트를 생성할 수 있다. 오브젝트의 이름을 문자열 형태의 데이터 타입으로 이
함수에 사용할 수 있다.

Q&A

Q 각 속성에 맞는 데이터 유형을 어떻게 알 수 있는가?

A developer.Roblox.com에서 게임 오브젝트를 찾아 그 속성을 살펴보면 대응하는 데이터 유형을 알아
낼 수 있다. 검색 엔진에서 Roblox Dialog Properties라고 검색하고 그 결과물 중에서 로블록스 도메
인의 API를 통해 출력된 결과를 찾아봐도 된다.

그림 2.9에서 Dialog API Reference페이지의 일부분을 확인할 수 있다. 다양한 속성과 대응하는 데이
터 유형을 포함한 간략한 설명을 찾아볼 수 있다. 각 속성과 데이터 유형을 클릭해 보면 이들을 활용하
는 법을 더 자세하게 알 수 있을 것이다.

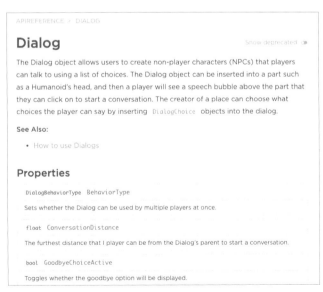

그림 2.9 다이얼로그 API 페이지를 통해 각각의 속성과 데이터 유형을 확인할
수 있다.

Q local partcolor = workspace.Part.Color와 같이 변경하려는 속성을 변수로 설정하지 않는 이유는 무엇인가?

A 계층에 대한 정보와 속성에 대한 정보는 각각 다른 데이터 유형이므로 이 둘이 혼합되면 안 된다.

워크샵

지금까지 배운 것을 정리하면서 마무리하자. 다음 질문들에 답해보자.

퀴즈

1. 참 거짓 값만 수용하는 데이터 유형은 무엇인가?

2. 변수는 정보를 _____하는 용도로 사용된다.

3. 플레이어의 이름을 저장하려고 할 때 문자열, 불린, 열거형^{enum}, 실수형^{float} 중 어떤 데이터 유형을 사용하면 좋을까?

4. script의 부모에 접근하려면 _____와 같이 코드를 작성한다.

5. 파트 안에 삽입된 다이얼로그 오브젝트는 파트의 부모와 자식 중 _____(이)라고 할 수 있다.

6. print() 함수를 통해 값을 결합하는 과정을 _____(이)라고 부른다.

정답

1. 불린

2. 저장

3. 문자열

4. script.Parent

5. 자식

6. 연결

연습

NPC에 얼굴을 만들어 좀 더 개성있는 NPC를 만들어보자. 데칼을 삽입해 간단하게 이 과정을 완료할 수 있다. 제공되는 링크를 사용하거나 혹은 직접 만들어도 상관없다.

팁

▶ 그림 2.10과 같은 얼굴을 만들기 위해 이 문자열(https://www.roblox.com/asset?id=1560823444)을 사용해 데칼 인스턴스를 삽입하고 텍스처 속성을 업데이트한다.

▶ 얼굴이 보이도록 오브젝트를 적당히 회전한다. 데칼의 위치를 조정할 수도 있다.

▶ 부록에서 해당 코드를 찾아보자.

그림 2.10 NP의 얼굴을 만들어 생동감을 불어넣어 보자.

▶ 그다음 처음부터 끝까지 코드만 사용해 NPC와 얼굴을 만들어보자.

팁

▶ ServerScriptService 안에 새로운 스크립트 오브젝트를 추가하자.

▶ Instance.new() 함수를 사용해 NPC의 몸과 다이얼로그 오브젝트를 만들자.

▶ 파트를 고정하는 것을 잊지 말자. 여기에는 불린 타입의 데이터 유형이 사용된다.

▶ 부모가 되는 오브젝트를 워크스페이스에 만들기 넣기 전에 자식 오브젝트를 추가하는 것을 포함해 하나의 파트에 적용돼야 하는 모든 변경 사항을 미리 적용해 놓아야 한다.

▶ NPC는 게임 월드의 중앙에 표시된다. Hour 14 "3D 월드 코딩하기"에서 좌표 시스템을 사용해 오브젝트를 정확한 위치에 옮기는 방법을 배울 것이다.

▶ 샘플 코드는 부록에서 확인 가능하다.

HOUR 3
함수 만들고 활용하기

이 시간에 배울 내용

▶ 루아로 함수 만들기
▶ 함수 호출하고 실행하기
▶ 이벤트를 활용해 함수 호출하기
▶ 스코프의 동작 방식 이해하기

첫 번째 시간과 두 번째 시간에는 미리 생성된 print(), destroy(), 그리고 new() 함수 등을 활용했다. 이번 시간에는 함수에 대해 좀 더 자세하게 알아보고, 함수를 만드는 법과 게임 월드 안에서 발생하는 이벤트를 통해 함수를 호출하는 방법에 대해 알아본다.

이번 시간의 뒷부분은 코드가 어떻게 구성되는지 알아볼 것이다. 이 과정을 통해 코드가 정상적으로 동작하기 위해 스크립트를 제대로 배치하는 것이 중요하다는 사실을 더욱 잘 이해하게 될 것이다.

함수 만들고 호출하기

함수는 필요할 때 특정한 목적을 충족하기 위해 만들어진 코드 패키지라고 할 수 있다.

앞서 NPC를 만들 때 사용했던 코드는 플레이테스트 세션이 시작되자마자 수행됐다. 만일 코드가 바로 수행되지 않도록 만들려면 어떻게 해야 할까? 플레이어가 버튼을 클릭했을 때 혹은 퀘스트를 완료했을 때만 NPC가 보이도록 만들어야 할 때도 있다. 여러 NPC를 만들어야 하지만 모두 동일한 코드를 사용하지 않는 경우도 있을 것이다. 이런 경우 함수를 유용하게 사용할 수 있다. 앞서와 마찬가지로 코드를 작성하고, 이를 함수로 묶은 다음 원하는 경우에만 이를 수행할 수 있다.

1. 함수를 만들기 위해 `local function nameofFunction`을 입력한다.

2. 엔터를 누르면 자동으로 end 가 입력되고 함수가 완성된다. 코드는 아래와 같이 보일 것이다.

```
local function nameofFunction ()

end
```

3. 가운데 부분에 들여쓰기로 코드를 작성한다. print() 함수를 사용해 간단하게 테스트를 수행해보자. 함수 기능을 담당한 코드는 end 구문 이전에 아래와 같이 작성된다.

```
local function nameofFunction ()
    print("Function Test")
end
```

팁

코드 들여쓰기

정확하게 들여쓰기가 수행되지 않더라도 코드는 동작하지만, 들여쓰기를 적절하게 사용한다면 코드의 가독성을 높일 수 있다. 코드를 작성할 때 들여쓰기를 권장하는 중요한 이유이기도 하다.

---

4. 함수를 생성하고 나면 이제 남은 것은 이를 실행하는 것뿐이다. 다음과 같이 함수의 이름을 타이핑해 함수를 호출한다.

```
local function nameofFunction ()
    print("Function Test")
end

nameofFunction()
```

함수를 호출하지 않으면 실행되지 않는다.

5. 함수는 호출되는 횟수만큼 실행된다. 함수를 여러 번 호출해 보자.

```
local function nameofFunction ()
  print("Function Test")
end

nameofFunction()
```

```
nameofFunction()
nameofFunction()
```

함수 뒤에 ()만 붙이면 그 앞의 이름은 어떤 것이 와도 상관없다. 함수의 이름을 적절하게 부여하기 위해 다음과 같은 가이드라인을 따를 필요가 있다.

- ▶ 이름을 통해 함수가 어떤 일을 수행하는지 알 수 있어야 한다. 예를 들어, destroy() 함수는 이름만으로 이 함수가 어떤 것을 파괴한다는 것을 알 수 있다.
- ▶ 루아의 함수 이름은 일반적으로 카멜 표기법을 따른다. 소문자로 시작하며, 연결되는 각각의 단어는 대문자로 시작한다.
- ▶ 함수 이름에 특수 문자나 공백은 허용되지 않는다. 특수 문자나 공백이 포함되면 에러를 유발한다.

팁

메서드, 함수의 또 다른 이름

print(), wait() 그리고 destroy() 등의 오브젝트에 속해 있거나 사전에 미리 만들어진 함수들을 다른 프로그래밍 언어에서는 메서드(method)라고 부르기도 한다. 루아 사용자들은 일반적으로 메서드보다는 함수라고 부르는 경향이 있다.

스코프 이해하기

앞서도 살펴보았듯이 함수의 첫 번째 라인과 마지막 라인 사이에 작성된 모든 코드는 함수가 호출되지 않는 이상 실행되지 않는다. 함수의 외부에 있는 코드는 스코프에서 벗어나는 것이다. 스코프scope는 특정 영역의 코드가 가지고 있는 정보를 의미하며, 함수처럼 직접 액세스가 가능하다.

다음의 코드를 실행하면 print 함수의 내부 코드는 3번 실행되지만 print 함수 외부에 위치한 코드는 한 번만 수행된다.

```
local function scopeTest()
  print("This is in scope")
end

print("This is out of scope")
```

```
scopeTest()
scopeTest()
scopeTest()
```

함수 호출을 위해 이벤트 사용하기

함수의 이름을 입력하면 스크립트의 어느 부분에서라도 언제든지 함수를 호출할 수 있다. 하지만 함수를 호출해야 하는 경우를 모두 파악하고 그때마다 일일이 함수 이름을 호출할 수는 없다. 어떤 특정한 이벤트가 발생했을 때 자동으로 함수를 호출해야 하는 경우가 빈번하게 발생한다. 아래의 예를 살펴보자.

- ▶ 보물 상자를 클릭했을 때 유저에게 검 하나를 보상으로 주는 경우
- ▶ 플레이어가 게임에 참가했을 때 팀을 나누는 경우
- ▶ 플레이어가 건드렸을 때 다리의 일부를 파괴하는 경우

이런 시나리오가 언제 발생할지 미리 알 수 있는 것은 거의 불가능하다. 하지만 이런 일이 발생했을 때 수행되는 코드를 미리 작성해 놓을 수는 있다. 특정한 이벤트가 발생하는 것을 기다렸다가 해당 이벤트가 발생하면 코드를 실행하라는 신호를 보내는 것이다. 이벤트가 발생했을 때 함수를 호출하려면 Connect() 함수와 수행해야 하는 함수의 이름이 필요하다. 함수 이름을 쓸 때 마지막 괄호는 포함하지 않는다.

다음의 예제를 참고하자.

```
partName.Touched:Connect(functionName)
```

Touched 라는 이벤트는 파트 안에 내장돼 있으므로 점 연산자를 사용해 다른 자식 오브젝트와 동일한 방식으로 접근할 수 있다. 이어서 콜론을 활용해 Connect() 함수를 사용할 수 있다.

무너지는 다리 만들기

파트는 그 안에 다양한 이벤트를 내장하고 있다. 그중에서도 Touched는 가장 많이 사용되는 이벤트 중의 하나다. Touched 이벤트는 부모 오브젝트가 충돌을 감지하면 발동된다. Touched 이벤트를 활용해 건드리면 무너지는 다리를 만들어보자.

1. 파트와 모델을 활용해 그림 3.1과 같은 다리를 만들어보자. 앵커를 사용해 파트를 고정시키는 것을 잊지 말자.

그림 3.1 모델이나 파트를 활용해 다리를 만들어보자.

2. 파트에 스크립트를 삽입하고 **BridgeScript**라고 이름을 변경한다(그림 3.2 참조).

그림 3.2 BridgePiece 파트에 스크립트를 삽입한다.

3. 지역 변수에 부모 파트를 할당한다. local bridgePart = script.Parent

4. onTouch라는 이름으로 지역 함수를 생성한다.

```
local bridgePart = script.Parent
local function onTouch()

end
```

팁

이벤트를 활용해 함수 이름 짓기

일반적으로 함수의 이름을 지을 때 호출하는 이벤트의 이름을 사용한다. 예를 들어, Blank라는 이름의 이벤트를 사용하는 함수라면 onBlank라고 이름 짓는 것이다. 이름을 짓는 방법이 딱 정해져 있는 것은 아니다. 오랜 시간이 흐른 다음에도 함수의 이름만으로도 그 함수가 어떤 일을 하는지 쉽게 유추할 수 있도록 하는 것이 핵심이다.

---

5. 함수를 부모의 Touched 이벤트와 연결한다. 작업을 완료하면 print() 함수를 사용해 지금까지 작성된 코드를 확인해 본다.

```
local bridgePart = script.Parent
local function onTouch()
    print("Touch event fired!")
end

bridgePart.Touched:Connect(onTouch)
```

6. 함수 안에 이벤트가 발생하면 실행되는 코드를 추가한다. 파트가 투명하게 변하며 0.5초 안에 다리 위에 있는 그 어떤 것이라도 떨어지게 만드는 것이다. 만일 마지막 부분에 print 구문을 추가해 테스트에 활용하고 있다면 이를 지워야 한다는 것을 잊지 말자.

```
local bridgePart = script.Parent

local function onTouch()
    bridgePart.Transparency = 0.5
    wait(0.5)
    bridgePart.CanCollide = false
end

bridgePart.Touched:Connect(onTouch)
```

팁

불린 사용하기

CanCollide는 불린 타입의 변수다. 참일 경우 오브젝트가 다른 사물과 상호작용을 수행한다. 거짓일 경우는 어떤 상호작용도 수행하지 않는다. 이번 예제의 경우 이 변수의 값이 거짓이라면 다리는 사용자를 떠받치지 못한다.

순서와 배치 이해하기

변수와 함수를 만들 때 이들이 스크립트의 어디에 위치하느냐가 매우 중요하다. 스크립트는 위에서부터 아래로 줄의 순서대로 수행된다.

변수나 함수를 만들기 전에 이를 사용하려고 하면 문제가 발생한다(그림 3.3과 그림 3.4 참조). BridgeScript를 다시 한번 살펴보자.

```
local bridgePart = script.Parent

local function onTouch()
    bridgePart.Transparency = 0.5
    wait(0.5)
    bridgePart.CanCollide = false
end

bridgePart.Touched:Connect(onTouch)
```

제일 첫 줄의 코드를 가장 마지막 줄로 옮긴다면 앞서 변수가 사용된 부분에서 오류가 발생할 것이다.

```
1
2
3   v  local function onTouch()
4          bridgePart.Transparency = 0.5
5          wait(0.5)
6          bridgePart.CanCollide = false
7      end
8
9      bridgePart.Touched:Connect(onTouch)
10
11     local bridgePart = script.Parent -- 가장 마지막 줄로 이동하면 오류를 유발한다.
```

그림 3.3 bridgePart를 생성하는 코드를 제일 아래로 옮기면 알 수 없는 변수로 인한 오류가 발생한다.

```
1    local bridgePart = script.Parent
2
3    onTouch() -- 아직 선언되지 않은 함수를 사용해도 오류가 발생한다.
4
5  ∨ local function onTouch()
6        bridgePart.Transparency = 0.5
7        wait(0.5)
8        bridgePart.CanCollide = false
9
10   end
11
12   bridgePart.Touched:Connect(onTouch)
13
```

그림 3.4 선언되기 전의 함수를 호출하는 것도 오류를 유발한다.

앞서 살펴본 두 가지의 경우 모두 아직 존재하지 않는 것을 호출하기 때문에 오류가 발생한다.

이제 코드의 순서가 얼마나 중요한지 알게 됐으니 함수의 내부에 변수를 선언하는 것에 대해 알아보자. 아래와 같이 3개의 기본적인 변수를 만들어보자. 하나는 함수의 앞부분에, 하나는 함수의 내부에, 다른 하나는 함수의 아래에 선언한다.

```
local above = "above"

local function scopePractice()
    local inside = "inside"
end

local below = "below"
```

스크립트의 마지막 부분에서 3개의 변수를 출력해보자. 어떤 일이 일어날까? 앞서 변수에 값을 할당했음에도 불구하고 inside에서 오류가 발생할 것이다(그림 3.5 참조). 함수의 내부에서 선언한 지역 변수의 경우에는 외부에서 접근이 불가능하기 때문이다.

```
1    local above = "above"
2
3  ∨ local function scopePractice()
4        local inside = "inside"
5    end
6
7    local below = "below"
8
9    print(above)
10   print(inside) -- scopePractice의 내부를 호출할 수 없다
11   print(below)
```

그림 3.5 함수 내부의 지역 변수는 함수의 외부에서 접근할 수 없다.

이 변수에 접근하지 못하는 이유를 이해하려면 우선 스크립트가 중첩되는 코드의 블록으로 구성된다는 것을 이해해야 한다. 하나의 함수를 만드는 것은 곧 하나의 새로운 코드 블록을 만드는 것과 같다. 그림 3.6은 이 코드 블록들이 어떻게 중첩되는지 보여주고 있다. 첫 번째 블록 A는 스크립트 자체를 의미한다. 그 내부의 B 블록은 함수를 의미한다.

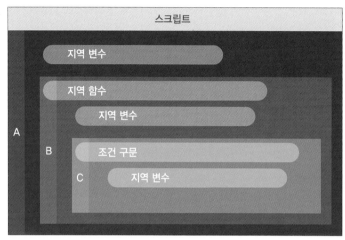

그림 3.6 함수를 만든다는 것은 곧 스크립트 내부에 새로운 코드 블록을 만드는 것이다.

함수 안에도 조건문이나 이후 우리가 배우게 될 여러 기법을 활용해 다양한 코드 블록을 만들 수 있다. 각각의 블록은 그 부모 블록으로부터 지역 변수와 함수를 상속받아 접근이 가능하지만, 자식 블록에 존재하는 변수와 함수에는 접근할 수 없다.

▶ 블록 B는 블록 A의 지역 변수에 접근할 수 있다.

▶ 블록 C는 블록 A와 B의 지역 변수와 함수에 접근할 수 있다.

▶ 블록 A는 블록 B와 C의 지역 변수와 함수에 접근할 수 없다.

▶ 블록 B는 블록 C의 지역 변수에 접근할 수 없다.

▼ 직접 해보기

다리 복원하기

로블록스로 라이브 서버에 다양한 사용자들이 접속하는 게임을 개발한다면 늘 수많은 사람이 동시에 서버에 접속하고 있다는 것을 고려해야 한다. 따라서 그림 3.7과 같이 누군가가 한 번 지나간 다리를 계속 파괴된 상태로 유지해서는 안 된다. 스코프에 대해 배운 것을 상기하고 두 번째 함수를 만들어 다리를 복원해야 한다.

그림 3.7 유저가 건너간 다음에는 다리가 복원돼야 한다

1. 이전과 동일한 스크립트에 존재하는 onTouch() 함수 위에 새로운 함수인 activateBridge()를 만든다.

```
local bridgePart = script.Parent

local function activateBridge()

end

local function onTouch()
    bridgePart.Transparency = 0.5
    wait(0.5)
```

```
        bridgePart.CanCollide = false
    end

    bridgePart.Touched:Connect(onTouch)
```

2. activateBridge() 함수에서 CanCollide와 Transparency를 변경한다.

```
    local function activateBridge()
        bridgePart.Transparency = 0
            bridgePart.CanCollide = true
    end
```

3. onTouch() 함수의 내부에서 어느 정도 시간이 경과한 다음 activateBridge() 함수를 호출한다.

```
    local bridgePart = script.Parent

    local function activateBridge()
        bridgePart.Transparency = 0
        bridgePart.CanCollide = true
    end

    local function onTouch()
        bridgePart.Transparency = 0.5
        wait(0.5)
        bridgePart.CanCollide = false
        wait(3.0)
        activateBridge()
    end

    bridgePart.Touched:Connect(onTouch)
```

팁

함수의 순서에 주의하자

activateBridge() 함수는 onTouch() 함수 이전에 위치해야 한다.

요약

함수는 여러 번 다시 사용할 수 있는 코드 묶음이라고 할 수 있다. 한 번 함수가 정의되면 fucntionName()을 입력하는 것만으로도 간단하게 호출해 사용할 수 있다. 정확하게 언제 함수를 사용해야 할지 판단하기 애매모호 하다면 이벤트와 연결해 사용할 수도 있다. 이를 통해 특정한 이벤트가 발생했을 때만 함수를 호출할 수 있다.

스크립트를 작성할 땐 접근해야 하는 코드의 정보를 구분하고 인지하는 것이 아주 중요하다. 변수와 함수는 코드의 스코프 안에 존재해야 한다. 코드 묶음은 그 자신에 속해 있는 변수와 함수, 그리고 부모에 속해 있는 변수와 함수에 접근할 수 있다. 스코프의 밖에 존재하는 정보에 접근하려고 하면 오류가 발생한다.

브릿지 스크립트처럼 직접 동작하는 스크립트를 만들고 변수와 함수를 살펴본다면 코드의 스코프에 대해 좀 더 쉽게 배울 수 있을 것이다.

Q&A

Q 값을 할당하지 않고 변수를 만들 수 있는가?

A 그렇다. 값을 할당하기 전후로 자유롭게 변수를 만들 수 있다.

Q 하나의 스크립트에서 1개 이상의 함수를 사용할 수 있는가?

A 그렇다. 하나의 스크립트에서 여러 개의 함수를 사용하는 경우가 대부분일 것이다.

Q 모든 변수와 함수를 전역으로 만들면 스코프를 걱정하지 않아도 되지 않을까?

A 하나의 스크립트에서 여러 개의 함수를 전역 변수로 만든다면 지역 변수를 만들 때보다 느리게 동작한다. 지역 변수를 만들고 싶지 않다면 필요할 때마다 변수를 새로 덮어써야 한다.

워크샵

지금까지 배운 것을 정리하면서 마무리하자. 다음 질문들에 답해보자.

퀴즈

1. '함수를 실행하도록 하는 것'을 다른 말로 무엇이라고 하는가?

2. 이벤트가 발생했을 때 함수를 실행하도록 할 때 사용하는 함수는 무엇인가?

3. 오브젝트의 이벤트에는 _____을(를) 통해 접근한다.

4. 전역 변수 대신 지역 변수를 사용해야 하는 이유는 무엇인가?

5. 참인가 거짓인가: 지역 변수가 함수 안에 존재한다면, 앞으로 작성될 스크립트의 모든 함수에서 이에 접근할 수 있다.

6. 오브젝트와 관련된 함수를 실행할 때 사용하는 부호는 무엇인가? Connect()와 Destroy() 함수를 사용했을 때를 떠올려보자.

정답

1. 호출Call

2. Connect()

3. 점 연산자

4. 지역 변수가 더 빠르게 동작하고 이름이 중복되는 경우에도 덮어쓰는 것을 방지할 수 있기 때문이다.

5. 거짓. 그 자체의 코드 블록과 자식 블록에서만 접근이 가능한다.

6. 콜론(:)을 통해 함수와 오브젝트를 연결할 수 있다. 예를 들어, part:Destroy()와 같이 사용할 수 있다.

연습

건드리면 무너지는 다리 대신, 버튼을 누르면 다리가 만들어지고 다시 리셋 되는 다리를 만들어보자.

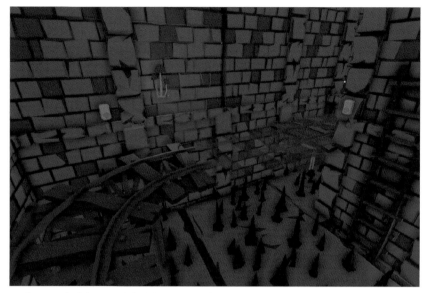

그림 3.8 끊긴 다리를 복구하기 위해 유저는 버튼을 눌러야 한다.

팁

▶ 여러 개의 파트를 사용하는 것보다 하나의 파트를 사용하는 것이 낫다.

▶ 버튼에 스크립트를 삽입하고 Touched 이벤트를 활용한다.

▶ wait() 함수를 사용해 다리가 복구되는 시간을 조절할 수 있다.

▶ 다리가 복구되면 버튼을 녹색으로 바꾼다.

▶ 스크립트를 통해 활성화될 수 있도록 처음에는 다리가 비활성화된 상태로 시작돼야 한다.

연습문제의 해답은 부록을 참조하자.

HOUR 4
매개변수와 인수 활용하기

이 시간에 배울 내용

▶ 매개변수 만들기

▶ 다양한 매개변수와 인수 활용하기

▶ 함수에서 값을 반환 받는 법 알아보기

▶ 익명 함수 사용하기

함수는 단순히 주어진 작업만 수행하는 것은 아니다. 마치 공장에 설치된 기계처럼 어떤 것을 받아들이고, 이를 다른 것으로 변환하고, 그 결과를 돌려주는 역할을 수행한다. 이번 시간에는 괄호 안에 들어가는 값들, 즉 매개변수parameters와 인수arguments에 대해 알아보고, 함수가 이들 값을 어떻게 활용하는지 살펴본다.

함수가 활용할 정보 전달하기

함수 그 자체는 스스로 어떤 기능도 수행하지 못한다. 이들은 우선 외부로부터 활용할 정보를 받아들인다. print("Hello") 구문에서도 보이듯이 출력할 문구를 외부에서 받아들인다. 또한 wait(3)과 같이 스크립트가 수행되거나 혹은 수행되지 않아야 하는 시간을 입력 받을 수도 있다.

괄호를 통해 함수에 전달되는 이 값들을 '인수'라고 한다. 어떤 정보를 받아들이는 함수를 만들었다면 이를 저장할 공간을 만들어야 한다. 이 저장 공간을 '매개변수'라고 부른다.

함수를 정의할 때 괄호 안에 변수의 이름을 넣어 매개변수를 만들 수 있다. 다음을 참조하자.

```
local function functionName(parameterName)

end
```

매개변수는 다른 변수와 마찬가지로 함수의 영역 안에서 사용할 수 있다.

▼ 직접 해보기

페인팅 함수 만들기

새로 칠할 컬러의 값을 변수로 갖게 되는 paint() 함수를 만들어 그림 4.1에서 보이는 건물 외벽의 색을 바꿔보자. 그림에서 보이는 빌딩 대신에 이전 예제에서 사용하던 파트나 텍스처가 없는 모델을 사용해도 무방하다.

그림 4.1 함수를 활용해 건물을 다시 칠해보자.

1. 파트나 모델 안에 Paint라는 이름으로 새로운 스크립트를 삽입한다.

2. 부모 파트에 할당된 새로운 지역 변수를 만들고 paint()라는 이름으로 지역 함수를 생성한다.

   ```
   local wall = script.Parent
   ```

```
local function paint()

end
```

3. paintColor라는 인수를 만든다. 이 인수는 벽의 컬러 정보를 가지는 저장소로 활용된다.

```
local wall = script.Parent
local function paint(paintColor)

end
```

4. 함수 안에서 paintColor에 벽의 컬러를 지정한다.

```
local wall = script.Parent
local function paint(paintColor)
    wall.Color = paintColor
end
```

5. 벽의 색깔을 RGB 컬러값으로 표현할 수 있는 2개의 변수를 만든다.

```
local wall = script.Parent

local blue = Color3.fromRGB(29, 121, 160)
local yellow = Color3.fromRGB(219, 223, 128)

local function paint(paintColor)
    wall.Color = paintColor
end
```

팁

변수의 위치

이미 눈치챘겠지만 변수는 일반적으로 스크립트의 가장 윗부분에 위치한다.

---

6. 변수 중 하나를 선택해 페인트 함수를 호출한다.

```
local wall = script.Parent

local blue = Color3.fromRGB(29, 121, 160)
local yellow = Color3.fromRGB(219, 223, 128)
```

```
local function paint(paintColor)
    wall.Color = paintColor
end

paint(blue)
```

코드를 테스트해 보자. 어떤 파트를 선택했더라도 이 코드를 통해 색깔을 바꿀 수 있을 것이다.

여러 개의 매개변수와 인수 사용하기

앞선 예제에서 원하는 색을 선택해 기존의 컬러를 바꿀 수 있었다. 하지만 색이 칠해진 오브젝트는 하드코딩된 상태다. 이는 지정된 특정 오브젝트에만 이 코드가 동작한다는 것을 의미한다.

하드코딩을 수행하면 함수를 제대로 활용할 수 없다. 하나의 벽에 하나의 색을 입히는 정도에만 활용이 가능하다. 함수에 하나 이상의 인수를 할당하는 것도 가능하다. 즉, 하나 이상의 매개변수를 만들어 활용할 수 있는 것이다.

함수를 정의할 때 쉼표를 사용해 여러 개의 매개변수를 나열할 수 있다.

```
local function functionName(firstParameter,secondParameter)
    print(firstParameter .." and ".. secondParameter)
end
```

팁

얼마나 많은 것이 많은 것인가?

얼마나 많은 매개변수를 사용할 수 있는지에 대한 기술적인 제약은 없다. 하지만 일반적으로 3개 이상의 매개변수를 한 번에 사용하지 않는 것이 좋다.

전달되는 인수는 항상 매개변수를 순서대로 채운다. 첫 번째 인수는 첫 번째 매개변수에 할당되고, 두 번째 인수는 두 번째 매개변수에 할당되는 식이다.

```
local first = "first"
local second = "second"

local function practice(firstParameter,secondParameter)
    print(firstParameter .. " and " .. secondParameter)
end

practice(first, second) -- "first and second"를 출력한다.
practice(second, first) -- "second and first"를 출력한다.
```

직접 해보기 ▼

오브젝트에 색깔 정하기

색을 칠해야 하는 오브젝트와 컬러를 모두 변수로 만들어 paint 함수를 만드는 것이 좋다. 그림 4.2는 흰색으로 칠해진 차와 건물을 보여주고 있는데, 왠지 배경화면과 어울리지 않는 것 같다. 이전에 작성했던 코드를 활용해 원하는 컬러를 손쉽게 칠할 수 있도록 수정해보자. 이 코드를 통해 건물과 차의 색을 모두 쉽게 바꿀 수 있을 것이다.

그림 4.2 색을 칠해야 하는 오브젝트와 사용할 컬러 2개의 매개변수를 가진 함수를 만들어 활용할 수 있다.

1. ServerScriptService 항목 아래 새로운 스크립트를 추가한다.

2. 2개의 각기 다른 컬러와 2개의 각기 다른 오브젝트를 변수에 할당한다.

```
-- 사용할 컬러
local red = Color3.fromRGB(170, 0, 0)
local olive = Color3.fromRGB(151, 15, 156)


-- 색을 칠할 오브젝트
local car = workspace.Car
local restaurant = workspace.Buildings.Restaurant
```

팁

안에 포함돼 있는 오브젝트 찾기

예제의 두 번째 오브젝트인 식당 오브젝트를 주의해서 살펴보자. 이 오브젝트는 건물이라는 폴더 안에 포함돼 있으므로 점 연산자를 사용해 계층구조에서 한 단계 더 아래로 내려가야 접근이 가능하다.

3. 색을 칠할 오브젝트와 컬러를 매개변수로 지정하고 함수를 만든다.

```
-- 오브젝트 칠하기
local function painter(objectToPaint, paintColor)
    objectToPaint.Color = paintColor
end
```

4. 함수를 호출하고 색을 칠할 오브젝트와 컬러를 지정한다.

```
-- 사용할 컬러
local red = Color3.fromRGB(170, 0, 0)
local olive = Color3.fromRGB(151, 15, 156)


-- 색을 칠할 오브젝트
local car = workspace.Car
local restaurant = workspace.Buildings.Restaurant


-- 오브젝트 칠하기
local function painter(objectToPaint, paintColor)
    objectToPaint.Color = paintColor
end

painter(restaurant, olive)
painter(car, red)
```

5. 코드를 테스트해 보자. 그림 4.3처럼 실행 버튼을 바로 누르지 말고 아래의 드롭다운 메뉴를 통해 실행 버튼을 클릭해보자. 플레이를 하지 않아도 바로 변경된 부분을 확인할 수 있을 것이다.

그림 4.3 '실행'을 선택해 캐릭터 아바타를 로딩하지 않고 바로 테스트를 수행할 수 있다.

그림 4.4를 통해 빌딩과 차가 더 이상 흰색이 아닌 것을 확인할 수 있다.

그림 4.4 스크립트가 수행되면 건물과 차의 컬러가 변경된 것을 확인할 수 있다.

함수에서 값 반환 받기

함수로 값을 전달할 수도 있고, 그 반대로 함수로부터 값을 전달받을 수도 있다. 대부분의 휴대폰에 내장돼 있는 계산기 프로그램을 예로 들어보자. 값을 입력하면 그 결과가 계산돼 반환된다. 아래의 예제는 변수를 활용하고 있다. 변수가 사용되고 함수가 구동되면, 그 결과가 return이라는 키워드를 통해 반환되는 것이다.

```
-- 2개의 수를 더한다.
local function add(firstNumber, secondNumber)
    local sum = firstNumber + secondNumber
    return sum -- 함수가 호출할 때 sum 값을 반환한다.
end

-- 사용하는 숫자들
local rent = 3500
local electricity = 128

-- add() 함수를 통해 임대료와 전기세를 더하고 그 결과를 반환한다.
local costOfLiving = add(rent, electricity)
print("Rent in New York is " .. costOfLiving)
```

다양한 값을 반환하기

때로는 함수를 사용해 여러 개의 값을 반환 받아야 할 때도 있다. 사용자의 승패와 무승부를 계산하는 경우가 좋은 예라고 할 수 있다. 여러 개의 값을 반환 받을 때도 마찬가지로 쉼표로 그 값을 구별한다.

▼ 직접 해보기

플레이어의 승패와 무승부 반환하기

플레이어의 승패와 무승부 수를 반환하는 함수를 만들어보자. 반환해야 하는 값들을 변수에 할당한다.

    1. 승리, 패배, 무승부 값을 가질 변수로 함수를 만든다.

    2. return 이후에 필요한 변수값을 나열한다. 쉼표를 사용해 이들을 구별한다.

```
local function getWinRate()
    local wins = 4
    local losses = 0
    local ties = 1
    return wins, losses, ties
end
```

3. 각각의 값을 반환받을 변수를 여러 줄로 나눠서 정의하는 것보다는 예제와 같이 한 줄로 나열하는 것이 좋다. 순서대로 이 값들이 채워질 것이다.

```
local function getWinRate()
    local wins = 4
    local losses = 0
    local ties = 1
    return wins, losses, ties
end
local userWins, userLosses, userTies = getWinRate()
```

4. print를 통해 반환받은 변수의 값들을 확인해보자.

```
local function getWinRate()
    local wins = 4
    local losses = 0
    local ties = 1
    return wins, losses, ties
end

local userWins, userLosses, userTies = getWinRate()
print("Your wins, losses, and ties are: " .. userWins..", " .. userLosses..",
"..userTies)
```

Nil 반환하기

Nil은 어떤 것을 찾을 수 없거나 존재하지 않는다는 것을 의미한다. 기대했던 결과 대신 nil이 출력되는 경우 다음을 확인해본다.

▶ 수신된 값이 반환된 값과 동일한지 확인한다.

▶ 수신된 값과 반환된 값이 쉼표로 정상적으로 구별돼 있는지 확인한다.

▶ 함수의 다른 부분들이 이상이 없는지 확인한다.

▼ 직접 해보기

존재하지 않는 것을 반환하기

존재하지 않는 함수나 변수를 호출할 때, 출력창에 nil이라는 키워드가 출력되는 것을 확인할 수 있다.

1. doesntExist와 같은 페이크 변수를 만들어 print() 함수에 전달해보자.

2. 코드를 수행하고 출력창을 확인해 보자. 스크립트의 이름과 어느 줄에서 오류가 발생했는지를 알려주는 구문과 함께 nil 구문이 출력될 것이다. 그림 4.5를 참조하자.

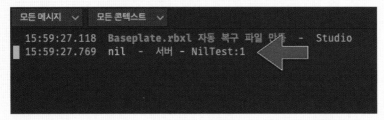

그림 4.5 NilTest 스크립트의 첫 번째 줄에 존재하지 값(혹은 변수)이 있다는 것을 알려주는 에러 메시지

일치하지 않는 인수와 매개변수 다루기

잘못된 값이 함수에 전달되거나 반환될 때 어떤 일이 일어날 수 있는지 반드시 이해해야 한다. 코드에 존재하는 이런 잘못된 값이 에러나 프리즈를 일으키는 원인이 된다.

만일 함수에 전달되는 인수가 충분하지 않다면 함수에 nil 값이 전달돼 오류가 발생한다.

```
local function whoWon(first, second)
    print("First place is " .. first .. "Second place is ")
```

```
end
```

```
whoWon("AngelicaIsTheBest") -- 전달되는 두 번째 값이 없으므로 오류가 발생한다.
```

또한 활용 가능한 변수보다 더 많은 값들이 반환된다면, 값들은 순서대로 채워지기 때문에 남는 값들은 버려지거나 손실된다. 아래 예제를 한 번 살펴보자.

```
local function giveBack()
    local a = "Apple"
    local b = "Banana"
    local c = "Carrot"
    return a, b, c
end
```

```
local a, b = giveBack() -- c가 누락됨
```

```
print(a, b, c) -- Apple, Banana 그리고 nil이 출력됨
```

"Carrot"은 함수의 스코프 안에서만 존재하고 반환된 적이 없다. 따라서 3번째 값으로 nil이 출력되는 것이다.

익명 함수 사용하기

익명 함수는 이름에서도 알 수 있듯이 함수의 일종으로, 이들을 정의할 때 이름을 붙이지 않는다는 특징을 가지고 있다. 이는 곧 이들이 호출될 때 바로 정의하는 것이 가능하다는 것을 의미한다. Touched 이벤트와 연결된 간단한 함정 코드를 기반으로 작성된 2개의 예제를 살펴보자. Touched 이벤트는 트리거를 유발하는 파트의 이름을 반환하고, 이후 이를 삭제한다.

우선, 첫 번째 스크립트는 함수에 이름을 부여했고 Touched 이벤트가 발동할 때마다 호출된다.

이름이 있는 함수 예제

```
local trap = script.Parent
```

```
local function onTouch(otherPart)
```

```
    otherPart:Destroy()
end
```

```
trap.Touched:Connect(onTouch)
```

이제 동일한 기능을 수행하지만 호출되는 곳에서 바로 정의하는 익명 함수를 한번 살펴보자.

익명 함수 예제

```
local part = script.Parent
```

```
part.Touched:Connect(function(otherPart)otherPart:Destroy() end)
```

익명 함수와 이름이 있는 함수 모두 동일한 기능을 수행한다. 스크립트의 부모에 접촉하면 모든 것을 파괴하는 것은 마찬가지다. 그럼 왜 항상 익명 함수를 사용하지는 않을까? 아래 표를 통해 익명 함수를 사용했을 때의 장단점을 파악할 수 있을 것이다.

장점	단점
작성하기 빠르다.	읽기에 불편하다.
값을 반환하지 않는 함수에 사용할 수 있다.	업데이트와 재사용이 까다롭다.
	함수를 호출할 때 사용하는 이름이 없기 때문에 아무 곳에서나 호출할 수 없다.

> 🔲 팁
>
> **함수에 이름이 있으면 협업에도 유리하다**
> 로블록스 루아 스타일 가이드에서는 필요하지 않다면 익명 함수를 가급적 사용하지 말라고 권장하고 있다. 대부분의 경우 여러 명의 개발자가 하나의 프로젝트를 진행하므로 익명 함수를 사용하게 되면 코드를 읽고 업데이트하는 데 어려움이 발생할 소지가 높다.

요약

함수는 다양하게 활용되고 또 재사용 된다. 두 번째 시간에 배운 것처럼 NPC를 만들 때도 함수를 활용한다. 오브젝트의 속성을 업데이트하거나 함정 파트처럼 모든 것을 부숴

버릴 때도 함수를 사용한다. 매개변수를 통해 함수의 외부에서 값을 전달받을 수도 있다. 매개변수를 통해 함수에 전달되는 정보를 인수라고 한다.

함수의 동작이 완료되면 값을 반환하고 스크립트가 이를 활용한다. 휴대폰에 설치돼 있는 간단한 계산기도 이런 동작 방식을 잘 보여준다. 계산기를 통해 2개의 값을 더하면, 그 결과를 반환해 준다. Touched 이벤트가 발동되면, Touched는 이벤트를 발동시킨 오브젝트의 이름을 전달한다.

만일 반환해야 하는 값이 없다면 함수가 호출돼야 하는 곳에서 바로 익명 함수를 만들어 활용할 수도 있다. 사용하기에는 간편해 보이지만 코드를 더 읽기 어렵게 만들어 팀 동료들과의 협업을 어렵게 만들 수도 있다. 익명 함수는 이후에 업데이트를 하는 것도 용이하지 않다.

Q&A

Q 함수는 얼마나 많은 매개변수를 가질 수 있는가?

A 정해진 한계는 존재하지 않지만 대개의 경우 3개 정도로 한정해 사용한다. 만일 이보다 많은 매개변수를 사용한다면 각각의 매개변수가 어떤 목적으로 만들어졌는지, 그리고 어떤 순서로 배치돼야 하는지 헷갈리기 쉽다.

워크샵

지금까지 배운 것을 정리하면서 마무리하자. 다음 질문들에 답해보자.

퀴즈

1. 함수 외부의 정보가 내부로 들어오는 것을 _____이라고 한다.
2. 함수가 동작을 완료한 다음 값을 다시 돌려주는 것을 무엇이라고 하는가?
3. 함수가 이후 사용될 값을 저장하는 곳을 _____라고 한다.
4. 함수가 실제로 사용하는 값을 _____라고 한다.
5. 값을 찾을 수 없거나 존재하지 않는 경우 사용되는 키워드는 _____이다.

정답

1. 전달^{Passing}

2. 반환^{return}

3. 매개변수^{Parameter}

4. 인수^{Arguments}

5. nil

연습

모든 프로그래머는 다른 사람들이 어떻게 코드를 작성했는지 연구하게 된다. 하지만 온라인에서 찾은 코드가 딱 원하던 것이 아닐 수도 있고, 팀 동료들이 사용하기 편하도록 포맷이 변경돼야 하는 경우도 있다. 인용할 코드가 어떤 방식으로 동작하는지 살펴보고 이를 개선하는 것은 매우 중요한 과정이다. 이번 연습에서는 익명 함수를 살펴보고 이 함수에 이름을 부여해보자.

```
script.Parent.Touched:Connect(function(otherPart) local fire = Instance.new"Fire"
fire.Parent = otherPart end)
```

답은 부록에 포함돼 있다.

HOUR 5
조건 구조

이 시간에 배울 내용

- ▶ if/then 구문을 사용하기
- ▶ 연산자 사용하기
- ▶ elseif와 else로 다중 조건 사용하기
- ▶ 휴머노이드 찾는 법 알아보기

A라는 조건이 충족돼야만 B라는 일을 할 수 있다는 이야기를 많이 해봤을 것이다. 예를 들어 당신이 친구의 이사를 도와줄 수 있지만, 그러기 위해서는 그 친구가 당신의 기말고사 공부를 도와주어야 한다는 것과 같은 것이다. 이것 형태를 조건 구조^{conditional structure}라고 부른다. 어떤 일이 발생하면 또 다른 어떤 일을 한다는 식의 구조다.

스크립트에도 동일한 방식이 적용될 수 있다. 어떤 조건이 참인 경우에만 실행되도록 코드를 작성할 수 있는 것이다. 그림 5.1의 플로우 차트를 통해 이런 조건 구조가 어떻게 동작하는지 알 수 있다.

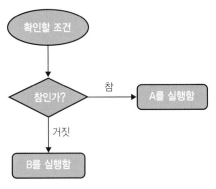

그림 5.1 확인할 조건이 참인지 거짓인지에 따라
어떤 옵션을 수행할지 결정하는 코드

이번 시간에는 어떤 조건이 충족됐을 때만 코드가 실행되는 조건 구조의 세계를 탐험해 본다.

if/then 구문

조건 구조에서도 아마 if/then 구문이 가장 많이 사용될 것이다. 만일 어떤 것이 참이라면, 코드는 그 다음 동작을 수행한다.

몇 가지 예를 살펴보면 다음과 같다.

- ▶ 만일 열쇠를 찾으면, 새로운 지역을 탐험할 수 있다.
- ▶ 만일 퀘스트가 완료되면, 사용자는 무료 펫을 얻을 수 있다.
- ▶ 만일 누군가가 채팅창에서 '생일 축하해'라고 말한다면, 여러 개의 풍선이 화면을 메운다.

코드에서는 아래와 같은 형식으로 표현할 수 있다.

```
if somethingIsTrue then
    -- 무언가를 수행함
    print("It's true!")
end
```

첫 번째 라인이 참이라면 들여쓰기 된 print 명령어가 수행되는 것이다.

조건 구문은 어떤 것이 참인지 검증하기 위해 연산자^{operator}를 사용할 수 있다. 연산자는 어떤 것을 검증하고 그 결과를 알려주는데 사용되는 기호다. 표 5.1은 일반적으로 많이 사용되는 연산자들을 보여주고 있다. 더 많은 연산자는 부록을 참조하기 바란다.

표 5.1 일반적으로 사용되는 연산자들

연산자	설명	사용 예제
==	동일할 때	if 3 == 3 then
+	더함	if 3 + 3 == 6 then
−	뺌	if 3 - 3 == 0 then
*	곱함	if 3 * 3 == 9 then

어떤 것을 비교해 그 값이 같을 때를 표시하는 연산자에 이중 등호(==)가 사용되고, 변수에 값을 할당하는데 단일 등호(=)가 사용된다는 것에 유의해야 한다.

아래 조건이 참이라면, 그 다음 코드가 실행된다.

```
local health = 10

if health == 10 then
    print("You're at full health")

end
```

하지만 아래와 같이 그 조건이 거짓이라면, 그 다음 코드는 실행되지 않는다.

```
local health = 5

if health == 10 then
    print("You're at full health")
end
```

만일 플레이어가 보너스 체력을 받았다면 어떻게 될까? 더 크거나 같은 값을 표시할 때 사용하는 부등호(>=)를 사용할 수 있다.

```
local health = 12

if health >= 10 then
    print("You're at full health")
end
```

값의 존재 여부만 판단하는 경우에는 연산자를 사용하지 않아도 된다. 다음 코드를 사용해 지붕에 불이 붙었는지 확인할 수 있다.

```
local roof = script.Parent

local fire = roof:FindFirstChildWhichIsA("Fire")

if fire then -- fire가 nil이 아님을 확인
    print("The roof is on fire!")
    fire:Destroy()
end
```

FindFirstChildWhichIsA() 함수를 사용해 루프의 자식 오브젝트에 fire 오브젝트가 있는
지 확인한다. 즉, FindFirstChildWhichIsA()는 검색을 수행하면서 조건에 부합하는 첫 번
째 오브젝트를 확인하는 것이다.

▼ 직접 해보기

휴머노이드 알아보기

이미 눈치챘을지도 모르지만, 우리가 첫 시간에 배운 용암이 나오는 사례에는 큰 결함이 존재한다. 용암을
직접 건드린 오브젝트만 파괴되므로, 그림 5.2처럼 캐릭터는 발이나 손이 사라진 상태로 용암 위를 돌아다닐
수 있게 되는 것이다.

그림 5.2 발을 잃었지만, 용암 위에 서 있을 수 있다.

캐릭터를 완전히 리셋 하려면 캐릭터의 체력을 제어할 수 있는 오브젝트를 사용해야 한다. 로블록스에서는
기본적으로 휴머노이드(Humanoid) 오브젝트를 제공한다. 휴머노이드를 사용해 캐릭터의 체력을 0으로 설
정하면, 캐릭터의 모든 것 – 다리, 발, 손 등이 리스폰 된다.

   1. 파트를 만들고 새로운 스크립트를 삽입한다. 첫 번째 시간에 활용한 용암에 삽입된 스크립트만 삭제
      하고 이를 다시 활용해도 된다.

2. 함정 파트에 할당할 변수를 만든다.

3. 인수로 otherPart를 갖는 함수 onTouch를 만든다.

4. otherPart의 부모를 찾기 위해 함수 내부에 **character**라는 이름의 변수를 만든다.

```
local trap = script.Parent

local function onTouch(otherPart)
    local character = otherPart.Parent
    local humanoid = character:FindFirstChildWhichIsA("Humanoid")
end
```

5. 그 다음 단계는 캐릭터가 휴머노이드를 가지고 있는지 확인하는 것이다. 만일 그렇다면 이 캐릭터는 사용자 혹은 NPC일 가능성이 높다.

```
local trap = script.Parent

local function onTouch(otherPart)
    local character = otherPart.Parent
    local humanoid = character:FindFirstChildWhichIsA("Humanoid")

    if humanoid then

    end
end
```

6. 사용자의 체력을 0으로 설정한다.

```
local trap = script.Parent

local function onTouch(otherPart)
    local character = otherPart.Parent
    local humanoid = character:FindFirstChildWhichIsA("Humanoid")

    if humanoid then
        humanoid.Health = 0
    end
end
```

7. onTouch 함수를 함정의 Touched 이벤트에 연결한다.

```lua
local trap = script.Parent

local function onTouch(otherPart)
    local character = otherPart.Parent
    local humanoid = character:FindFirstChildWhichIsA("Humanoid")

    if humanoid then
        humanoid.Health = 0
    end
end

trap.Touched:Connect(onTouch)
```

휴머노이드 API 페이지(https://developer.roblox.com/api-reference/class/Humanoid)를 참고하자.

elseif

지금까지 잘 따라왔다. 그런데 여러 조건을 동시에 고려해야 한다면 어떻게 해야 할까? 예를 들어 캐릭터의 체력이 꽉 찬 상태면 A라는 행동을 수행하고, 체력이 꽉 찬 상태가 아니면 B라는 행동을 수행하도록 하려면 어떻게 하는게 좋을까? 이런 시나리오라면 elseif라는 키워드를 사용하는 것이 효과적이다.

```lua
local health = 5

if health >= 10 then
    print ("You're at full health")

elseif health < 10 then -- 체력이 10보다 적은 지 확인
    print("Find something to eat to regain health!")
end
```

if/then과 마찬가지로 elseif 역시 하나의 코드 블록 안에 포함된다. elseif 구문은 마지막에 end를 추가하지 않는다.

논리 연산자

어떤 연산자들은 기호로 표현되지 않는다. and, or 그리고 not과 같이 글자로 구성된 논리 연산자^{logical operator}가 존재한다. and와 or를 통해 여러 개의 조건을 동시에 확인할 수 있다. not은 어떤 것이 아니라는 것을 검증할 수 있다. 표 5.2를 통해 이런 논리 연산자들을 어떻게 활용할 수 있는지 알 수 있다.

표 5.2 논리 연산자

연산자	설명
and	양쪽의 조건이 모두 참일 때
or	어느 한 쪽의 조건이 참일 때
not	조건에 반대일 때

이들 연산자는 양쪽이 모두 거짓이거나 nil 일 경우에는 "거짓"으로 판단한다.

아래 코드는 값의 범위를 확인하기 위해 and를 사용하고 있다. 이 시나리오는 사용자의 최대 체력이 10이며, 체력이 0이 되면 리스폰되는 것을 가정한다. 체력이 최대치가 아니라면 음식을 먹어 체력을 보충할 수 있다.

```
local health = 1

if health >= 10 then
    print ("You're at full health")

elseif health >= 1 and health < 10 then -- 체력이 특정 범위 안에 있는지 확인
    print("Find something to eat to regain health!")
end
```

여기에 elseif 구문을 추가하면 더 세밀한 시나리오를 만들 수 있다.

```
local health = 1

if health >= 10 then
    print ("You're at full health") -- 체력이 10 이상일 때 수행

elseif health >= 5 and health < 10 then -- 체력이 5~9 사이일 때 수행
    print("Find something to eat to regain health!")
```

```
elseif health >= 1 and health <= 4 then -- 체력이 1~4 사이일 때 수행
    print("You are very hungry, better eat soon!")
end
```

else

여러 조건이 있음에도 어느 것에도 해당되지 않은 경우가 있을 것이다. 이런 경우에도 어떤 행동을 수행하라고 지정할 수 있다면 효과적일 것이다. 키워드 else를 사용해 그 어떤 조건에도 해당하지 않는 경우 어떤 행동을 수행해야 하는지 명시할 수 있다.

```
local health = 0

if health >= 10 then
    print ("You're at full health") -- 체력이 10 이상일 때 수행

elseif health >= 5 and health < 10 then -- 체력이 5~9 사이일 때 수행
    print("Find something to eat to regain health!")

elseif health >= 1 and health <= 4 then -- 체력이 1~4 사이일 때  수행
    print("You are very hungry, better eat soon!")

else -- 그 어떤 조건도 참이 아닐 경우에 수행
    print("You ran out of food, you'll need to restart")
end
```

else도 그 자체로 코드 블록을 형성하지 않는다. 조건에 관련된 end는 오직 한 번만 사용된다.

▼ 직접 해보기

속성과 서비스를 가지는 포탈 만들기

if/then 구문과 elseif 구문을 활용해 특정한 키스톤으로 활성화되고, 터널의 반대쪽으로 플레이어를 보낼 수 있는 포탈을 만들어보자(그림 5.3 참조). 포탈을 만들려면 우선 ProximityPromptService와 커스텀 속성에 대해 배워야 한다.

그림 5.3 왼쪽에 보이는 키스톤으로 오른쪽에 보이는 포탈을 활성화한다.

우선 적절한 파트와 모델을 사용해 포탈과 키스톤을 만들어야 한다. 그림 5.3의 경우 모델을 사용해 아치 모양의 포탈을 만들었다. 포탈 자체는 특별한 기능 없이 단순히 장벽으로 기능하는 검은색 파트라고 보면 된다. 아치는 그저 외양에 불과하다.

포탈과 키스톤에 삽입된 스크립트가 제대로 동작하려면 새로운 속성이 추가돼야 한다. 속성은 이름과 값을 변경할 수 있다. Activated라고 이름 붙인 속성을 만들어 키스톤이 발견됐는지, 그리고 포탈을 사용할 수 있는지 확인할 것이다.

1. **Portal**과 **Keystone**이라는 이름으로 파트 혹은 매시를 만든다.

2. Portal을 선택한 다음, ProximityPrompt를 삽입한다(그림 5.4 참조). ProximityPrompt는 사용자가 파트를 클릭한 다음 그 파트와 상호작용을 수행할 수 있게 해준다.

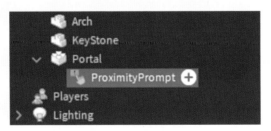

그림 5.4 ProximityPrompt 오브젝트를 삽입한다.

3. Portal이 선택된 상태에서 속성창을 스크롤 다운해 '속성 추가' 버튼을 찾아 클릭한다.

그림 5.5 속성을 추가한다.

4. 속성의 이름을 **Activated**로 변경하고 불린 타입으로 설정한 다음, 저장을 클릭한다(그림 5.6 참조).

그림 5.6 속성의 이름을 `Activated`로
변경하고 불린 타입으로 저장한다.

5. KeyStone을 선택한 다음, **Activated**라는 이름의 새로운 속성을 추가하고 역시 불린 타입으로 저장한다.

경고

새로운 속성은 체크되지 않은 상태로 둬야 한다!

방금 만든 새로운 속성들이 체크되지 않은 상태, 즉 비활성화된 상태로 둬둬야 한다는 것에 유의해야 한다. 활성 혹은 체크된 속성은 true, 반면 비활성 혹은 체크되지 않은 속성은 false를 의미한다.

이제 각각 키와 포탈에 적용할 2개의 스크립트를 작성해야 한다.

키스톤 스크립트에서 속성 조정하기

KeyStone의 속성 Activated는 처음에는 false로 설정돼야 한다. 키가 활성화되지 않은 상태라면 포탈은 그 누구도 전송하지 않는다. KeyStone의 스크립트는 누군가 이를 터치해서 키스톤을 켜도록, 즉 Activated 상태를 true로 바꿔주는 작업을 수행한다.

1. KeyStone을 선택한 다음 새로운 스크립트를 삽입한다.

2. 스크립트의 부모를 참조할 변수를 생성하고, onTouch 함수를 KeyStone의 Touched 이벤트와 연결한다. 터치를 감지하는 파트의 인수를 포함해야 한다.

3. 휴머노이드를 찾아 누군가가 파트를 터치했는지 확인해야 한다. 베이스플레이트나 다른 부분을 터치했을 때 트리거가 동작해서는 안 된다. 이 시간의 앞부분에 배웠던 것을 잘 활용할 수 있을 것이다. 기억나지 않는다면 다시 한 번 확인해 보자.

4. 함수의 내부에 SetAttribute()를 사용해 Activated 상태를 전달하고 값을 true로 변경한다.

```
local keyStone = script.Parent

local function onTouch(otherPart)
    local character = otherPart.Parent
    local humanoid = character:FindFirstChildWhichIsA("Humanoid")

    if humanoid then
        keyStone:SetAttribute("Activated", true)
    end
end

keyStone.Touched:Connect(onTouch)
```

5. KeyStone의 머티리얼을 네온으로 바꾸어 플레이어가 키스톤이 활성화된 것을 확인할 수 있도록 한다.

```
local keyStone = script.Parent

local function onTouch(otherPart)
    local character = otherPart.Parent
    local humanoid = character:FindFirstChildWhichIsA("Humanoid")

    if humanoid then
```

```
        keyStone:SetAttribute("Activated", true)
        keyStone.Material = Enum.Material.Neon
    end
end

keyStone.Touched:Connect(onTouch)
```

팁

텍스처가 입혀진 파트를 대체할 수 있는 것들

파트에 텍스처가 입혀져 있다면 머티리얼이나 컬러가 변경돼도 눈에 띄지 않을 것이다. 텍스처를 없애거나 이 속성들을 보이게 하거나 활성화됐을 때 파티클을 사용할 수 있게 해줄 수 있다. 가장 중요한 것은 사용자가 원할 때 언제나 상호작용을 할 수 있도록 파트를 노출시킬 수 있어야 한다는 것이다.

6. 그림 5.7처럼 파트가 네온으로 변경되는지 테스트하고 확인한다.

그림 5.7 키스톤(왼쪽)이 활성화되면 네온 블루로 빛이 나면서(오른쪽) 사용자가 활성화됐다는 것을 인식할 수 있게 된다.

포탈 스크립트

이제 다시 포탈로 돌아오자. 사용자가 포탈 앞에 다가왔을 때, ProximityPrompt를 통해 상호작용이 가능한 메시지를 출력하도록 해줄 것이다. 그림 5.8을 참조하자.

그림 5.8 사용자가 다가오면 ProximityPrompt의 디폴트 메시지가 출력된다.

ProximityPrompt는 다양한 기능을 제공하지만 일반적으로 스크립트에 바로 활용가능한 함수를 제공하지는 않는다. 스크립트에 ProximityPromptService를 추가해 이런 다양한 함수 기능을 활용할 수 있다. 서비스는 스크립트에 다양한 기능을 제공해 주는 일련의 코드를 의미한다. GetService() 함수에 변수를 할당함으로써 사용이 가능하다.

```
local ProximityPromptService= game:GetService("ProximityPromptService")
```

팁

메서드와 콜론 사용하기

메서드, 즉 오브젝트와 연결된 함수에 접근할 때는 콜론을 사용한다. GetService() 함수는 최상위 레벨의 오브젝트인 game과 연결돼 있다.

1. 포탈을 선택하고 새로운 스크립트를 생성한다.

2. ProximityPromptService를 받아올 변수를 생성한다.

3. 포탈과 키스톤, ProximityPrompt를 참조할 변수를 생성한다.

4. **onPromptTriggered**라는 이름으로 새로운 함수를 생성한다.

```
local ProximityPromptService = game:GetService("ProximityPromptService")

local portal = script.Parent
local keyStone = workspace.KeyStone
local proximityPrompt = portal.ProximityPrompt

local function onPromptTriggered()

end
```

팁

함수 이름 정하기

이벤트의 이름 앞에 on을 붙여서 함수의 이름을 정하는 것이 일반적이다.

---

5. 함수를 PromptTriggered 이벤트에 연결한다.

```
local function onPromptTriggered()

end

ProximityPromptService.PromptTriggered:Connect(onPromptTriggered)
```

6. 함수 내부에 키스톤의 속성, 즉 Activated를 현재 값을 받아오도록 설정한다.

```
local function onPromptTriggered()
    local KeyActivated = keyStone:GetAttribute("Activated")
end
```

7. 키스톤이 활성화되면 파트가 투명해지고 CanCollide를 비활성화한다.

```
local function onPromptTriggered()
    local KeyActivated = keyStone:GetAttribute("Activated")

    if KeyActivated == true then
        portal.Transparency = 0.8
        portal.CanCollide = false
        print("Come on through")
    end
```

```
    end
```

8. 키스톤이 활성화되지 않았다면 문이 붉은색으로 깜박이게 만든다.

```
local ProximityPromptService = game:GetService("ProximityPromptService")

local portal = script.Parent
local keyStone = workspace.KeyStone
local proximityPrompt = portal.ProximityPrompt
local originalColor = portal.Color

local function onPromptTriggered()
    local KeyActivated = keyStone:GetAttribute("Activated")

    if KeyActivated == true then
        portal.Transparency = 0.8
        portal.CanCollide = false
        print("Come on through")
    else
        portal.Color = Color3.fromRGB(255, 0, 0)
        wait(1)
        portal.Color = originalColor
        print("Activate the key stone to pass through the portal")
    end
end

ProximityPromptService.PromptTriggered:Connect(onPromptTriggered)
```

> **팁**
>
> **여러 사용자가 동시에 상호작용하는 것 감안하기**
>
> 포탈의 오리지널 컬러를 얻기 위한 변수가 함수가 아닌 스크립트의 최상단에 위치하는 것을 눈여겨 보아야 한다. 만일 다양한 상호작용이 짧은 시간 안에 동시에 수행된다면, 포탈이 여전히 붉은색 상태임에도 함수가 동작하는 경우가 발생할 수 있다. 이 경우 변수에 원래의 컬러 값이 아니라 붉은색이 할당될 수 있다.

스크립트 작성은 끝났다! 이제 테스트를 통해 사람들이 포털을 사용할 수 있는지 확인해 보자. 속성창에서 ProximityPrompt의 텍스트를 바꿀 수 있을 것이다(그림 5.9 참조).

그림 5.9 ProximityPrompt의 텍스트를 바꿀 수 있다.

요약

조건 구문을 사용할 수 있다면 현실에 존재하는 원인-결과와 동일한 동작을 구현할 수 있게 되므로 당신이 만드는 세상을 조금 더 현실과 가깝게 만들 수 있다. 사람들이 뭔가 위험한 것을 건드린다면, 심각한 체력 손상을 입게 될 것이다. 어떤 것을 만지느냐에 따라 마법의 힘을 얻을 수도 있고, 다른 곳으로 통하는 새로운 문을 열 수도 있을 것이다.

if/then, elseif, 그리고 else를 사용해 특정한 조건에서 무엇이 수행돼야 하는지 보여주는 플로우 차트를 그릴 수 있다. 스크립트의 상단에서부터 각각의 조건이 부합하는지 체크하며, 만일 조건이 참이라면 정해진 코드 부분이 수행된다. if/then 구문의 나머지 부분은 수행되지 않는다. 만일 조건이 참이 아니라면, else를 사용해 코드가 어떤 것을 수행해야 하는지 명시할 수 있다.

이런 상호작용을 설정할 때는 항상 이것을 경험하게 되는 사용자들을 늘 염두에 두어야 한다. 사용자가 오브젝트가 동작하는지, 어떤 변경이 일어나고 있는지 인지할 수 있도록 조건 구문이 수행될 때 컬러를 바꾸거나, 특수 효과가 발생하도록 해야 한다.

워크샵

지금까지 배운 것을 정리하면서 마무리하자. 다음 질문들에 답해보자.

퀴즈

1. 이중 등호(==)는 _____(을)를 의미한다.
2. 다음 코드에서 잘못된 부분은 어디인가?

```
local health = 5
if health >= 10 then
    print ("You're at full health")

            elseif health < 10 then
              print("Find something to eat to regain health!")
            end
    end
```

3. 스크립트에서 추가적인 코드를 사용할 수 있게 해주는 함수를 _____라고 한다.
4. 같거나 작은 것을 의미하는 연산자는 무엇인가?
5. 부호가 아닌 연산자를 _____라고 부른다.
6. 연산자 or는 어떤 역할을 수행하는가?

정답

1. 같다
2. elseif는 그 자체로 코드 청크code chunk가 되지 못한다. if와 같은 수준의 들여쓰기가 수행돼야 하며 if와 이어지는 단 하나의 end를 가져야 한다.

3. `GetService()`

4. `<=`

5. 논리적 연산자

6. 둘 중 하나가 참일 때 참을 반환한다.

연습

플레이어가 스피드 부스터를 눌렀을 때 엄청난 속도로 이동할 수 있는 초능력을 플레이어에게 부여해보자! 휴머노이드의 기본 `WalkSpeed` 속성은 16으로 설정돼 있다. 이 속도가 느리다고는 할 수 없지만, 더 빨리 움직일 수 있다면 훨씬 멋질 것이다. 사용자가 잠깐 빨라졌다가 몇 초가 지난 다음 원래의 속도로 돌아오게 되는 파트를 만들어보자.

이를 위해 `onTouch` 구문과 `if/then` 구문을 사용해야 한다. 파워업 상태에서 이동할 때 효과를 보여주기 위해 ParticleEmitter 오브젝트를 함께 사용한다면 훨씬 더 멋져 보일 것이다(그림 5.10 참조).

팁

▶ ParticleEmitters는 ServerStorage에 저장된다.

▶ ServerStorage에서 `GetService()`를 사용하자.

▶ 휴머노이드 체크를 위해 `if/then`을 사용하자.

▶ 휴머노이드의 `WalkSpeed` 속성의 기본값인 16을 50으로 변경한다.

▶ `Clone()` 메서드를 사용해 파티클의 복제본을 만들고 이를 러너의 부모로 만든다.

▶ 몇 초 지난 다음, `WalkSpeed`를 다시 16으로 돌리고 ParticleEmitter를 제거한다.

그림 5.10 파워업 상태로 달리는 닌자는 뒤로 별을 흩뿌린다.

코드는 부록에서 찾을 수 있다.

HOUR 6
디바운싱과 디버깅

이 시간에 배울 내용

- ▶ 디바운스 시스템을 만들기
- ▶ 스트링 디버깅 살펴보기
- ▶ 더 쉽게 테스팅을 수행하기 위해 값 추출하기
- ▶ 이미지와 텍스트 레이블 만드는 법 배우기

이제 휴머노이드가 무엇인지, 그리고 if를 사용해서 휴머노이드를 확인하는 방법을 알게 됐으므로, 조건에 따라 물건을 파괴하거나 사용자의 체력을 0으로 설정할 수 있을 것이다. 이제는 시간이 지날수록 어떤 것이 점진적으로 증가하거나 감소하도록 만들어 볼 것이다. 체력이 한 번에 0으로 설정되는 것이 아니라 조금씩 소모되게 만들거나, 광물을 채집할 때마다 플레이어의 골드 보유량이 1씩 올라가도록 하는 것이다.

이번 시간의 나머지 절반은 코드를 점검하고 개선하는 것에 할애할 것이다. 스트링 구문을 활용해 코드에 잘못된 부분이 있는지 확인하고, 1명의 플레이어가 상호작용을 과하게 독점하지 않도록 방지하는 시스템을 만들어 볼 것이다. 아울러 다양한 디자인 프로세스를 어떻게 코딩에 반영할 수 있는지도 함께 알아본다.

파괴하지 말고 디바운스 하자

함정에 빠지면 체력을 10씩 감소시키는 시스템을 만든다고 가정해보자. 휴머노이드의 기본 체력은 100으로 설정돼 있다. 플레이어의 현재 체력을 측정하고, 여기서 10씩 빼는 코드를 만드는 것이 가장 쉬운 방법일 것이다. 코드는 다음과 같다.

```lua
local trap = script.Parent
local function damageUser(otherPart)
    local partParent = otherPart.Parent
    local humanoid = partParent:FindFirstChildWhichIsA("Humanoid")
    if humanoid then
        humanoid.Health = humanoid.Health - 10
        print("Ouch! Current health is " .. humanoid.Health)
    end
end
end
trap.Touched:Connect(damageUser)
```

여기서 문제는 물리엔진이 충돌을 다루게 되므로 코드에서 여러 번 발생하는 이벤트를 처리해야 하고, 이로 인해 의도치 않게 더 많은 피해를 줄 수 있다는 것이다. 그림 6.1의 왼쪽 타임 스탬프에서도 확인할 수 있듯이, 이 코드를 그대로 적용하게 되면 플레이어의 현재 체력이 급격하게 감소될 수 있다.

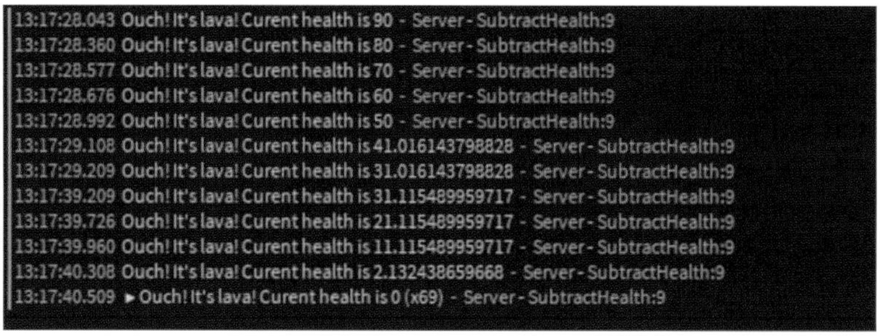

```
13:17:28.043 Ouch! It's lava! Curent health is 90 - Server - SubtractHealth:9
13:17:28.360 Ouch! It's lava! Curent health is 80 - Server - SubtractHealth:9
13:17:28.577 Ouch! It's lava! Curent health is 70 - Server - SubtractHealth:9
13:17:28.676 Ouch! It's lava! Curent health is 60 - Server - SubtractHealth:9
13:17:28.992 Ouch! It's lava! Curent health is 50 - Server - SubtractHealth:9
13:17:29.108 Ouch! It's lava! Curent health is 41.016143798828 - Server - SubtractHealth:9
13:17:29.209 Ouch! It's lava! Curent health is 31.016143798828 - Server - SubtractHealth:9
13:17:39.209 Ouch! It's lava! Curent health is 31.115489959717 - Server - SubtractHealth:9
13:17:39.726 Ouch! It's lava! Curent health is 21.115489959717 - Server - SubtractHealth:9
13:17:39.960 Ouch! It's lava! Curent health is 11.115489959717 - Server - SubtractHealth:9
13:17:40.308 Ouch! It's lava! Curent health is 2.1324386596668 - Server - SubtractHealth:9
13:17:40.509 ▶ Ouch! It's lava! Curent health is 0 (x69) - Server - SubtractHealth:9
```

그림 6.1 출력 메시지를 통해 의도했던 것보다 더 자주 함정이 활성화되는 것을 확인할 수 있다.

우리가 원한 것은 이렇게 빠른 속도로 자주 충돌이 발생하는 것이 아니다. 단지 한 번 충돌이 발생하고, 한 번만 대미지를 받는 것이다. 이렇게 여러 번 트리거가 발생하더라도 한 번의 트리거만 발생한 것으로 처리하는 것을 디바운싱^{debouncing}이라고 한다.

앞선 코드에 일정 시간 동안 함정을 비활성화하는 디바운스 시스템을 추가하면 다음과 같다.

```lua
local trap = script.Parent
local RESET_SECONDS = 1 -- 함정을 비활성화할 시간
local enabled = true -- 사용자에게 실제로 피해를 끼칠 것인지 결정
local function damageUser(otherPart)
    local partParent = otherPart.Parent
```

```
        local humanoid = partParent:FindFirstChildWhichIsA("Humanoid")
        if humanoid then
            if enabled == true then -- 함정이 활성화돼 있는지 확인
                enabled = false -- 함정을 비활성화하는데 사용할 변수 설정
                humanoid.Health = humanoid.Health - 10
                print("OUCH!")
                wait(RESET_SECONDS) -- 리셋 시간 동안 대기
                enabled = true -- 함정을 다시 설정
            end
        end
end
trap.Touched:Connect(damageUser)
```

이 코드를 통해 만들어진 시스템에서는 enabled가 true일 때 한 번만 피해를 입게 된다.

직접 해보기 ▼

채광 시뮬레이터

의도한 경우 한 번만 동작하고 다른 경우에는 동작하지 않는 코드의 가장 대표적인 경우가 골드나 포인트를 사용자에게 부여하는 경우다. 그림 6.2에서 보이는 것처럼 플레이어가 1개의 광물을 채굴할 때만 골드를 얻게 되는 채광 시뮬레이터를 한번 만들어보자. ProximityPrompts를 활용해 채광 메카닉을 만들고 리더보드를 통해 사람들이 지금까지 얼마나 많은 광물을 채굴했는지 볼 수 있도록 한다.

그림 6.2 채굴될 준비가 끝난 상태로 빛나고 있는 금광석

스코어보드 설정하기

로블록스에 내장된 리더보드를 활용해 보자. 다양한 로블록스 게임 화면의 오른쪽 상단에서 그림 6.3과 같은 리더보드를 확인할 수 있을 것이다. 점수를 나타내는 것 외에도 다양한 용도로 이 보드를 활용할 수 있다. 플레이어의 레벨이 어느 정도인지, 혹은 어느 정도의 리소스를 가지고 있는지, 그리고 어느 팀에 속해있는지와 같은 정보도 노출할 수 있다.

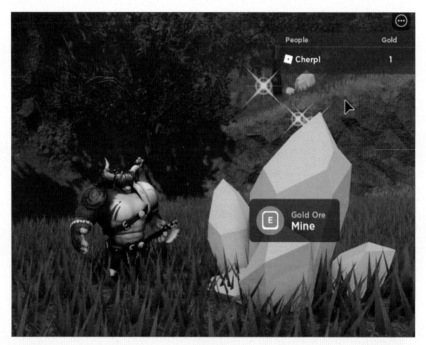

그림 6.3 게임 화면의 우측 상단에 표시되는 리더보드를 통해 플레이어의 이름과 지금까지 모은 골드의 양을 확인할 수 있다.

일단 플레이어가 게임에 진입하면 리더보드에 추가돼야 한다.

1. ServerScriptService에 새로운 스크립트를 추가한다(그림 6.4 참조).

그림 6.4 ServerScriptService에 리더보드 스크립트를 추가한다.

2. Players 서비스를 만들고 함수를 PlayerAdded 이벤트에 연결한다.

```
local Players = game:GetService("Players")
local function leaderboardSetup(player)

end
-- "leaderboardSetup()" 함수를 "PlayerAdded" 이벤트와 연결한다.
Players.PlayerAdded:Connect(leaderboardSetup)
```

3. 연결한 함수 내부에 새로운 Folder 인스턴스를 생성하고, 이를 **leaderstats**로 명명한다. player를 그 부모로 설정한다.

```
local function leaderboardSetup(player)
    local leaderstats = Instance.new("Folder")
    leaderstats.Name = "leaderstats"
    leaderstats.Parent = player
end
```

팁

이름이 leaderstats인 것을 다시 한번 확인하자

폴더의 이름이 모두 소문자 leaderstats인 것은 매우 중요하다. 만일 다른 이름이 사용된다면 로블록스는 정상적으로 플레이어를 리더보드에 추가하지 못한다.

---

4. 화면의 모서리에서 볼 수 있는 실제 스탯을 설정한다. 코드를 보지 말고 아래 가이드만 따라서 코딩해보자.

  a. gold라고 이름 붙여진 지역 변수를 사용해 새로운 IntValue 인스턴스를 만들어보자.

  b. IntValue를 Gold라고 이름 붙이자. 여기서 타이핑하는 이름이 실제로 사용자에게 보여지는 이름이 될 것이다.

  c. IntValue의 Value를 0으로 설정한다.

  d. IntValue의 부모로 leaderstats를 설정한다.

```
local Players = game:GetService("Players")

local function leaderboardSetup(player)
    local leaderstats = Instance.new("Folder")
    leaderstats.Name = "leaderstats"
```

```
leaderstats.Parent = player

local gold = Instance.new("IntValue")
gold.Name = "Gold"
gold.Value = 0
gold.Parent = leaderstats
end
Players.PlayerAdded:Connect(leaderboardSetup)
```

팁

IntValue 오브젝트를 통해 값을 추적할 수 있다

IntValue는 오직 정수만 입력 가능한 특별한 오브젝트다. 6.7 포인트와 같은 소수점 점수는 허용되지 않는다.

금광석 오브젝트 설정하기

금광석은 파트나 메시를 사용해 만들 수 있다. 로블록스 스튜디오의 템플릿에서 메시를 복사하고 이를 현재 작업하고 있는 파일에 붙여서 사용하면 된다. 지난 시간 포털을 만들 때와 동일하게 ProximityPrompt를 사용해 플레이어가 광석과 상호작용을 수행하도록 만들고, 새로운 속성을 추가할 수 있다. HoldDuration 속성 값을 늘려 디바운스 처리를 할 수 있다는 것도 ProximityPrompt를 사용해 얻을 수 있는 장점이다.

1. 금광석으로 사용할 파트나 메시를 선택한다.

2. ProximityPrompt를 삽입한다.

3. ProximityPrompt의 이름을 GoldOre로 변경한다. 이후에 적합한 ProximityPrompt를 가지고 있는지 확인할 때 이 이름을 사용할 것이기 때문에 정확하게 이름을 변경하는 것이 중요하다.

4. 그림 6.5와 같이, ProximityPrompt의 속성을 변경한다.

   ▶ **ActionText**: Mine

   ▶ **HoldDuration**: 1 (이는 사용자가 광석과 상호작용을 수행할 때 필요한 시간의 합이다)

   ▶ **ObjectText**: Gold Ore

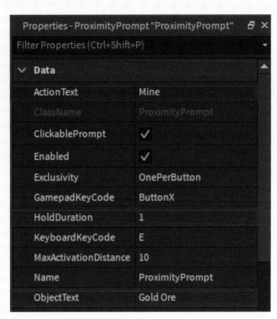

그림 6.5 ActionText, HoldDuration, ObjectText 속성을 수정한다.

5. 금광석 파트를 선택하고 새로운 속성인 ResourceType를 추가한 다음, 스트링으로 설정한다.

6. 그림 6.6과 같이 ResourceType를 Gold로 설정한다.

팁

속성을 사용해 코드를 재사용할 수 있다

ResourceType과 같은 태그를 사용해 수집 가능한 오브젝트에 동일한 스크립트를 활용할 수 있다.

그림 6.6 ResourceType이라는 이름으로 새로운 속성을 부여하고 그 값을 Gold로 설정한다.

금광석 스크립트 설정하기

그 다음 단계는 ProximityPrompt를 통해 상호작용이 가능하도록 하는 것이다. 이번에는 이전과 다르게 스크립트를 ServerScriptService에 추가한다. 이를 통해 동일한 스트립트로 수많은 금광석을 캘 수 있게 된다.

PromptTriggered 이벤트를 통해 사용자가 필요한 일정 시간 이상 버튼을 누르고 있는지 확인할 수 있다.

1. ServerScriptService에 새로운 스크립트를 추가한다.

2. 스크립트의 상단에 ProximityPromptService를 생성한다. 그 다음, 한번 사용하고 난 프롬프트가 얼마나 오랫동안 비활성화돼 있을지 결정하는 변수를 생성한다. 이 다음 단계의 샘플 코드를 참조하지 않고도 이 과정을 구현할 수 있는지 한번 확인해 보자.

3. PromptTriggered 이벤트와 연결되며 매개변수로 prompt와 player를 가지는 새로운 함수를 생성한다. 이를 통해 사용자가 누르고 있던 버튼을 언제 놓게 되는지 알 수 있다.

```lua
local Players = game:GetService("Players")
local ProximityPromptService = game:GetService("ProximityPromptService")

local isEnabled = true -- 디바운스 변수
local DISABLED_DURATION = 4
local function onPromptTriggered(prompt, player)
```

```
    end
ProximityPromptService.PromptTriggered:Connect(onPromptTriggered)
```

팁

양쪽 인수를 모두 고려해야 한다

프롬프트가 트리거되면, 이를 트리거한 특정한 프롬프트와 이를 트리거한 플레이어 모두 반환된다. 플레이어가 누군지만 알면 되지만 반환되는 값들이 항상 그 순서대로 반환된다는 것에 유의해야 한다. 따라서 만약 두 번째로 반환되는 값이 필요하다면 2개의 플레이스홀더가 필요하다.

---

4. 하나의 게임에 여러 개의 proximityprompt가 존재할 수 있으므로, prompt의 부모를 찾고 그 속성 중에 ResourceType이 포함돼 있는지 확인해야 한다.

```
local ProximityPromptService = game:GetService("ProximityPromptService")

local DISABLED_DURATION = 4

local function onPromptTriggered(prompt, player)
    local node = prompt.Parent
    local resourceType = node:GetAttribute("ResourceType")
end

ProximityPromptService.PromptTriggered:Connect(onPromptTriggered)
```

5. ResourceType가 포함돼 있고, prompt.Enabled가 참이라면, 프롬프트를 비활성화한다.

```
local function onPromptTriggered(prompt, player)
    local node = prompt.Parent
    local resourceType = node:GetAttribute("ResourceType")
    if resourceType and prompt.Enabled then
        prompt.Enabled = false
    end
end
```

6. 플레이어의 leaderstats를 찾고 resourceType를 사용해 리더보드의 stats를 업데이트한다.

```
local function onPromptTriggered(prompt, player)
    local node = prompt.Parent
    local resourceType = node:GetAttribute("ResourceType")
    if resourceType and prompt.Enabled then
```

▼

```
        prompt.Enabled = false

        local leaderstats = player.leaderstats
        local resourceStat = leaderstats:FindFirstChild(resourceType)
        resourceStat.Value += 1

    end
end
```

7. 정해진 시간이 경과하면 다시 프롬프트를 사용할 수 있도록 활성화한다.

```
local ProximityPromptService = game:GetService("ProximityPromptService")
local DISABLED_DURATION = 4

local function onPromptTriggered(prompt, player)
    local node = prompt.Parent
    local resourceType = node:GetAttribute("ResourceType")
    if resourceType and prompt.Enabled then
        prompt.Enabled = false

        local leaderstats = player.leaderstats
        local resourceStat = leaderstats:FindFirstChild(resourceType)
        resourceStat.Value += 1

        wait(DISABLED_DURATION)

        prompt.Enabled = true
    end
end

ProximityPromptService.PromptTriggered:Connect(onPromptTriggered)
```

끝났다! 광석이 비활성화된 상태라는 것을 나타내기 위해 투명도를 조정하거나, 광석의 컬러를 바꾼다면 더욱 효과적이다(그림 6.7 참조). 의도한 대로 동작하는 것이 확인됐다면, 원하는 만큼 광석을 복제해 사용하면 된다.

ServerScriptService에 단 하나의 스크립트만 추가한 상태이므로, 이 스크립트를 수정하면 복제된 모든 스크립트에 변경된 내용이 동일하게 적용될 수 있을 것이다.

그림 6.7　화면의 앞부분에는 어둡게 비활성화된 광석을, 뒷부분에는 활성화돼 밝게 빛나는 광석을 확인할 수 있다.

팁

플레이어 데이터 저장하기

지금까지 배운 코드로는 사용자가 매번 처음부터 게임을 다시 시작해야 한다. Hour17에서 세션 중간에 어떻게 사용자 데이터를 저장하는지 배워볼 것이다.

잘못된 것을 고쳐 나가기

우리는 모두 실수를 한다. 심지어 아주 오랜 기간 로블록스 게임을 개발한 개발자도 매일같이 실수를 한다. 여기서 중요한 것은 스스로 작성한 코드에서 무엇이 잘못됐는지 찾아내고, 플레이어와 상호작용을 수행하는 도중에 어떤 예상하지 못한 상황이 발생할 수 있는지 예상하고 대처하려는 태도다. 이 장의 나머지 절반은 작성한 코드를 어떻게 테스트하고 이 과정을 반복해 당신이 만든 게임을 즐기는 사용자에게 어떻게 더 나은 경험을 전달할 수 있을지에 대해 알아볼 것이다.

스트링 디버깅 활용하기

코딩 스킬이 늘어가면서 여러 가지 난관에 부딪히게 될 것이다. 우선 가장 처음 맞닥뜨리는 난관은 주로 '왜 코드가 동작하지 않을까?'일 것이다. 이런 경우 가장 먼저 확인해 봐야 할 것은 에디터에서 밑줄로 표시돼 있는 에러와 출력창이다. 하지만 때로는 이것만으로 충분하지 않을 경우도 있다.

그다음 단계는 잘못된 곳이 어디인지 찾는 것이다. 즉 코드가 예상대로 동작하지 않는 부분을 찾아 보는 것이다. 함수가 실제로 호출되지 않을 수도 있고, 주어진 값이 기대와 다를 수도 있다. 그 범위를 좁히는 한 가지 방법은 중간중간 스트링 구문을 출력해 보는 것이다. 프린트 구문을 활용해 기대한 대로 코드가 동작하는지 확인할 수 있다.

예를 들어, 함수 호출이 정상적으로 수행됐는지 확인하고 싶다면 함수 시작 부분에 바로 print 구문을 추가하면 된다.

```
local speedBoost = script.Parent

local function onTouch(otherPart)
    print("onTouch was called!")
    -- 원래의 코드
end

speedBoost.Touched:Connect(onTouch)
```

위의 코드를 수행했을 때 출력창에 "onTouch was called!"라는 구문이 출력되지 않았다면, 함수가 정상적으로 호출되지 않은 것이다. 함수를 호출하는 이벤트가 발생하지 않았거나, 혹은 이벤트와 함수가 연결돼 있지 않을 수도 있다. 만일 이 메시지가 출력됐다면 나머지 코드에는 문제가 없는지 확인하고 코드가 정상적으로 동작하는지 다시 한번 확인해 봐야 한다. 아래 코드는 스피드부스트를 만드는 코드다. 이 코드는 파트에 삽입되는 스크립트의 내부에 작성될 수 있다.

print 구문을 활용해 조건 구문 이전에 사용자의 이동 속도를 확인하고, 이동 속도가 변경된 것을 확인하면 이를 다시 일반적인 속도로 되돌린다.

아래와 같은 방식으로 코드가 정상적으로 수행되는지, 그리고 WalkSpeed가 기대한 대로 잘 변경되는지 확인할 수 있다.

```lua
local speedBoost = script.Parent

local function onTouch(otherPart)
    print("onTouch was called!")
    local character = otherPart.Parent
    local humanoid = character:FindFirstChildWhichIsA ("Humanoid")
    if humanoid and humanoid.WalkSpeed <= 16 then
    -- 휴머노이드가 스피드부스트 상태가 아닌 것을 확인
    print("Original walk speed is " .. humanoid.WalkSpeed)
        humanoid.WalkSpeed = 30
        print("New walk speed is " .. humanoid.WalkSpeed)
        wait(1) -- 부스터 지속 기간
        humanoid.WalkSpeed = 16
        print("Walk speed is returned to " .. humanoid.WalkSpeed)
    end
end

speedBoost.Touched:Connect(onTouch)
```

테스트가 끝나면 반드시 불필요한 print 구문을 모두 지워야 한다. print 구문이 추가되면 스크립트가 해야 하는 일이 더 늘어나는만큼 동작하는 속도가 조금 느려질 수도 있다. 불필요한 코드를 삭제한다면 최대한 빠르게 코드가 동작할 수 있을 것이다.

원활한 테스팅을 위해 값의 위치 옮기기

코드가 완벽하게 동작한다고 해도 조금 더 손볼 것이 남아있다. 바로 앞의 코드에서는 얼마나 빠르게 플레이어가 움직여야 하는지, 혹은 버프 효과가 얼마나 오래 가는지 정확하게 확인할 수 없다. 플레이어의 경험에 중요한 영향을 미칠 수 있는 변수를 코드의 제일 윗부분으로 옮겨 당신과 동료들이 쉽게 조정할 수 있도록 해야 한다.

아래 코드는 앞선 코드와 동일한 동작을 수행한다. 플레이어가 얼마나 빠르게 움직여야 하는지, 그리고 부스트 효과가 얼마나 오래 가는지 표현하는 변수가 코드의 상단에 정의돼 있다는 점만 다를 뿐이다.

```lua
local speedBoost = script.Parent

local BOOSTED_SPEED = 20
local BOOST_DURATION = 1

local function onTouch(otherPart)
    local character = otherPart.Parent
    local humanoid = character:FindFirstChildWhichIsA ("Humanoid")
    if humanoid and humanoid.WalkSpeed <= 16 then
    print("Original walk speed is " .. humanoid.WalkSpeed)
        humanoid.WalkSpeed = BOOSTED_SPEED
        print("New walk speed is " .. humanoid.WalkSpeed)
        wait(BOOST_DURATION) -- 부스트 지속 시간
        humanoid.WalkSpeed = 16
     print("Walk speed is returned to " .. humanoid.WalkSpeed)
    end
end

speedBoost.Touched:Connect(onTouch)
```

코드가 길어질수록 이런 방식을 통해 값을 손쉽게 설정할 수 있다. 특히 여러 곳에서 동일한 값이 사용돼야 하는 경우에는 더욱 효과적이다.

BOOTSTED_SPEED와 BOOST_DURATION처럼 스크립트 전체가 수행되는 동안 변하지 않는 값을 가지는 변수를 상수constant라고 부른다. 일반적인 변수와 다르게 이들은 모두가 대문자로 표시되며 밑줄로 연결된다.

▼ 직접 해보기

스피드부스트 조정하기

앞서 코드를 사용해 적절한 스피드와 버프 지속 기간을 찾아보자. 더블링(doubling)과 하빙(halving)이라는 기법을 사용해보자. 이 기법들은 어떤 값이 가장 적절한지 실험을 통해 찾을 때 자주 사용된다.

1. 그림 6.8과 같이 새로운 파트나 메시를 만들고 스크립트를 삽입한다.

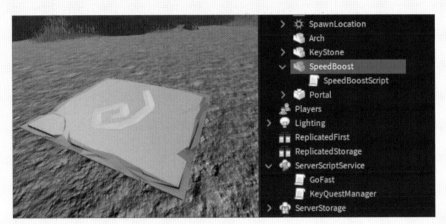

그림 6.8 메시나 파트에 새로운 스크립트를 삽입한다.

2. 파트를 터치한 사람에게 일시적으로 스피드부스트를 제공한다. 이 장에서 작성했던 코드를 다시 활용
할 수도 있고, Hour5에서 만들었던 코드를 활용해 코드를 수정하고 상수를 부여할 수 있다.

3. 원래 BOOSTED_SPEED와 BOOST_DURATION에 할당돼 있던 값의 2배가 되는 값을 BOOSTED_SPEED와
BOOST_DURATION에 할당해보자.

4. 테스트를 수행하고 결과를 확인한다. 충분히 빠르지 않거나, 지속시간이 길지 않다고 느껴진다면 다
시 한번 더 현재 값의 2배가 되는 값을 설정해 본다. 너무 과하다고 생각되면, 더한 값의 절반을 더해
본다.

속성 값 확인하기

대부분의 변수들이 출력이 가능하지만 속성은 조금 다를 수 있다. 속성의 값을 변수에 먼
저 할당해 줄 필요가 있다.

```
local activated Value = weapon:GetAttribute("Activated")
print(activatedValue)
```

이런 방식으로 속성 값을 확인할 수 있다는 것을 명심하자.

적절한 값의 유형 확인하기

함수에 전달되고 반환되는 값의 유형 역시 세심하게 확인해야 한다.

적합하지 않은 유형의 값이 입력됐을 때 발생하는 에러를 잘 처리한 코드라면 훌륭한 코드라고 할 수 있을 것이다. wait() 함수에 스트링을 입력하면 해당 스트링은 무시되고 내장된 기본 값인 1/30초가 사용될 것이다.

```lua
local part = script.Parent
wait("twenty") -- 스트링을 받을 수 없기 때문에 내장된 기본 값이 사용될 것임
part.Color = Color3.fromRGB(170, 0, 255)
```

요약

다양한 디바운스 시스템을 사용해 코드가 한 번만 수행되도록 만들 수 있다. 이전에는 특정 파트를 건드리면 그 파트를 모두 삭제했다. 이번 시간에는 디바운스 변수를 사용하고 proximityprompt를 활용하는 2가지 방법을 배웠다. 어떤 방법을 사용해도 무방하지만, 선택한 방법이 플레이어에게 어떤 영향을 미칠지 항상 고민해 봐야 한다.

훌륭한 프로그래머가 되기 위해서는 맞닥뜨릴 수 있는 모든 시나리오를 감안해 플레이어에게 최선의 경험을 전달할 수 있는 코드를 작성해야 한다. 하지만 모든 일이 늘상 잘될 수는 없는 노릇이다. 재미있는 로블록스 게임을 만드는 최고의 게임 개발자도 실수는 하기 마련이다.

만일 기대한 대로 코드가 동작하지 않는다면 알고 있는 범위 안의 지식과 함수, 이벤트 등을 검증해 문제가 생긴 곳의 범위를 좁혀 나갈 수 있다. 적절한 곳에 print 구문을 배치해 함수가 정상적으로 호출되는지, 기대했던 값이 전달되는지 확인할 수 있다.

Q&A

Q leaderboard에서 IntValue 외의 다른 유형의 값을 사용할 수 있는가?

A 그렇다. 다른 유형의 값들도 사용할 수 있다. 예를 들어 그림 6.9와 같이, 캐릭터의 이름을 표시하기 위해 StringValue를 사용할 수도 있다.

그림 6.9 우상단의 리더보드에 종족을 표시하기 위해 스트링을, 보유한 골드를 표시하기 위해 정수를 사용했다.

Q 표시할 수 있는 스탯은 최대 몇 개인가?

A 모두 4개의 스탯이 표시 가능하다. 하지만 더 많은 스탯을 측정할 수는 있다.

Q 리더보드를 커스터마이징 할 수 있는가?

A 물론이다. 이후 시간에 더 많은 개인 정보를 표시하는 법에 대해 배울 수 있을 것이다. 서버에 있는 누구라도 정보를 표시할 수 있다.

워크샵

지금까지 배운 것을 정리하면서 마무리하자. 다음 질문들에 답해보자.

퀴즈

1. 코드가 여러 번이 아닌 단 한 번만 수행되도록 하는 것을 무엇이라고 하는가?

2. 스크립트가 수행되는 동안 그 값이 변경되지 않는 변수를 무엇이라고 하는가?

3. 앞서 질문의 변수는 다른 변수와 이름의 형식이 어떻게 다른가?

4. 더 나은 사용자 경험을 제공하기 위해 코드를 조정할 때 어떤 값을 사용할지 알아
내는 손쉬운 기법은 무엇인가?

5. 속성의 값은 어떻게 출력할 수 있는가?

정답

1. 디바운싱

2. 상수

3. 모두 대문자로 작성되며 밑줄로 연결된다.

4. 더블링과 하빙

5. 우선 속성을 변수에 할당하고, 변수를 출력한다.

```
local armorValue = Helm:GetAttribute("Armor")
print(armorValue)
```

연습

엔지니어는 어떤 것이 제대로 동작하지 않을지, 어떤 것을 개선할지 고민하는 데 많은 시
간을 할애한다. 첫 연습문제는 지금까지 배운 것을 활용해 코드를 개선할 수 있는 최소한
3개의 방법을 고민해 보는 것이다. 코드에 문제가 생길 수도 있지만, 성공한다면 당신이
제공하려는 경험을 더 잘 전달할 수 있을 것이다.

완벽한 해답을 얻을 수는 없지만 당신이 만드는 코드를 객관적으로 바라보는 습관을 가
질 수 있을 것이다.

부록에서 몇 가지 유사한 답안을 찾을 수 있을 것이다.

두 번째 연습문제는 두 가지다. 하나는 캐릭터를 작게 만드는 것이고, 다른 하나는 크게
만드는 것이다(그림 6.10 참조). 3개의 특별한 사이즈를 설정하는 것이 아니라, 아바타의
현재 크기에 곱해서 크기를 조정하는 것이다.

그림 6.10 크기가 커진 자이언트 메카가 도시를 활보하고 있다.

커지고 작아지는 속도를 조절하기 위해 디바운스 변수가 필요하다는 것을 잊지 말아야 한다. 전형적으로 함수가 의도했던 것보다 자주 호출돼 크래시를 유발할 수 있는 경우다.

팁

▶ 사용자의 기본 크기는 다음과 같은 속성을 조절해 조정할 수 있다.

  ▷ Humanoid.HeadScale: 아바타의 머리 크기

  ▷ Humanoid.BodyDepthScale: 아바타의 몸통 두께

  ▷ Humanoid.BodyWidthScale: 아바타의 몸통 너비

  ▷ Humanoid.BodyHeightScale: 아바타의 몸통 크기

▶ 크래시를 방지하기 위해 실험을 하기 전 간단한 디바운스를 설정하자.

▶ 테스트를 수행하기 전에 저장하자! 아바타의 크기가 너무 클 경우 크래시가 발생할 수 있다.

HOUR 7
while 루프

어떤 일을 무한정 반복하면서 그 안에 갇혀 있다는 느낌을 받은 적이 있는가? 잠에서 깨어나 아침을 먹고, 열심히 일을 하고, 다시 집으로 돌아와 침대에 몸을 눕힌다. 그 다음날도 똑같은 일을 반복한다. 이렇듯 우리는 일상에서도 루프를 쉽게 찾아볼 수 있다. 1시간은 1분이 60번 루프를 수행해 만들어 내는 것이며, 이 과정을 다시 24번 루프를 돌면 하루가 만들어진다.

스크립트도 루프를 수행한다. 루프가 수행되면 어떤 것이 스크립트를 멈출 때까지 동일한 태스크를 반복해 수행한다. 이번 시간에는 코드에서 수행되는 while 루프에 대해 알아볼 것이다.

영원히 반복하는 while true do

이번 시간에 살펴볼 첫 루프는 while 루프다. 가장 일반적으로 활용되는 루프로 어떤 것의 상태를 확인하고 특정한 조건이 달성될 때까지 무기한 수행된다. 심지어 영원히 수행되기도 한다! 다음 코드를 통해 while 루프가 어떻게 구성되는지 확인할 수 있다.

```
local isHungry = true

while isHungry == true do
```

```
    print("I should eat something")
    wait(2.0)
end
```

이 구문의 핵심 키워드는 while과 do다. 이 키워드 사이의 구문은 while 루프가 수행되면서 계속 충족되는지 확인하는 조건이다. 이 조건이 참이라면 코드는 계속 수행된다. 영원히 수행되는 루프를 만들고 싶다면 그저 이 조건을 참으로 설정하면 된다.

```
while true do
    print(count)
    count = count + 1
    wait(1.0)
end [1]
```

앞선 예제는 매초마다 카운트를 수행하고 그 결과를 출력창에 표시한다. 플레이테스트를 마칠 때까지 이 동작을 반복한다.

기억해야 할 것들

while 루프를 사용할 때 명심해야 할 것들이 몇 가지 있다. 첫 번째는 while 루프 구문을 사용할 때 반드시 wait 함수를 포함해야 한다는 것이다. wait 함수를 추가하지 않으면 너무 빨리 루프가 수행되면서 시스템을 느리게 만들거나 크래시를 유발할 수 있다. 또 하나 기억해야 할 것은 앞선 루프가 종료돼야만 다음 루프를 시작할 수 있다는 것이다.

▼ 직접 해보기

디스코 댄스 플로어 만들기
간단하게 디스코 댄스 플로어를 만들어 보자. 파란색과 오렌지색으로 번갈아 빛나는 바닥 타일을 만들어 볼 것이다.

---

1   이 코드를 그대로 실행하면 에러가 발생할 수 있다. 코드의 가장 윗 부분에 "local count = 0"과 같이 초기값을 설정해 줘야 정상적으로 동작한다. - 옮긴이

1. 바닥 타일로 활용할 파트를 선택하고 다음과 같은 스크립트를 삽입한다.

```
local discoPiece = script.Parent

while true do
    discoPiece.Color = Color3.fromRGB(0, 0, 255)
    wait(1.0)
    discoPiece.Color = Color3.fromRGB(255, 170, 0)
end
```

2. 코드를 수행한다. 코드를 수행하면 파란색 타일만 확인할 수 있을 것이다. 이어지는 루프가 너무 빨리 수행돼서 오렌지색을 시각적으로 확인할 수 없기 때문이다.

3. 이를 수정하기 위해 컬러가 변경된 다음 1초 정도 시간이 지연되도록 wait 함수를 추가한다.

```
local discoPiece = script.Parent

while true do
    discoPiece.Color = Color3.fromRGB(0, 0, 255)
    wait(1.0)
    discoPiece.Color = Color3.fromRGB(255, 170, 0)
    wait(1.0)
end
```

루프 전체에 wait 함수가 하나만 사용된다면 이를 조건처럼 사용할 수 있다. 아래 코드에서 그 예를 살펴볼 수 있다. 그림 7.1과 같이, 1초마다 무작위로 컬러를 할당하는 것이다.

```
local discoPiece = script.Parent

while wait(1.0) do
    -- 무작위로 RGB 값을 가져온다
    local red = math.random(0, 255)
    local green = math.random(0, 255)
    local blue = math.random(0, 255)
    -- 컬러 값들을 할당한다
    discoPiece.Color = Color3.fromRGB(red, green, blue)
end
```

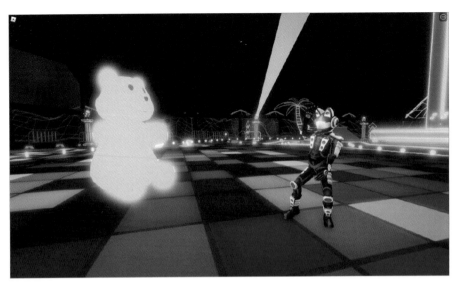

그림 7.1 while 루프와 난수 발생을 활용해 계속 색깔이 바뀌는 디스코 플로어를 만들 수 있다.

▼ 직접 해보기

모닥불을 계속 불타게 하기

이번에는 while 루프를 사용해 모닥불을 계속 불타오르게 해보자. ProximityPrompt를 사용해 연료를 추가하기 전까지는 불이 타오르지 않는다. 연료가 추가되면 일정 시간 동안 불길이 유지된다(그림 7.2 참조).

그림 7.2 while 루프를 사용해 연료를 계속 소모하는 모닥불을 만들 수 있다.

설정

우선, 모닥불과 ProximityPrompt를 설정한다. 스크립트 작업이 완료되면 어떤 환경이나 모델에도 이를 복사해서 사용할 수 있을 것이다.

1. 모닥불을 만들기 위해 투명한 파트를 사용한다.

2. CampFire 파트에 새로운 속성을 추가한다.

   ▶ **Name**: Fuel

   ▶ **Type**: Number

3. **Fire**라고 이름 붙인 Particle Emitter와 **AddFuel**이라고 이름 붙인 ProximityPrompt를 삽입한다(그림 7.3 참조).

그림 7.3 투명한 파트와 Particle Emitter, ProximityPrompt를 활용해 모닥불을 만든다.

팁

불 만들기

첨부된 이미지와 같은 불 효과를 내는 파티클을 만드는 법은 다음과 같다. Texture 속성에 4797593940을 입력하고, Speed를 0으로 설정한다. 그 다음 color와 drag, lifetime 등의 속성을 적절하게 설정한다.

4. 스크립트에서 이를 활성화할 것이기 때문에, ParticleEmitter 속성에서 Enabled 체크를 비활성화한다.

5. ProximityPrompt의 속성에서 HoldDuration을 2로 설정한다.

스크립트

ProximityPrompt가 트리거되면 연료가 공급되고 불이 활성화된다. while 루프를 사용해 1초 마다 연료를 공급하고, 연료가 0에 다다르면 불은 비활성화된다.

1. ServerScriptService에 새로운 스크립트를 추가한다.

2. ProximityPromptService를 설정한다. prompt가 트리거되면 호출되는 함수를 설정한다. 함수 내부에 prompt가 활성화됐는지 확인하고 트리거를 당긴 prompt가 "AddFuel"인지 확인하는 코드를 추가한다.

```lua
local ProximityPromptService = game:GetService("ProximityPromptService")

local BURN_DURATION = 3

local function onPromptTriggered(prompt, player)
    if prompt.Enabled and prompt.Name == "AddFuel" then

    end
end

ProximityPromptService.PromptTriggered:Connect(onPromptTriggered)
```

3. 불길이 얼마나 오래 갈지 결정하는 상수를 설정한다. if 구문 안에 campfire 파트와 fire 파티클을 위한 변수를 만들어준다.

```lua
local ProximityPromptService = game:GetService("ProximityPromptService")

local BURN_DURATION = 3

local function onPromptTriggered(prompt, player)
    if prompt.Enabled and prompt.Name == "AddFuel" then
        local campfire = prompt.Parent.
        local fire = campfire.Fire -- Particle emitter
    end
end

ProximityPromptService.PromptTriggered:Connect(onPromptTriggered)
```

4. Fuel 속성의 현재 값을 가져와 1을 더한다.

```lua
local function onPromptTriggered(prompt, player)
    if prompt.Enabled and prompt.Name == "AddFuel" then
        local campfire = prompt.Parent
        local fire = campfire.Fire -- particle emitter

        local currentFuel = campfire:GetAttribute("Fuel")
```

```
        campfire:SetAttribute("Fuel", currentFuel + 1)

    end
end
```

5. if 구문을 하나 더 추가해 파티클이 off 상태인지 확인한다. 만일 off 상태라면 다시 on 상태로 만들어 준다.

```
local function onPromptTriggered(prompt, player)
    if prompt.Enabled and prompt.Name == "AddFuel" then
        local campfire = prompt.Parent
        local fire = campfire.Fire -- particle emitter

        local currentFuel = campfire:GetAttribute("Fuel")
        campfire:SetAttribute("Fuel", currentFuel + 1)

        if not fire.Enabled then
            fire.Enabled = true
        end
    end
end
```

6. while 루프를 사용해 한 번에 하나의 연료를 소모하게 하고 그 다음 파티클을 비활성화한다.

```
local ProximityPromptService = game:GetService("ProximityPromptService")

local BURN_DURATION = 3

local function onPromptTriggered(prompt, player)
    if prompt.Enabled and prompt.Name == "AddFuel" then
        local campfire = prompt.Parent
        local fire = campfire.Fire -- particle emitter

        local currentFuel = campfire:GetAttribute("Fuel")
        campfire:SetAttribute("Fuel", currentFuel + 1)

        if not fire.Enabled then
            fire.Enabled = true
            while campfire:GetAttribute("Fuel") > 0 do
```

```
            local currentFuel = campfire:GetAttribute("Fuel")
            campfire:SetAttribute("Fuel", currentFuel - 1)
            wait(BURN_DURATION)
        end
        fire.Enabled = false
    end
  end
end

ProximityPromptService.PromptTriggered:Connect(onPromptTriggered)
```

코드가 제대로 동작하는지 확인해 보자. 만일 UI가 불을 가려서 잘 보이지 않는다면, prompt 속성 창의 UIOffset 값을 조절해 위치를 변경할 수 있다(그림 7.4 참조).

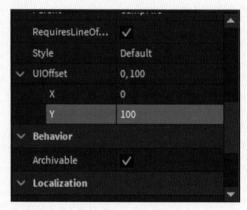

그림 7.4 prompt의 UIOffset 속성을 사용해 UI가 시선을 가리지 않도록 이동할 수 있다.

모닥불이 어떻게 동작하는지 알아냈다면 그림 7.5에서 보이는 것과 같이 다양한 환경에서 사용되는 불을 만들어 볼 수 있을 것이다.

그림 7.5 왼쪽과 같이 커다란 화로 안에서 타오르는 불을 만들거나 오른쪽과 같이 벽난로도 만들어 볼 수 있을 것이다.

뿐만 아니라 플레이어가 나무 주변에서 땔감을 주워 와 불이 계속 타도록 하는 것도 가능할 것이다.

while 루프와 스코프

while 루프에 대해 마지막으로 하나 더 배워야 할 것은 바로 루프가 종료되기 전까지 멈추지 않고 실행된다는 것이다.

```
print("The loop hasn't started yet") -- 한 번만 수행될 것이다.
while wait(1.0) do
    print("while loop has looped") -- 서버가 멈출 때까지 계속 수행된다.
end
print("The while loop has stopped looping ") -- 따라서 이 구문은 영원히 수행되지 않을 것이나.
```

요약

점점 더 복잡한 기능을 개발하게 되면서 영원히 반복되거나 특정 조건을 달성할 때까지 지속적으로 수행돼야 하는 행동을 만들 필요가 있다. 불빛이 깜박이는 것처럼 작고 빠르게 수행되는 루프도 존재할 것이다. 이보다 더 긴 간격을 두고 수행되면서 게임 전체의 흐름을 제어하는 루프도 있을 것이다. 예를 들어 라운드 기반의 게임에서 플레이어들이 로비에서 일정 시간을 보낸 다음 게임에 입장하는 것도 하나의 루프로 볼 수 있다. 한 라운드가 끝나면 다시 모든 것이 초기화되고 플레이어들은 로비에 모인다. 루프가 다시 시작되는 것이다.

while 루프는 무한정 수행되므로 루프가 끝나지 않는다면 루프 안의 코드는 종료되지 않는다. 따라서 while 루프 안의 코드가 미치는 영향을 항상 염두에 두고 있어야 한다.

서버가 동작하자 마자 바로 루프가 수행되는 것을 원하지 않는다면 함수 내부에서 while 루프를 감싸는 방식으로 루프의 시작 시점을 제어할 수 있다.

Q&A

Q 원하는 특정 횟수만큼만 코드 일부가 반복 수행되도록 하려면 어떻게 하는게 좋은가?

A 예를 들어 10개의 나무를 만드는 것처럼 코드 일부를 특정 횟수만큼 반복해야 한다면, 이런 경우는 오히려 for 루프를 사용하는 것이 좋다. for 루프는 Hour8에서 배울 것이다.

Q 조건이 참일 때가 아니라 거짓일 때 수행되는 루프를 만들려면 어떻게 해야 하는가?

A 특정 조건이 거짓일 때 수행되는 루프를 만들 수 있는 몇 가지 옵션이 존재한다. 첫 번째는 while NumberOfPlayers ~= 0 do 구문을 사용하는 것이다. 이 경우는 플레이어의 숫자가 0과 같지 않다면 루프가 수행된다. repeat action until(condition)와 같은 구문을 사용할 수도 있다. 이 경우는 조건이 참이 될 때까지 반복해서 코드가 수행된다.

워크샵

지금까지 배운 것을 정리하면서 마무리하자. 다음 질문들에 답해보자.

퀴즈

1. while 루프는 얼마나 오래 수행되는가?
2. while 루프가 수행될 때 반드시 포함돼야 하는 것은 무엇이며 그 이유는?

3. 다음 루프는 hello를 얼마나 자주 출력하는가?

```
while wait(1.0) do
    print("hello")
    wait(1.0)
end
```

4. 이 코드에서 변경되는 discoFloor의 컬러는 몇 개인가?

```
local discoFloor = script.Parent

while wait(2.0) do
    print("hello")
end

while true do
    discofloor.Color = Color3.fromRGB(0, 0, 255) -- 파란색
    wait(1.0)
    discofloor.Color = Color3.fromRGB(255, 255, 0) -- 노란색
end

discofloor.Color = Color3.fromRGB(255, 0, 127) -- 핑크색
```

정답

1. 주어진 조건이 거짓이 될 때까지 수행된다.

2. wait 함수가 반드시 포함돼야 한다. 그렇지 않다면 게임 엔진이 처리할 수 있는 것 보다 더 빨리 코드가 수행돼 크래시를 유발할 수 있다.

3. hello는 2초마다 출력된다. 조건에서 1초를 기다리고, 루프 안에서 1초를 더 기다 린다 사실 두 번째 1초는 군이 필요하지는 않다. 조건에서 2초를 설정해도 동일한 효과를 가져온다.

4. 플로어의 컬러는 바뀌지 않는다. 첫 번째 루프로 인해 두 번째 루프가 수행되지 않 기 때문이다. 첫 번째 루프가 종료된다고 해도 파란색만 확인할 수 있을 것이다. 노 란색은 너무 빨리 출력돼 눈으로 확인할 수 없을 것이며, 핑크색은 루프 스코프의 밖에 존재하고 있다.

연습

이번 연습에서는 주위에서 땔감을 모아 불을 지피도록 만들어보자(그림 7.6 참조).

그림 7.6 나무에서 땔감을 얻을 수 있고 이를 모닥불의 연료로 활용한다.

팁

▶ 리더보드를 사용해 플레이어가 얼마나 많은 땔감을 모았는지 확인하자.

▶ 지난 시간에 광석에 사용된 코드를 활용해 땔감을 모으는 코드를 만들 수 있다.

▶ campfire 스크립트를 수정해 플레이어가 땔감을 연료로 사용하도록 만들 수 있다.

프로그래머나 디자이너처럼 스스로 산출물을 만들어 내는 사람들은 어느 정도 시간이 지나면 항상 자신의 작업을 업데이트 하고 싶어한다. 게임 안에서 복제해 사용하는 스크립트나 파티클, 그리고 모델이 많아질수록 업데이트 작업도 어려워진다. 두 번째 연습문제에서는 기존의 particle emitter를 활성화하는 대신, campfire에 복제된 particle emitter를 삽입해 스크립트를 업데이트 해보자.

팁

▶ 파트에 ProximityPrompt를 추가해야 한다.

▶ ReplicatedStorage를 복제하는 방법을 기억해보자.

HOUR 8
for 루프

이 시간에 배울 내용

▶ for 루프를 활용해 태스크 반복하기

▶ 중첩 루프 사용하기

▶ 중첩 루프 빠져나가기

▶ 정보를 표시하는 디스플레이 만들기

▶ 여러 번 대미지를 가하기

지금까지 우리는 한 가지 형태의 루프, 즉 원하는 것을 영원히 반복해서 수행하는 while 루프에 대해 알아봤다.

조금 더 단순하게 몇 번만 코드를 업데이트할 필요가 있다면 다른 유형의 루프, 즉 for 루프를 사용해야 한다. while 루프와 달리 for 루프는 목적을 달성하기 위해 특정한 횟수만큼만 반복된다.

그림 8.1은 for 루프를 사용해 혜성이 충돌하기까지의 남은 시간을 카운트다운하는 화면을 보여주고 있다.

그림 8.1 for 루프를 사용한 시계로 충돌까지 남은 3초를 보여준다.

▼ 직접 해보기

카운트다운 만들기

for 루프를 사용해 0까지 카운트다운하는 간단한 코드를 만들어보자. 코드의 각 부분에 대한 설명은 아래에 이어진다.

1. 스크립트에 아래 내용을 복사해 붙인다.

```
for countDown = 10, 0, -1 do
    print(countDown)
    wait(1.0)
end
```

2. 코드를 수행해보자. 그림 8.2와 같은 결과를 출력창에서 확인할 수 있을 것이다.

그림 8.2 10에서 0까지 카운트다운한다.

for 루프가 동작하는 법

for 구문은 그림 8.3과 같이 수행되는 횟수를 제어하기 위해 3가지 값을 활용한다.

▶ **제어 변수**Control variable: 현재의 값. 값이 시작되는 지점이다. 제어 변수에는 어떤 이름을 사용해도 상관없다. 다른 변수의 이름을 붙일 때와 마찬가지로 for 루프가 무슨 일을 수행하는지 명확하게 설명할 수 있는 이름을 사용하는 것이 좋다.

▶ **종료 혹은 목표값**: 루프의 수행이 멈추어야 하는 지점의 값. 스크립트는 다음 루프를 수행하기 전에 제어 변수와 종료 값을 확인한다.

▶ **증가 값**Increment value: 제어 변수가 증가(혹은 감소)하는 양. 양의 값이면 증가하고, 음의 값이면 감소한다.

```
            제어 변수      종료 값      증가 값
               ↓           ↓           ↓
for count = 0, 10, 1 do
    print("This is a for loop")
end
```
그림 8.3　제어 변수, 종료 값, 증가 값 3개의 값을 체크해 for 루프가 얼마나 수행되는지 결정할 수 있다.

제어 변수의 초깃값에서 시작해, 종료 값에 이를 때까지 for 루프를 수행하고, 종료 값에 도달하면 동작을 멈춘다.

1. for 루프는 제어 변수와 종료 값을 비교한다(그림 8.4 참조).

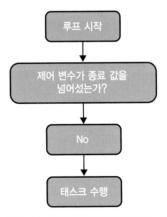

그림 8.4　루프가 시작되기 전에 종료 값을 기준으로 제어 변수의 값을 확인한다.

2. 코드가 수행된 다음, 증가 값이 제어 변수에 추가된다. 루프는 다시 값이 더해진 제어 변수와 종료 값을 비교한다(그림 8.5 참조).

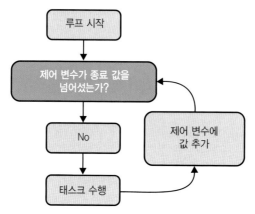

그림 8.5 루프가 종료되면 제어 변수에 증가 값이 더해진다.

3. 제어 변수가 종료 값을 넘어서면 루프는 중단된다. 예를 들어 루프의 종료 값이 10일 경우, 제어 변수가 10을 초과하면 for 루프가 종료된다(그림 8.6 참조)

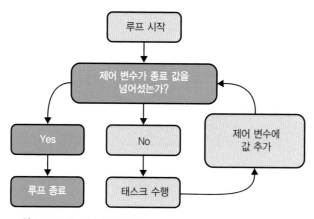

그림 8.6 for 루프 전체 프로세스

그림 8.7에서 보이는 것처럼 '스스로 연습하기'의 출력창을 다시 한번 살펴보자.

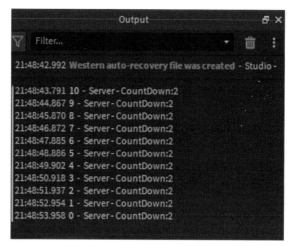

그림 8.7 1초마다 카운트다운 하는 for 루프의 출력 구문

매번 루프가 수행될 때마다 숫자가 출력되는데 이를 반복iteration이라고 부른다. 반복은 제어 변수, 코드의 수행, 증가 값의 업데이트 과정이 모두 완료됐을 때 일어난다. 이 경우 0에서 시작해 10을 지나야 마무리되므로 모두 11번의 반복이 일어난다.

향후 루프를 설계할 때 이런 과정을 명확하게 알고 있어야 한다. 정확하게 몇 번 수행되느냐가 아주 중요한 조건이라면 시작하는 값을 0 대신 1을 사용하는 것이 좋다.

선택적으로 사용할 수 있는 증가 값

만일 증가 값을 명시하지 않는다면 기본값은 1로 설정된다. 아래 코드는 0에서 시작해 10을 초과할 때까지 수행된다.

```
for countUp = 0, 10 do
    print(countUp)
    wait(1.0)
end
```

다양한 for 루프 예제

앞서도 살펴봤듯이 제어 변수, 종료 값, 증가 값을 바꾸어 루프의 기능을 변경할 수 있다. 앞서 작성한 코드를 사용해 10까지 카운트를 하거나, 홀수만 카운트하게 만들 수도 있다. 다음 예제들은 다양한 시작, 종료, 증가 값을 가진 for 루프를 보여준다.

하나씩 카운트하기

```
for count = 0, 5, 1 do
    print(count)
    wait(1.0)
end
```

짝수로 카운트하기

```
for count = 0, 10, 2 do
    print(count)
    wait(1.0)
end
```

다음과 같이 시작하는 값과 종료 값이 서로 바뀌지 않도록 유의해야 한다.

```
for count = 10, 0, 1 do
    print(count)
    wait(1.0)
end
```

위의 코드처럼 제어 변수의 값이 종료 값의 범위를 넘는다면 for 루프는 수행되지 않는다. 이 경우 for 루프는 count가 0보다 큰지 확인하는 과정을 거친다. for 루프가 수행하는 가장 첫 번째 확인 과정에서 이미 10은 0보다 큰 상태이므로, 그 어떤 것도 출력하지 않고 루프가 중단된다.

▼ 직접 해보기

실제 게임에서 카운트다운 구현하기

지금까지 구현한 카운트다운은 출력창에 그 값이 출력됐다. 이제 실제 게임 안에서 플레이어들이 볼 수 있도록 정보를 표시해보자. 이번 연습에서는 누구나 볼 수 있도록 GUI(Graphical User Interface)를 활용해 정보를 표시해 볼 것이다. GUI는 스티커 레이블처럼 게임 월드 안에서 정보를 표시할 때 활용된다.

설정

우선 SurfaceGui와 TextLabel을 만들어 카운트다운을 표시할 수 있는 수준의 크기로 설정한다. GUI가 어떤 방식으로 동작하는지는 여기서 깊이 살펴보지는 않을 것이다. 만일 더 많은 설명을 보고 싶다면 로블록스의 개발자 허브를 참조하길 바란다.

1. 새로운 파트를 만든다.

2. 파트 안에 SurfaceGui 오브젝트를 추가한다. 아직은 아무런 일이 일어나지 않을 것이다. 하지만 SurfaceGui를 통해 원하는 모든 것을 보여줄 수 있을 것이다.

3. SufaceGui를 선택하고 TextLabel 오브젝트를 추가한다. 이 오브젝트에 실제 텍스트가 출력된다(그림 8.8 참조).

그림 8.8 파트의 정면에 TextLabel을 추가한다.

팁

TextLabel 찾기

만일 TextLabel을 찾을 수 없다면, 아마 파트의 다른 면에 추가됐을 것이다. 파트를 회전하거나 혹은 SurfaceGui의 Face 속성을 조정해 위치를 변경할 수 있다.

---

4. TextLabel을 선택한다. 속성 창에서 Size를 늘려줄 것이다. X Scale을 1로, Offset은 0으로 입력한다. Y 항목에도 동일한 값을 입력한다. 이를 통해 TextLabel이 해당 면의 전체를 뒤덮게 만들어 준다(그림 8.9 참조).

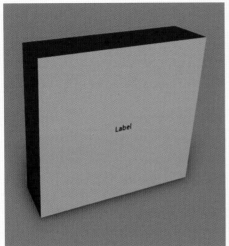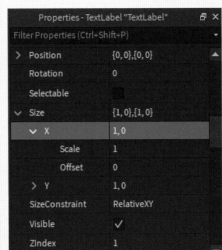

그림 8.9 TextLabel이 면 전체 크기에 맞도록 크기를 조정한다.

5. TextLabel 속성에서 아래쪽에 위치하고 있는 TextScaled 항목을 활성화한다. 이를 통해 폰트의 크기가 그림 8.10처럼 커질 것이다.

그림 8.10 텍스트가 TextLabel의 전체 크기에 맞게 자동으로 조정된다.

카운트다운 코딩하기

TextLabel에 디스플레이되는 내용을 변경하기 위해 아래와 같이 스크립트를 작성한다.

1. TextLabel을 부착한 파트를 선택하고 새로운 스크립트를 추가한다.

2. 스크립트의 부모와 TextLabel을 참조할 변수를 만든다(탐색기의 계층구조를 여러 번 살펴보는 것이 좋다).

3. 1초마다 카운트다운을 하는 for 루프 구문을 만든다.

```lua
local sign = script.Parent
local textLabel = sign.SurfaceGui.TextLabel

for countDown = 10, 1, -1 do
    print(countDown)
    wait(1.0)
end
```

4. 루프 내부에 카운트다운되는 현재 값을 위해 TextLabel의 속성을 설정한다.

```lua
local sign = script.Parent
local textLabel = sign.SurfaceGui.TextLabel

for countDown = 10, 1, - 1 do
    textLabel.Text = countDown
    print(countDown)
    wait(1.0)
end
```

5. 코드를 테스트해보자.

팁

로딩 시간에 유의하자

때로는 숫자가 중간부터 카운트다운되는 경우도 있을 것이다. 캐릭터와 카메라가 로딩되기 전에 스크립트부터 수행되는 경우 이런 증상이 나타난다. print 구문을 활용해 스크립트가 정확하게 수행되고 있는지 확인해 보거나, 약간의 지연 시간을 가진 다음 스크립트를 시작하도록 만들 수도 있다. 코드의 양이 많아질수록 더 자주 로딩 시간을 고려해야 할 것이다.

중첩 루프

루프 안에 루프를 만들 수 있다. 통상적으로 while 루프 안에 for 루프를 배치하는 형식을 사용한다. 이렇게 하면 불꽃놀이처럼 자주 반복되는 이벤트를 수행할 수 있게 된다.

```
while true do
    for countDown = 10, 1, -1 do
        textLabel.Text = countDown
        print(countDown)
        wait(1.0)
    end

    print("Launch the rockets!")
    wait(2.0)
end
```

루프가 중첩되면 스크립트는 가장 윗줄부터 수행돼 한줄씩 내려가면서 수행된다. 새로운 루프 구간에 도달하면, 코드의 그 다음 줄로 이어지기 전까지 새로운 루프가 수행된다.

루프에서 빠져나오기

어떤 이유로 루프를 빠져나와야 한다면, 키워드 break를 활용한다.

```
local goodToGo = true

while wait(1.0) do
    if goodToGo == true then
        print("Keep going")
    else
        break -- goodToGo가 거짓으로 변경되면 루프를 중단한다.
    end
end
```

요약

루프는 수많은 코드에서 광범위하게 사용된다. 루프는 영원히 수행될 수도 있고, 특정 시간이나 횟수만큼만 수행될 수도 있다. 이는 어떤 유형의 루프를 사용하느냐에 따라 달라진다. while 루프는 초기 조건이 거짓으로 변경되거나, 키워드 break가 사용되기 전까지 무한정 수행된다. 낮/밤의 변경처럼, 세상이 종말을 맞이해야 종료되는 루프에 while 루프를 사용하면 된다.

for 루프는 특정 값에 도달할 때까지 반복되는 루프에 사용된다. 신년을 맞이해 카운트다운을 수행할 때 for 루프를 사용할 수 있을 것이다.

Q&A

Q 사람들이 i를 사용하는 이유는?

A i가 정확하게 무엇을 의미하느냐에 대해서는 다양한 의견이 존재한다. 가장 많이 통용되는 이론은 i가 integer를 나타낸다는 것이다. i는 고대 수학자들이 특정하기 힘든 숫자를 나타내기 위해 처음 사용했다. 코드를 아주 간단하게 작성해야 했던 초기의 프로그래머들도 i를 즐겨 사용했다. 지금도 가장 일반적으로 사용되는 제어 변수의 이름이기도 하다. 아래와 같이 사용되는 경우를 쉽게 찾아볼 수 있다.

```
for i = 1, 10 do
print(i)
end
```

워크샵

지금까지 배운 것을 정리하면서 마무리하자. 다음 질문들에 답해보자.

퀴즈

1. for 루프는 얼마나 오래 수행되는가?

2. 증가는 무엇을 의미하는가?

3. 다음 코드에서 루프는 몇 번 수행되는가(시작하는 값이 더 큰 경우)?

```
for count = 10, 0, 1 do
    print(count)
end
```

4. 참인가 거짓인가: 증가 값은 선택적으로 사용할 수 있다.

정답

1. 주어진 조건에 다다를 때까지 수행된다.

2. 변경되는 값의 양을 의미한다.

3. 0번. 시작 값 10이 목표값 0보다 크기 때문에 이 루프는 수행되지 않는다.

4. 참. 증가 값을 명시하지 않는다면 기본값인 1이 사용된다.

연습

DoT^Damage over Time라는 개념은 일정 시간 동안 일정 대미지를 지속해서 받는 것을 의미하며, 여러 게임에서 다양하게 활용된다. 독 피해를 입거나, 불을 건드려 화염 대미지를 입을 때가 대표적인 경우다.

앞선 연습에서 이미 불을 만들어 봤으니, 동일한 모델을 활용해 불을 건드리면 일정 시간 동안 화염 대미지를 주는 코드를 만들어보자.

팁

▶ 앞서 만든 불을 활용하거나 이미 만들어진 형태의 불을 활용하자.

▶ HitBox라는 이름의 투명한 박스를 추가하자. 불을 감쌀 수 있을 정도로 크기를 조정한다(그림 8.11 참조).

▶ 누군가가 HitBox를 건드리면, for 루프를 사용해 3초 동안 매 1초마다 10 포인트의 대미지를 주도록 하자.

그림 8.11 불의 범위를 나타내기 위해 보이
지 않는 박스를 사용한다.

그 다음 연습은 3D환경에서 for 루프와 while 루프를 사용할 수 있는 최소한 5개의 경우
를 생각해 보는 것이다. 어떻게 코드를 작성해야 하는지에 대해서는 고민하지 말자. 여기
서 중요한 것은 루프를 사용할 수 있는 경우를 생각해 보는 것이다.

책의 뒷부분에서 답을 찾아볼 수 있을 것이다.

HOUR 9
배열로 작업하기

이 시간에 배울 내용

▶ 배열을 만들고 활용하기

▶ ipairs를 사용해 배열에서 루프 사용하기

▶ 배열을 바꾸는 법 알아보기

이번 시간에는 한 번에 여러 개의 오브젝트를 다루는 작업에 대해 배워볼 것이다. 이를 통해 팀원 모두에게 무기를 지급하거나, 한 폴더 안에 존재하는 모든 아이템을 수정하는 것과 같은 작업이 가능해진다. 이런 작업들은 주로 테이블을 통해 수행된다. 테이블을 통해 다양한 데이터와 오브젝트를 그룹으로 묶을 수 있다. 즉, 플레이어 그룹, 레시피에 필요한 아이템의 목록 등을 테이블을 통해 만들 수 있는 것이다.

이번 시간에는 2가지 다른 테이블 유형 중 첫 번째인 배열array에 대해서 배워볼 것이다. 여러 개의 조명을 일일이 켜는 것이 아니라 한 번에 이를 켜는 방식으로, 오브젝트로 가득 찬 폴더를 한번에 변경하는 법에 대해 알아볼 것이다.

배열이란 무엇인가?

배열은 숫자가 붙어있는 리스트를 만들고 이 리스트에 정보를 저장한다. 배열을 통해 가장 앞에 서있는 사람이 누구인지, 폴더 안에 어떤 파트들이 저장돼 있는지와 같은 정보를 얻을 수 있다.

리스트의 각 아이템에는 인덱스index라고 부르는 특정한 숫자가 할당된다. 아래와 같이 야채로 구성된 테이블을 살펴보자.

GroceryList			
Index	1	2	3
값	Apples	Bananas	Carrots

배열을 만드는 과정은 변수를 만드는 과정과 동일하다. 다만 중괄호를 배열을 만들 때는 중괄호를 사용한다.

```
local myArray = {}
```

중괄호는 테이블 데이터 유형을 만들 때 사용한다. 중괄호 안에 쉼표로 구분되는 리스트를 만들어 배열에 아이템을 추가할 수 있다. 인덱스 숫자는 순서대로 자동으로 부여된다. 3개의 아이템을 가진 배열의 예를 살펴보자.

```
local groceryList = {"Apples", "Bananas", "Carrots"}
```

배열에는 어떤 데이터 유형도 저장될 수 있다. 심지어 배열 안에 배열이 저장될 수도 있다. 아래 예제 중 3번째 배열의 index 3에는 이름없는 배열이 할당된 것을 확인할 수 있다.

```
local firstArray = {1, 2, 3}
local secondArray = {"first", "second", "third"}
local thirdArray = {firstArray, secondArray, {"unnamed array "}}
```

이후에 아이템 추가하기

이미 만들어진 배열에 아이템을 더 추가할 수도 있다. 이 경우 table.insert(array, value To-Insert) 구문을 사용한다. 앞서 살펴본 배열 예제에 아이템을 추가해 보자.

```
local groceryList = {"Apples", "Bananas", "Carrots"}
table.insert(groceryList, "Mangos")

print(groceryList)
```

배열의 마지막에 아이템이 추가된 것을 확인할 수 있을 것이다.

인덱스에서 정보 가져오기

인덱스 값을 출력해 리스트를 테스트해 볼 수 있다. 특정한 인덱스에 저장돼 있는 값을 활용하려면 배열의 이름 뒤로 빈 공간없이 바로 인덱스를 추가하면 된다. 즉, arrayName[1]과 같이 사용하면 되는 것이다.

```
local groceryList = {"Apples", "Bananas", "Carrots"}
table.insert(groceryList, "Mangos")

print(groceryList[1], groceryList[4], groceryList[5])
```

그림 9.1과 같이 인덱스 1의 값과 추가된 인덱스 4의 값이 출력된 것을 확인할 수 있을 것이다. 인덱스 5에는 어떤 값도 존재하지 않으므로 nil이 반환된 것에 유의하자.

그림 9.1 2개 값은 정상적으로 출력되지만 3번째 인덱스는 존재하지 않으므로 nil이 출력된다.

ipairs()를 사용해 전체 리스트 출력하기

리스트 전체를 출력하는 가장 쉬운 방법은 ipairs() 함수를 for 구문과 함께 사용하는 것이다. 패턴은 다음과 같다.

```
for index, value in ipairs(arrayName) do
    -- 코드
end
```

이 패턴은 다음과 같이 구성된다.

- ▶ index: 루프가 수행되면서 현재 인덱스를 참조한다. 어떤 변수 이름이어도 상관없다. 주로 소문자 i를 많이 사용한다.

▶ value: 현재 인덱스의 값을 참조한다. 역시 어떤 이름이어도 상관없다.

▶ in ipairs(arrayName): in은 키워드이며 변경돼서는 안 된다. ipairs() 함수는 배열의 이름을 받는다.

플레이어의 이름을 저장하는 배열이 있다고 가정해보자. 이를 순서대로 출력하는 코드는 아래와 같을 것이다.

```lua
local players = {"Ali", "Ben", "Cammy"}
for playerIndex, playerName in ipairs(players) do
    print(playerIndex .. " is " .. playerName)
end
```

팁

제네릭 루프

때론 이런 유형의 루프를 제네릭 루프(Generic Loop)라고도 한다.

폴더와 ipairs()

폴더 안의 모든 것을 한 번에 수정해야 할 때 ipairs() 함수를 유용하게 사용할 수 있다. 배열을 반환하는 GetChildren() 함수를 사용해 폴더 안의 모든 오브젝트 리스트를 가져올 수 있다.

여러 개의 파트가 포함돼 있는 하나의 폴더가 존재하고 이 폴더 안의 파트 컬러를 모두 바꿔야 한다고 가정해보자. 아래와 같은 코드를 작성해 볼 수 있다.

```lua
local folder = workspace.Folder -- 사용할 폴더 이름을 확인

local arrayTest = folder:GetChildren() -- GetChildren() 함수가 배열을 반환

for index, value in ipairs(arrayTest) do
    if value:IsA("BasePart") then -- 파트인지 확인
        value.Color = Color3.fromRGB(0, 0, 255)
        print( "Object " .. index .. " is now blue")
    end
end
```

부엌의 불을 밝히자

이번 연습에서는 부엌에 배치된 여러 개의 조명(그림 9.2 참조)을 하나의 스위치로 모두 켤 수 있도록 만들어 볼 것이다. 조명 하나하나에 스크립트를 추가하는 것은 매우 복잡한 일이기도 하거니와 이후 업데이트를 어렵게 만들 수 있다는 것을 우리는 이미 배워서 알고 있다. 각각의 조명에 proximity prompt를 추가할 수 있지만, 결국 사람이 부엌 곳곳을 돌아다니면서 하나 하나 불을 켜야한다.

다양한 오브젝트를 효과적으로 관리하는 방법 중의 하나는 이들을 폴더에 넣고 for 루프를 활용해 업데이트를 수행하는 것이다. 하나의 스위치로 모든 조명을 켜게 하는 것도 동일한 방식을 사용할 수 있다.

그림 9.2   트랙 조명을 통해 부드러운 분위기를 연출한 부엌. 모든 조명이 하나의 스위치로 제어되도록 민들 것이다.

1. 조명으로 활용할 파트를 골라보자. 그림 9.3처럼 작은 유리 실린더 모양의 파트가 적절해 보인다. 이 파트에 SpotLight를 추가한다.

팁

SpotLight

SpotLight는 플래시 불빛처럼 원뿔 모양으로 빛난다.

그림 9.3 작은 단추 모양의 글래스 디스크를 광원으로 사용할 것이다.

2. SpotLight가 어느 방향으로 비출지 결정한다. Properties > Face 항목의 드롭다운 메뉴에서 조명이 아래쪽을 향하도록 설정한다. 이 예제에서는 Left를 선택했다(그림 9.4 참조). 파트마다 이 옵션은 다를 수 있다.

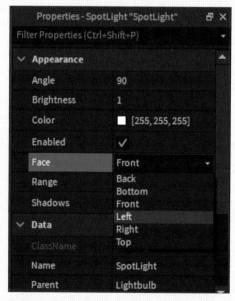

그림 9.4 SpotLight의 Face 속성에서 빛의 방향을 결정한다.

3. SpotLight 선택을 유지한 상태에서 Brightness와 Range 값을 씬에 맞게 조정한다(그림 9.5 참조).

그림 9.5   SpotLight의 Brightness를 조절해 더 밝게 만
들고 Range를 조절해 더 멀리까지 빛이 닿도록 만든다.

4. 조명을 복제해 씬에 배치한다. 다른 모델을 사용해도 무방하다. 그림 9.6과 같이 부엌 공간 곳곳에 트
랙 조명으로 디스크를 복제해 배치한다.

그림 9.6   부엌 씬의 적절한 곳에 트랙 조명으로 라이트 프롭을 복제해 배치한다.

5. Lights라는 이름으로 새로운 폴더를 만들고 모든 조명을 이 폴더로 옮긴다(그림 9.7 참조).

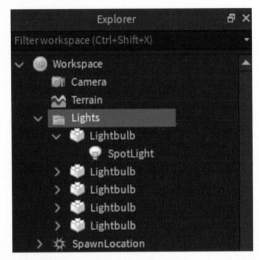

그림 9.7 모든 조명을 한 폴더 아래로 옮긴다.

조명 켜고 끄기

다음 스크립트는 Lights 폴더 안의 모든 오브젝트에 반영돼야 하며, 이 오브젝트들이 spotlight를 가지고 있는지 체크한다. spotlight를 가지고 있다면 이 스크립트를 사용해 켜고 끌 수 있을 것이다.

1. ServerScriptService에 새로운 스크립트를 추가한다.

2. Lights 폴더를 참조할 새로운 변수를 만든다.

3. 폴더의 자식을 배열로 받아오는 두 번째 변수를 만든다.

```
local lightsFolder = workspace.Lights
local lights = lightsFolder:GetChildren()
```

4. ipairs() 함수를 사용해 for 루프 구문을 만들고 이를 배열로 전달한다.

```
local lightsFolder = workspace.Lights
local lights = LightsFolder:GetChildren()

for index, lightBulb in ipairs(lights) do

end
```

5. for 루프 안에서 FindFirstChildWhichIsA() 함수를 사용해 lightbulb에 내장돼 있는 SpotLight를 찾는다.

```
local lightsFolder = workspace.Lights
local lights = LightsFolder:GetChildren()

for index, lightBulb in ipairs(lights) do
    local spotLight = lightBulb:FindFirstChildWhichIsA("SpotLight")

end
```

6. 다음 3개의 조건을 설정한다.

a. SpotLight가 발견되고 조명이 꺼진 상태라면, SpotLight를 활성화한다.

팁

Spotlight 밝게 만들기

파트를 사용하고 있다면 머티리얼을 네온이나 더 밝게 빛나는 것으로 바꿔볼 수 있을 것이다.

---

b. SpotLight가 발견되고 조명이 켜진 상태라면, SpotLight를 비활성화한다.

c. 루프를 수행하면서 폴더 안에서 SpotLight를 갖지 않은 오브젝트를 발견했다면, "Not a lightbulb"를 출력한다.

우선 스스로 먼저 코드를 작성해 보고 아래 코드를 참조하자.

```
local lightsFolder = workspace.Lights
local lights = LightsFolder:GetChildren()

for index, lightBulb in ipairs(lights) do
    local spotLight = lightBulb:FindFirstChildWhichIsA("SpotLight")

    if spotLight and not spotLight.Enabled then
        spotLight.Enabled = true
        lightBulb.Material = Enum.Material.Neon -- 좀 더 밝게 만든다

    elseif spotLight and spotLight.Enabled then
        lightBulb.Material = Enum.Material.Glass
        spotLight.Enabled = false
```

```
    else
        print ("Not a light")
    end
end
```

불을 켠 상태로, 혹은 끈 상태로 만들어 보거나 Lights 폴더 안에 임의의 파트를 포함시켜 코드를 테스트해
보자. 의도한 대로 잘 동작한다면 앞서 배운 것처럼 누군가가 proximity prompt를 활용해 상호작용을 수행할
때 이 코드가 수행될 수 있도록 함수 안에 잘 배치해보자. 방법이 기억나지 않는다면 앞서 작성했던 코드를
살펴보거나, 이 책 뒷부분의 부록을 참조하자.

리스트에서 값을 찾고 인덱스 출력하기

식당에서 자리가 나길 기다리면서 고객들이 줄을 지어 기다리고 있는 상황을 가정해보
자. 그들 중 한 명이 걸어와 자신의 자리가 어디인지 확인하려고 한다. 당신은 고객의 이
름을 알지만, 그들이 몇 번째로 기다리고 있는지는 알 수 없다. 이런 경우 대기자 열은 또
다른 배열이라고 할 수 있다. 다시 ipairs를 활용해 매칭되는 값을 찾고 이를 통해 고객
의 위치를 알아낼 수 있다.

```
local waitingList = {"Ana", "Bruce", "Casey"}
```

-- Casey가 배열에서 몇 번째에 위치하고 있는지 찾아보자.

```
for placeInLine, customer in ipairs(waitingLi st) do
    if customer == "Casey" then
        print(customer .. " is " .. placeInLine)
    end
end
```

배열에서 값 제거하기

플레이어가 아이템을 사용하거나, 대기열에 있던 플레이어가 게임을 떠나거나 하는 경우
에는 해당 값을 삭제해야 한다. 이런 경우 table.remove(arrayName, index) 구문을 사용

한다. 이 함수는 두 매개변수의 사용 여부에 따라 테이블의 가장 마지막 값을 지우거나, 특정한 인덱스를 제거한다.

```
local playerInventory = {}
table.insert(playerInventory, "Health Pack")
table.insert(playerInventory, "Stamina Booster")
table.insert(playerInventory, "Cell Key")

table.remove(playerInventory) -- 인덱스가 명시되지 않은 경우 가장 마지막 값을 지운다.
table.remove(playerInventory, 2) -- 앞에서 두 번째 값을 지운다.
```

table.remove() 함수의 두 번째 매개변수는 오직 숫자로 된 인덱스만 받아들인다. table. remove(playerItems, "Health Pack")와 같은 구문은 에러를 유발한다. 결과를 프린트하면 서 구문이 정상적으로 동작하는지 확인해 볼 수 있다.

배열에서 특정한 값이 삭제되면 나머지 값들이 그 자리를 채우면서 이동한다. 배열에서 값을 제거하기 전과 제거한 후를 출력해 이를 확인해 볼 수 있다. 배열을 출력하는 구문 을 여러 번 타이핑할 필요가 없으므로, 아래 코드에서는 함수의 일부를 원하는만큼 반복 수행하도록 구현했다.

```
local function printArray(arrayToPrint)
    for index, value in ipairs(arrayToPrint) do
        print("Index " .. index .. " is " .. value)
    end
end

local playerInventory = {"Health Pack", "Stamina Booster", "Cell Key"}
printArray(playerInventory)

table.remove(playerInventory, 2) -- 앞에서 두 번째 값을 지운다.

printArray(playerInventory)
```

그림 9.8에서 index 2의 값인 Stamina Booster가 삭제되고, 그 자리에 Cell Key가 위치한 것을 확인할 수 있다.

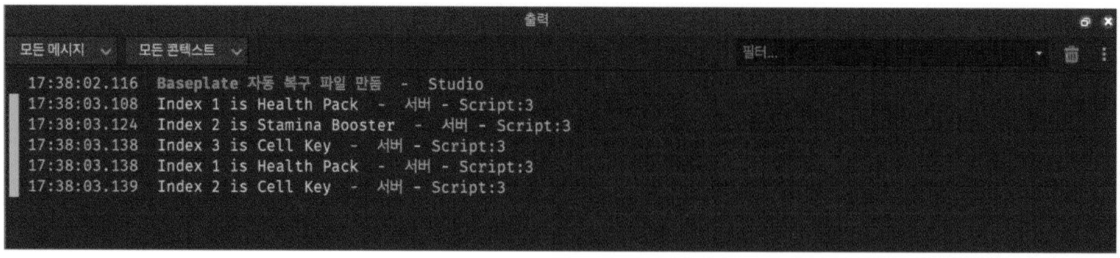

그림 9.8 처음에는 원래의 배열을 출력하고 그 다음 Stamina Booster가 삭제된 배열을 출력한다.

배열과 Numeric for 루프

앞서도 언급했듯이 ipairs() 함수를 사용하는 루프 중 하나는 generic for루프다. Hour8 에서 사용했던 for 루프는 numeric for 루프다. numeric 루프는 루프를 시작하고 종료하기 위해 숫자를 사용한다.

Numeric for 루프 역시 배열과 함께 사용할 수 있다. 아래 몇 가지 예제를 살펴보자.

for 루프를 사용해 모든 값을 찾아내고 지우기

앞서 작성했던 코드가 첫 번째 인스턴스의 값만 찾아내고 지웠던 반면 이번 코드는 배열에서 모든 값을 찾아내고 삭제할 것이다.

아이템을 지우면 인덱스가 변경된다는 것을 다시 한번 상기하자. 값을 스킵하고 넘어가는 것을 막기 위해 배열의 처음에서 시작하는 것이 아니라 배열의 마지막 부분부터 시작한다. 마지막 인덱스부터 시작함으로써 이전의 인덱스 값을 변경하지 않아도 된다.

#arrayName을 활용해 배열의 크기를 알아내고, 이를 시작하는 인덱스 넘버로 활용하자.

```
local playerInventory = {"Gold Coin", "Health Pack", "Stamina Booster", "Cell Key", "Gold
Coin", "Gold Coin"}

for index = #playerInventory, 1, -1 do
    if play erInventory[index] == "Gold Coin" then
        table.remove(playerInventory, index)
    end
end

print(playerInventory)
```

배열에서 섹션 찾기

numeric for 루프를 사용해 배열의 일부만 찾을 수도 있다. 경주 사용된 배들 중에서 처음 3척의 배 이름만 찾는 코드를 작성해보자.

```
local shipsRaced = {"A Bucket of Bolts", "Blue Moon", "Cats In Space",
"DarkAvenger12"}

local fastestThree = {}

for index = 1, 3 do
    table.insert(fastestThree, shipsRaced[index])
end
```

```
print(fastestThree)
```

이 코드는 shipsRaced 배열에서 처음 3개의 값을 가져와 fastestThree에 추가한다.

요약

배열과 같은 테이블을 활용해 사용자 경험을 정리할 수 있다. 모든 게임 플레이어의 목록을 만들 수도 있고, 이들 각각에게 새로운 아바타나 무기를 지급할 수도 있다. 또한 폴더 안의 아이템 목록을 만들 수도 있고 이를 바꿀 수도 있다.

배열에 모든 아이템을 적재했다면 for 루프를 사용해 이를 원하는대로 조작할 수 있다. 목록에 저장된 각 아이템의 이름을 출력할 수도 있고, 배열에 포함돼 있는 모든 아이템의 컬러를 바꿀 수도 있다. 물론 이보다 더 복잡한 작업들도 구현이 가능하다. 배열에서는 2가지 유형의 for 루프를 사용할 수 있다. 지난 시간에 활용했던 for 루프를 numeric for 루프라고 부른다. 배열의 일부를 변경하거나, 아주 큰 배열에는 이 numeric for 루프를 사용하면 효과적이다. 두 번째 for 루프는 genecir for 루프라고 부른다. ipairs()를 사용해 순서대로 배열을 완성할 때 generic for 루프를 사용할 수 있다.

Q&A

Q numeric for 루프를 사용하는 또 다른 이유는 무엇일까?

A 방대한 양의 오브젝트로 배열이 구성된 경우 numeric for 루프가 조금 더 빠르게 수행된다. 수 백개의 파트로 구성된 배열에서 반복적인 작업을 수행해야 한다면 numeric for 루프를 활용하자.

워크샵

지금까지 배운 것을 정리하면서 마무리하자. 다음 질문들에 답해보자.

퀴즈

1. 배열은 _____의 한 유형이다.

2. 배열에 포함된 아이템에 부여된 숫자를 _____ 넘버라고 한다.

3. 루아에서 인덱스 숫자는 _____부터 시작한다.

4. GetChildren() 함수는 _____을(를) 반환한다.

5. ipairs()는 generic 루프에 사용되는가, 아니면 numeric 루프에 사용되는가?

정답

1. 테이블

2. 인덱스

3. 1. 다른 프로그래밍 언어의 경우 대부분 0부터 시작한다.

4. 배열

5. generic 루프

연습

게임을 현실과 더 가깝게 만드는 방법 중 하나는 에셋을 계절에 맞추어 업데이트하는 것이다. 첫 번째 연습에서는 그림 9.9에서 보이는 것처럼 소나무가 여름의 파란색에서 겨울 눈덮인 하얀색으로 변하는 과정을 구현해 볼 것이다.

그림 9.9 계절의 변화에 맞게 게임 월드를 업데이트하면 좀 더 실감나는 게임을 즐길 수 있다.

팁

▶ 도구상자에서 쉽게 소나무를 찾을 수 있을 것이다(그림 9.10 참조). 검색창에서 tree를 검색해보자. 다양한 파트로 구성돼 있는 Pine Tree를 선택해 사용할 것이다. 텍스처나 별도의 스크립트를 추가할 필요는 없다.

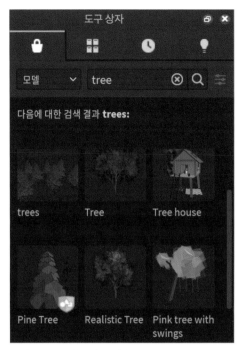

그림 9.10 노란색 인증 뱃지가 붙어있는 소나무 모델. 여러 개의 기본적인 파트로 구성돼 있으므로 각 파트의 컬러를 변경해 쉽게 나무의 색을 바꿀 수 있을 것이다.

▶ 게임 안에 여러 개의 나무로 구성된 숲이 있다고 가정하자.

▶ 하나 이상의 루프를 구현해 보자.

책의 뒷부분에서 답을 찾아볼 수 있을 것이다.

딕셔너리로 작업하기

이 시간에 배울 내용:

▶ 딕셔너리 만들기

▶ pairs()로 딕셔너리 활용하기

▶ 테이블에서 값 반환하기

▶ 여러 명의 플레이어를 위한 테스트 코드 디자인하기

▶ 투표 시뮬레이터 만들기

우리가 살펴볼 두 번째 유형의 테이블은 딕셔너리[dictionary]다. 딕셔너리를 통해 수집한 정보를 그룹으로 나눌 수 있고 각각의 엔트리에 숫자가 아닌 다른 형태의 태그를 달 수 있다. 이번 시간에는 딕셔너리를 만들고, 여기에 값을 더하거나 삭제하고, pairs()를 통해 딕셔너리에서 반복을 수행하는 방법에 대해 알아본다.

또한 딕셔너리를 활용해 투표 시뮬레이터에서 누가 가장 많은 표를 받았는지 찾아볼 것이다. 가장 많은 표를 받은 사람은 섬에서 추방된다. 배열과 딕셔너리를 활용해 누가 투표를 했는지, 또한 그들이 누구에게 표를 던졌는지 추적할 수 있을 것이다.

딕셔너리란?

딕셔너리는 숫자로 된 인덱스 대신 식별자로 키를 사용하는 테이블 오브젝트다. 키는 ID 넘버가 될 수도 있고, 체력이나 스테미나와 같은 속성이 될 수도 있다. 그 밖의 다양한 데이터 유형으로 키를 만들 수 있다. 다음 테이블은 플레이어의 이름과 그들의 점수로 구성된 딕셔너리를 보여주고 있다.

activePlayer Dictionary			
키로 사용되는 플레이어의 이름	아가사	빌리	매리 수
값으로 사용되는 점수	1000	150	1200

딕셔너리는 다음과 같은 테이블로 표현될 수 있다.

```
local activePlayer = {
    Agatha = 1000,
    Billie = 150,
    ["Mary Sue"] = 1200,
}
```

배열처럼 특별한 순서를 따르지 않고 레이블 값이 필요할 때 딕셔너리를 사용할 수 있다.

딕셔너리 코딩하기

배열과 마찬가지로 딕셔너리 역시 중괄호({})를 사용해 만들 수 있다.

새로운 딕셔너리를 만들 때 배열과 달리 괄호를 분리한다. 다음 코드를 참조하자.

```
local newDictionary = {
}
```

키-값 페어는 쉼표로 분리되며 괄호 사이에 저장된다. 키와 값은 어떤 유형으로도 만들 수 있다. 문자열, 숫자, 인스턴스와 심지어는 다른 테이블로도 만들 수 있다. 문자열을 키로 사용하는 딕셔너리의 예는 다음과 같다.

```
local inventory = {
    Batteries = 4,
    ["Ammo Packs"] = 1,
    ["Emergency Rations"] = 0,
}
```

키 포맷

키의 포맷은 키가 문자열인지, 인스턴스나 혹은 그 밖의 것인지에 따라 달라진다. 문자열을 키로 사용하고 가운데 띄어쓰기가 없다면 대괄호로 묶을 필요는 없다. 만일 띄어쓰기가 포함된 문자열이라면 따옴표를 붙이고 대괄호로 묶어야 한다.

```lua
local seedInventory = {
    -- 띄어쓰기가 없는 문자열 키
    Wheat = 1,
    Rice = 4,
    -- 띄어쓰기가 포함된 문자열 키
    ["Sweet Potatoes"] = 3,
}
```

만일 키가 게임 안에 존재하는 파트와 같은 인스턴스라면 대괄호로 이를 묶어야 한다. 아래 예제에서는 마스터 포털을 열기 전에 필요한 포털 스톤이 활성화됐는지 확인하기 위해 불린 값을 사용하는 딕셔너리를 보여주고 있다.

```lua
local eastStone = workspace.EastStone
local westStone = workspace.WestStone
local northStone = workspace.NorthStone
local southStone = workspace.SouthStone

-- 각 포털 스톤은 파트의 인스턴스이므로 대괄호로 묶여야 한다.
local requiredPortalStones = {
    [eastStone] = true,
    [westStone] = true,
    [northStone] = true,
    [southStone] = false,
}
```

또한 딕셔너리는 캐릭터나 오브젝트의 속성인 이름이나 레벨 같은 정보를 구조화하는 목적으로도 자주 사용된다. 캐릭터의 이름과 레벨을 보여주는 아래 예제에는 키에 따옴표나 괄호가 사용되지 않는다.

```lua
local hero = {
    Name = "Maria",
    Level = 1000,
}
```

주의

키와 인덱스 동시 사용 금지

테이블을 만들면 키-값 페어 혹은 인덱스 값 하나를 택해서 일관되게 사용해야 한다. 1개의 테이블에 2가지를 동시에 사용해서는 안 된다. 같은 테이블에서 키와 인덱스를 동시에 사용하면 에러를 유발한다.

딕셔너리 값 사용하기

코드에서 딕셔너리의 값을 사용하려면 배열에서 했던 것과 마찬가지로 딕셔너리의 이름을 입력하고 이어서 괄호 안에 키 값을 입력한다. 즉, dictionaryName[key]의 형태를 띄는 것이다. 키로 문자열을 사용한다면 점으로 이어 붙일 수도 있다.

```lua
local hero = {
    Name = "Maria",
    Level = 1000,
}
-- Name은 문자열이므로 괄호로 감싸야 한다.
print ( "The hero's name is " .. hero["Name"] )

-- 혹은 점으로 연결할 수도 있다.
print ( "The hero's name is " .. hero.Name )
```

주의

점 표기법은 문자열에만 유효하다

다시 한번 더 강조하지만 점으로 이어붙이는 표기법은 문자열에만 유효하다. 이런 경우를 자주 접하게 될 것이다.

유니크 키 사용하기

루아에서는 동일한 키를 재사용하는 것을 막지 않는다. 코드를 작성할 때 이를 명심하자. 아래 예제에서는 원래 키 Name을 덮어쓰고 두 번째로 주어진 값이 출력된다.

```lua
local hero = {
    Name = "Maria",
    Level = 1000,
    Name = "Aya",
}
-- 첫 번째 값(Maria)이 덮어쓰고 Aya가 출력될 것이다.
print ( "The hero's name is " .. hero.Name)
```

딕셔너리에 키-값 페어 추가하기

딕셔너리에 키-값 페어를 추가하는 형식은 다음과 같다.

```
dictionaryName[key] = value
```

문자열의 경우는 아래와 같이 추가할 수 있다.

```
dictionaryName.String = value
```

플레이어가 게임에 참여했을 때 딕셔너리에 이를 추가할 수 있다. 이때 이들의 점수가 0
점이라면 아래와 같이 코드를 작성할 수 있다.

```
playerPoints.Points = 0
```

앞서도 언급했던 것처럼 키가 존재한다면 그 위에 추가되는 값을 덮어쓴다는 것을 잊어
서는 안 된다.

딕셔너리에 키-값 페어 제거하기

딕셔너리에서 키-값 페어를 제거하려면, 키값을 nil로 설정해야 한다. 이를 통해 키를 지
울 수 있다.

```
local lightBulb = model.SpotLight

local flashLight = {
    Brightness = 6,
    [lightBulb] = "Enabled",
}

-- 문자열 제거하기
flashLight.Brightness = nil

-- 그 밖의 키 제거하기
flashLight[lightBulb] = nil
```

이 과정을 거친 다음 딕셔너리에서 값을 구한다고 해도 nil만 얻게 될 것이다. 이는 곧 존
재하지 않는 것을 찾고 있다는 의미다.

▼ 직접 해보기

딕셔너리에 새로운 플레이어 추가하기

이번 연습에서는 게임에 참여하는 플레이어를 딕셔너리에 추가하고 이들에게 팀을 할당해 본다. 앞서 추가되지 않았던 키-값 페어를 사용한다면 자동으로 추가되도록 만들 수 있을 것이다.

1. ServerScriptService에 새로운 스크립트를 추가한다.

2. GetService를 통해 플레이어 서비스를 획득하고 비어있는 딕셔너리를 만든다.

```
Players = game:GetService("Players")
-- 비어있는 딕셔너리
local teams= {
}
```

3. 새로운 플레이어 매개변수를 포함하고 팀을 할당하는 새로운 함수를 추가한다. 함수를 `Players.PlayerAdded` 이벤트에 연결한다.

```
Players = game:GetService("Players")
local teams= {
}
-- 플레이어를 "Red" 팀에 할당한다.
local function assignTeam(newPlayer)
end
Players.PlayerAdded:Connect(assignTeam)
```

4. 함수 내부에 플레이어의 이름을 가져오기 위한 변수를 추가한다.

```
-- 플레이어를 "Red" 팀에 할당한다.
local function assignTeam(newPlayer)
    local name = newPlayer.Name
end
Players.PlayerAdded:Connect(assignTeam)
```

5. teamAssignments 딕셔너리 내부에 키로 이름을 추가하고, 그 값으로 "Red"를 입력한다.

```
-- 플레이어를 "Red" 팀에 할당한다.
local function assignTeam(newPlayer)
    local name = newPlayer.Name
    teams.name = "Red"
end
Players.PlayerAdded:Connect(assignTeam)
```

6. name을 사용해 플레이어의 이름을 출력하고 `teamAssignment[name]`을 사용해 키의 값을 출력한다.

```
Players = game:GetService("Players")
local teams = {
}
-- 플레이어를 "Red" 팀에 할당한다.
local function assignTeam(newPlayer)
    local name = newPlayer.Name
    teams.name = "Red"
    print( name .. " is on " .. teams.name .. " team. ")
end
Players .PlayerAdded:Connect(assignTeam)
```

딕셔너리와 페어로 작업하기

pairs() 함수를 딕셔너리의 키나 값, 혹은 키와 값 모두와 함께 사용할 수 있다. 다음 for 루프에서 첫 번째 변수는 키로 사용된다. 두번째 변수는 값이다. 딕셔너리의 이 값들이 pairs()에 전달된다.

```
local inventory = {
    ["Gold Bricks"] = 43,
    Carrots = 3,
    Torches = 2,
}

print("You have:")
for itemName, itemValue in pairs (inventory) do
    print(itemValue, itemName)
end
```

주의

점 대신 쉼표

2개의 변수를 출력한다면 점대신 쉼표를 사용해도 된다.

테이블에서 값 반환받기

pairs() 혹은 ipairs() 함수를 사용해 키나 값처럼 테이블을 구성하는 요소들을 검색하고, 원하는 값을 찾아 다른 쪽에 넘겨줄 수 있다. 다음 코드는 스파이를 찾아 그 이름을 반환한다.

```lua
local friendOrSpy = {
  Angel = "Friend",
  Beth = "Spy",
  Cai = "Friend",
  Danny = "Friend",
}
-- Searches a given dictionary to find the spy
local function findTheSpy(dictionaryName)
  for name, loyalty in pairs(dictionaryName) do
    if loyalty == "Spy" then
      return name
    end
  end
end

local spyName = findTheSpy(friendOrSpy)

print("The spy is " .. spyName)
```

▼ 직접 해보기

섬에서 추방할 사람 투표하기

이번 연습에서는 투표에 참여해 누군가를 섬에서 추방하게 된다. 이번 연습의 목적은 모든 사람의 이름을 가져오고, 모든 사람이 투표를 수행해 누군가를 가상의 섬에서 추방하도록 만드는 것이다.

우선 스크립트를 만들기 전에 이 문제를 어떻게 풀 수 있을지 머리 속에서 떠올려보자. 제법 규모가 있는 코드를 작성할 때는 먼저 어떤 것들이 해결돼야 하는지 보여주는 to-do 리스트를 만드는 것도 도움이 된다.

이번 연습에서 해결해야 할 문제들은 다음과 같다.

- ▶ 누구에게 표를 던질지 충분히 고민할 시간을 주어야 한다.
- ▶ 플레이어가 상호작용할 수 있는 방식으로 투표에 참여한 각 플레이어의 이름이 표시돼야 한다.

▷ 각자 수행한 투표가 추적돼야 한다.

▷ 투표의 결과가 표시돼야 한다.

더 많은 문제를 나열할 수도 있지만 이번 연습에서는 이 정도로도 충분하다.

설정

우선 첫 번째 문제는 투표할 준비가 됐을 때 버튼을 누르게 함으로써 해결될 수 있다. 보통 미니 게임 등이 끝나고 나면 이런 투표가 열리기도 한다. 두 번째 문제는 투표가 시작된 이후 각각의 플레이어 이름이 붙은 버튼을 표시함으로써 해결될 수 있다(그림 10.1 참조).

그림 10.1 투표 시작 버튼을 누르면 섬에 있는 모든 사람을 표시하는 버튼이 생성된다.

이번 예제에서는 ProximityPrompts의 이름이 매우 중요하다. 다양한 이름의 프롬프트가 다양한 목적으로 사용될 것이다.

1. 투표의 시작을 알리는 첫 번째 버튼으로 활용할 파트를 선택한다.

  a. StartVote라는 이름으로 ProximityPrompt를 삽입한다.

  b. HoldDuration을 1로 설정한다.

2. 플레이어의 이름을 표시하는 버튼으로 활용할 두 번째 파트를 선택한다.

  a. AddVote라는 이름으로 ProximityPrompt를 삽입한다.

  b. HoldDuration을 0.5로 설정한다.

c. 설정이 완료되면 버튼을 ServerStorage로 이동해 복사본을 만든다(그림 10.2 참조). StartVote 버튼을 이동시키는 것이 아니라는 것에 유의하자. 이 버튼은 사람들이 쉽게 볼 수 있는 곳에 위치해야 한다.

그림 10.2 투표 시작 버튼은 워크스페이스의 원래 위치에 남겨두고 AddVote 버튼은 ServerStorage로 이동한다.

스크립트 작성하기

이번 연습에서는 다양한 테이블과 배열, 딕셔너리를 사용하게 될 것이다. 새로 참가하는 플레이어들은 activePlayers 배열에 추가된다. 투표가 시작되면, 표를 받은 사람들은 딕셔너리에 받은 표의 수와 함께 저장된다.

버튼 설정하기

우리가 풀어야 하는 또 다른 문제도 존재한다. 일정 정도 규모가 되는 코드를 작성할 때는 하나의 고유한 문제를 풀기 위해 고안된 개별 함수로 구성되는 섹션으로 스크립트를 나누는 게 좋다. 플레이어의 이름을 얻어와 각 플레이어의 이름을 가진 버튼을 만들어보자.

1. ServerScriptService에 새로운 스크립트를 추가한다.

2. 다음을 위한 변수들을 만든다.

    a. ServerStorage

    b. ProximityPromptService

    c. 플레이어의 서비스

    d. 플레이어가 투표하는 데 허락되는 시간

    e. 유효한 플레이어들을 저장하는 배열

    f. 투표 결과를 저장하는 딕셔너리

```lua
local ServerStorage = game:GetService("ServerStorage")
local ProximityPromptService = game:GetService("ProximityPromptService")
local PlayersService = game:GetService("Players")

local VOTING_DURATION = 30

local activePlayers = {}
local votes = {

}
```

3. 이 지점에서 코드를 더 작게 나누어야 한다. 게임에 참가한 플레이어를 activePlayers 배열에 추가하는 새로운 함수를 만든다. 함수를 호출하기 위해 PlayerAdded 이벤트를 사용한다.

```lua
local function onPlayerAdded(player)
    table.insert(activePlayers, player)
end

PlayersService.PlayerAdded:Connect(onPlayerAdded).
```

4. activePlayers 배열 안에 존재하는 각 플레이어의 인스턴스에 맞게 버튼을 생성하는 새로운 함수를 만든다. 이 함수는 이후 StartVote 프롬프트에 의해 호출될 것이다.

```lua
local function onPlayerAdded(player)
    table.insert(activePlayers, player)
end
```

```lua
    local function makeButtons()
        for index, player in pairs(activePlayers) do
            local newBooth = ServerStorage.Button:Clone()

            newBooth.Parent = workspace
        end
    end


PlayersService.PlayerAdded:Connect(onPlayerAdded)
```

5. 버튼 안에 존재하는 ProximityPrompt를 찾고 ActionText를 플레이어의 이름과 맞게 설정한다.

```lua
local function makeButtons()
    for index, player in pairs(activePlayers) do
        local newBooth = ServerStorage.VotingBooth:Clone()

        local proximityPrompt =
            newBooth:FindFirstChildWhichIsA("ProximityPrompt")
        local playerName = player.Name
        proximityPrompt.ActionText = playerName

        newBooth.Parent = workspace
    end
end
```

6. 버튼을 조금 떨어진 곳에 위치시키는 코드를 추가한다. Hour14 "3D 월드 공간 코딩하기"에서 오브젝트를 위치하는 방법에 대해 더 자세하게 배워볼 것이다.

```lua
local function makeButtons()
    local position = Vector3.new(0,1,0)
    local DISTANCE_APART = Vector3.new(0,0,5)

    for index, player in pairs(activePlayers) do
        local newBooth = ServerStorage.Button:Clone()

        local proximityPrompt =
            newBooth:FindFirstChildWhichIsA("ProximityPrompt")
        local playerName = player.Name
        proximityPrompt.ActionText = playerName
```

```
            position = position + DISTANCE_APART
            newBooth.Position = position

            newBooth.Parent = workspace
        end
    end
```

7. 3번째 함수를 PromptTriggered 이벤트와 연결한다. StartVote의 `ProximityPrompt`를 사용해 `makeButtons()` 함수를 호출한다.

```
local function makeButtons()
    -- 앞 부분의 코드
end


local function onPromptTriggered(prompt, player)
    if prompt.Name == "StartVote" then
        makeButtons()
    end
end

PlayersService.PlayerAdded:Connect(onPlayerAdd ed)
ProximityPromptService.PromptTriggered:Connect(onPromptTriggered)
```

팁

가능하다면 이벤트 연결을 유지하라

스크립트의 마지막 부분에서 모든 이벤트를 연결한다. 이를 통해 코드가 유기적으로 관리될 수 있다.

다양한 플레이어를 고려한 테스팅

코드를 테스트한다는 것은 곧 여러 플레이어가 게임을 사용하는 상황을 테스트한다는 것을 의미한다. 따라서 단순히 '플레이' 혹은 '여기서 플레이' 버튼을 누르는 것이 아니라, 네트워크 시뮬레이터를 사용해야 할 때도 있다. 네트워크 시뮬레이터를 사용해 원하는 만큼의 가상 사용자를 만들어 낼 수 있고 이들을 제어해 게임을 테스트할 수도 있다.

1. 테스트 탭에서 클라이언트 및 서버 섹션을 찾는다.

2. 그림 10.3과 같이, 드롭다운 메뉴를 사용해 2명 혹은 그 이상의 플레이어가 참가하도록 설정한다.

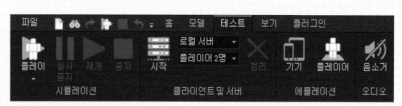

그림 10.3 드롭다운 메뉴를 통해 최소 2명 이상의 플레이어를 설정한다.

3. '시작'을 누르면 서버와 참가한 플레이어의 수만큼 새로운 스튜디오 인스턴스가 만들어진다. 플레이
   어의 윈도우에는 파란색 테두리가 보이고(그림 10.4 참조), 서버 윈도우에는 녹색 테두리가 보일 것
   이다.

4. 파란색 테두리 윈도우를 클릭하고 더미 캐릭터를 조작해 보자. 테스트를 수행하는 동안 발생하는 모
   든 오류와 메시지는 서버 출력창에 표시된다.

5. StartVote와 상호작용을 수행해 각 테스트 플레이어에 대응하는 버튼이 생성되는지 확인한다.

그림 10.4 파란색 테두리는 플레이어 인스턴스를 표시한다.

팁

오브젝트 배치하기

버튼은 게임의 정중앙인 0,0,0 보다 조금 높은 곳에 나타날 것이다. 이 책의 후반부에서 워크스페이스 안에 오브젝트를 원하는 곳에 배치하는 법을 알아볼 것이다.

---

6. 테스트를 종료하려면 '정리(cleanup)'를 클릭한다(그림 10.5 참조).

그림 10.5 붉은색 X 표시를 클릭해 추가로 열려 있는 스튜디오 인스턴스를 종료한다.

투표 추가하고 집계하기

투표 버튼이 생성되고 동작하기 시작하면 투표가 진행되는 동안 상황이 추적돼야 하고 투표가 종료되면 그 결과가 표시돼야 한다. 이번 예제에서는 특정 시간 안에 투표를 하도록 설정하고, 그 결과를 볼 수 있도록 만들 것이다.

1. 앞서와 같은 스크립트에서 onPromptTriggered() 윗 부분에 showVotes를 호출하는 새로운 함수를 생성해 딕셔너리의 모든 값을 출력하도록 한다.

```
local function showVotes()
    for playerName, value in pairs(votes) do
        print(playerName .. " has " .. value .. " votes.")
    end
end
```

2. onPromptTriggered() 함수에서 투표가 시작되면 카운트다운을 시작하고 종료되면 showVotes를 호출하도록 만든다.

```
local function onPromptTriggered(prompt, player)
    if prompt.Name == "StartVote" then
        makeButtons()

        for countdown = VOTING_DURATION, 0, -1 do
            print(c ountdown .. " seconds left")
            wait(1.0)
```

```
            end

        showVotes()
    end
end
```

팁

코드를 더욱 구조적으로 관리하기

원한다면 카운트다운 하는 기능을 함수로 만들수도 있다. 이를 통해 단순한 프롬프트 외에 다른 방법으로도 호출이 가능해진다.

---

3. 동일하게 onPromptTriggered() 안에서 AddVote ProximityPrompt를 전달받는 2번째 조건을 추가한다.

```
local function onPromptTriggered(prompt, player)
    if prompt.Name == "StartVote" then
        makeButtons()
        -- 카운트다운 코드
        showVotes()
    elseif prompt.Name == "AddVote" then

    end
end
```

4. 버튼의 레이블로 사용했던 ActionText를 통해 표를 받은 플레이어의 이름을 가져온다.

```
local function onPromptTriggered(prompt, player)
if prompt.Name == "StartVote" then
        makeButtons()
        -- 카운트다운 코드
        showVotes()
    elseif prompt.Name == "AddVote" then
        local chosenPlayer = prompt.ActionText
    end
end
```

5. 아직 투표 딕셔너리에 이름이 입력되지 못한 상태라면 플레이어의 이름을 키로 설정하고, 포인트를 1로 설정한다. 만일 키가 존재한다면 현재 값을 받아와 여기에 1을 더한다.

▼

```
local function onPromptTriggered(prompt, player)
    if prompt.Name == "StartVote" then
        makeButtons()

        for countdown = VOTING_DURATION, 0, -1 do
            print(countdown .. " seconds left")
            wait(1.0)
        end

        showVotes()

    elseif prompt.Name == "AddVote" then
        local chosenPlayer = prompt.ActionText
        print("A vote for " .. chosenPlayer)

        if not votes[chosenPlayer] then
            votes[chosenPlayer] = 1
        else
            votes[chosenPlayer] = votes[chosenPlayer] + 1
        end

    -- 디버깅을 위한 추가적인 확인 내용
    else
        print("Prompt not found")
    end
end
```

팁

모든 Else가 Fail인 경우

Print 구문과 else 구문을 사용해 코드를 효과적으로 테스트할 수 있다. 그 어떤 조건도 참이 아닌 경우 수행되는 마지막 else는 함수가 정상적으로 동작한다는 것을 확실하게 보여줄 수 있다.

---

6. 최소 2명 이상의 플레이어를 설정해 네트워크 시뮬레이터로 테스트를 수행해 본다. 서버 출력창에 표시되는 내용을 꼼꼼하게 체크해보자.

요약

로블록스에서는 테이블을 활용해 정보의 흐름을 관리한다. 배열은 오브젝트의 리스트를 작성하는데 사용되며 정보는 여기에 순서대로 저장된다. 딕셔너리는 오브젝트와 속성과 같은 정보를 추적하는 데 사용된다. 배열과는 다르게 안에 있는 항목들이 꼭 순서대로 유지되는 것은 아니다.

딕셔너리에서 반복 작업을 수행하기 위해 ipairs() 대신 pairs()를 사용할 수 있다. 두 함수의 기능은 비슷하지만 ipairs()는 오직 배열에서만 사용이 가능하다.

Q&A

Q pairs()를 배열과 딕셔너리 모두에서 사용하지 못하는 이유는 무엇일까?

A 배열을 사용하면서 얻는 장점 중의 하나는 순서대로 저장할 수 있다는 것이다. ipairs()와 다르게 pairs()는 모든 오브젝트를 순서대로 반환하지 못한다.

Q ipairs()를 배열에서는 사용하지만 딕셔너리에서는 사용하지 않는 이유는 무엇일까?

A ipairs()는 순서대로 정렬된 인덱스가 필요하다. 딕셔너리는 이런 인덱스를 가지고 있지 못하다. 반면 pairs는 인덱스를 포함해 다양한 형태의 데이터 유형을 키로 받아들일 수 있다.

워크샵

지금까지 배운 것을 정리하면서 마무리하자. 다음 질문들에 답해보자.

퀴즈

1. 배열이 인덱스를 사용하는 것과 달리 딕셔너리는 _____(을)를 사용한다.

2. 참인가 거짓인가: 딕셔너리는 특정한 순서에 따라 정보를 저장한다.

3. 딕셔너리에서 반복 작업을 수행하려면, _____(을)를 사용해야 한다.

4. 현재 사용 중인 인스턴스를 키로 사용하려면, 괄호나 따옴표가 필요한가?

5. 딕셔너리에서 키-값 페어를 제거하려면, 값을 _____로 설정한다.

6. 왜 showVotes() 함수가 onPromptTriggered() 위에 설정돼야 하는가?

정답

1. 키

2. 거짓. 딕셔너리가 때로는 저장된 정보를 순서에 따라 반환할 수 있지만, 이를 보장하지는 못한다.

3. pairs()

4. 인스턴스를 키로 사용한다면 괄호로 묶어야 한다.

5. Nil

6. 코드는 위에서부터 아래로 순차적으로 수행되므로, showVotes() 함수는 이를 호출하는 onPromptTriggered() 이전에 설정돼야 한다.

연습

이 시간의 앞부분에서 플레이어를 "Red" 팀에 할당한 적이 있을 것이다. 이번 연습에서는 상대방을 "Red" 혹은 "Blue"로 분류하고 할당하는 것을 구현해보자. 그리고 각 팀이 몇 명으로 구성되는지 구해보자.

팁

▶ 네트워크 시뮬레이터를 사용해 테스트를 수행하자.

▶ 인스턴스는 문자열과 상관이 없지만, 인스턴스의 이름은 관계가 있다.

HOUR 11
클라이언트와 서버

이 시간에 배울 내용:

▶ 클라이언트/서버의 차이점 알아보기

▶ 서버 메시지 설정하기

▶ GUI로 특정 플레이어 대상의 메시지 만들기

▶ 코드를 테스트하기

▶ RemoteFunction을 활용해 서버와 클라이언트 양방향 통신하기

로블록스가 제공하는 모든 게임은 크게 2가지 부분으로 구성된다. 하나는 사람들이 게임과 상호작용을 수행하는 부분이며, 다른 하나는 클라우드에서 그 모든 것을 제어하는 부분이다. 이번 시간에는 이 두 부분이 어떻게 함께 동작하며 서로 메시지를 주고받는지 살펴본다. 이 시간의 마지막에는 플레이어가 버튼을 클릭해 장작을 구매할 수 있는 샵을 만들어 볼 것이다. 이 장작은 Hour9에서 만든 게임의 원료로 사용된 것이다.

클라이언트와 서버 이해하기

먼저 클라이언트를 살펴보자. 플레이어가 게임 월드와 상호작용을 수행하는 곳을 클라이언트client라고 한다. 클라이언트는 게임을 즐기기 위해 사용하는 디바이스를 의미한다. 맥이나 PC, 휴대폰, 태블릿, 그리고 VR 콘솔도 여기에 포함된다.

게임에서 필요한 계산 중 일부는 클라이언트 디바이스에서 수행한다. 클라이언트에서 처리하는 계산 외에 중요한 일들이 처리되는 강력한 하드웨어를 서버라고 부른다. 서버와 클라이언트는 끊임없이 대화를 주고받는다. 서버는 클라이언트에게 게임 월드가 어떻게 구성돼야 하는지 알려주고, 클라이언트는 게임 월드 안에서 플레이어가 어떤 일을 수행하는지 알려준다.

통상적으로 게임 안의 점수나 재화, 레벨 같은 중요한 수치는 서버에서 처리된다. 따라서 서버는 클라이언트보다 훨씬 더 보안과 해킹에 민감하다. 반면 클라이언트는 디바이스를 사용하는 특정한 사람에게만 적용될 수 있는 항목들을 다룬다. 점수를 보여주고 카메라를 조작하는 것처럼 최대한 지연이 발생하지 않아야 하는 부분을 담당한다.

GUI로 작업하기

지금까지 우리는 스크립트 오브젝트를 사용해 서버와 관련된 작업을 수행해 왔다. 따라서 게임에 접속한 모든 사람들이 동일한 작업 산출물을 확인할 수 있었다. 이제는 현재의 점수나 퀘스트 진행 상황, 체력이 얼마나 남았는지, 혹은 얼마나 많은 돈을 가지고 있는지와 같이 플레이어 한 사람만 확인할 수 있는 클라이언트 정보를 보여주는 법에 대해 배워볼 것이다. 이런 정보들은 그림 11.1에서 보이는 것처럼 GUI라고 부르는 것을 통해 표시된다.

그림 11.1 레드 만타 스튜디오가 만든 World//Zero라는 게임에서 GUI를 통해 캐릭터의 레벨과 현재 위치를 보여주는 장면. GUI 요소를 추가하거나 삭제할 수 있으며, 녹색 PLAY 버튼을 통해 게임을 시작할 수 있다.

GUI를 통해 게임 화면 상에서 바로 동작하는 버튼을 만들고, 이런 버튼으로 구성된 샵을 만들 수도 있다.

로컬 클라이언트에서만 노출되는 GUI는 대부분 StarterGUI에 배치된다. 또한 스크립트 오브젝트를 작성하는 대신 LocalScript에 코드를 작성해야 한다. 게임에 참가하는 사람은 누구라도 StarterGUI에 배치된 모든 것을 복제해 사용할 수 있다.

직접 해보기 ▼

플레이어의 이름이 표시되는 GUI 만들기

서버에 있는 모든 사람이 본인에게만 한정돼 최적화된 정보를 얻는 경우를 살펴보자. 이를 위해 이번 연습에서는 플레이어의 이름이 표시되는 GUI를 만들어본다.

설정

1. 탐색기에서 StartGui를 선택한다.

2. 새로운 ScreenGui를 삽입한다(그림 11.2 참조). ScreenGUI가 새로 만드는 버튼이나 레이블이 포함되는 컨테이너 역할을 수행한다.

그림 11.2 StarterGui 안에 ScreenGui 오브젝트를 삽입한다.

3. ScerrnGui 내부에 TextLabel을 추가한 다음, 그림 11.3처럼 이름을 `PlayerName`으로 변경한다.

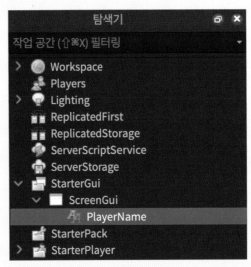

그림 11.3 방금 만든 ScreenGui 안에 TextLabel을 삽입한다.

팁

GUI 커스터마이징하기

ScreenGui의 외관과 위치 커스터마이징에 대해 좀 더 알고 싶다면 〈로블록스 개발 첫 발자국 떼기〉(에이콘, 2022)를 참고하거나, 개발자 허브 사이트에서 ScreenGui 항목을 참고하라.

스크립트

일반적인 스크립트 오브젝트 대신 LocalScript를 사용한다. 스크립트 오브젝트는 서버에 구현되며 LocalScript는 클라이언트에서 구현된다.

1. ScreenGui를 선택한 다음 새로운 LocalScript 오브젝트를 추가한다(그림 11.4 참조).

그림 11.4 클라이언트에서 구현되는 LocalScript를 추가한다.

팁

GUI 스크립트 배치

GUI 스크립트는 반드시 StarterGUI의 내부에 위치해야 한다. ServerScriptService는 서버 스크립트 오브젝트에만 접근할 수 있다.

---

2. LocalScript 내부에 Player 서비스와 ScreenGui를 위한 변수를 만든다.

3. TextLabel을 위한 새로운 변수를 만든다.

```
local Players = game:GetService("Players")

local screenGui = script.Parent
local textLabel = screenGui.PlayerName
```

4. 로컬 플레이어를 받아온다. LocalScript에서 `Players.LocalPlayer`를 사용해 쉽게 이를 구현할 수 있다.

```
local Players = game:GetService("Players")

local screenGui = script.Parent
local textLabel = screenGui.PlayerName
local localPlayer = Players.LocalPlayer
```

5. TextLabel의 Text 속성에 로컬 플레이어의 이름을 할당한다.

```
local Players = game:GetService("Players")

local screenGui = script.Parent
local textLabel = screenGui.PlayerName
local localPlayer = Players.LocalPlayer

textLabel.Text = localPlayer.Name
```

6. 네트워크 시뮬레이터를 활용해 코드를 테스트해보자. 각자의 이름이 화면에 표시되는 것을 확인해 볼 수 있을 것이다.

RemoteFunction 이해하기

서버와 클라이언트는 같은 정보에 대해 동일한 권한을 가지지 않는다. 즉, 클라이언트가 접근하지 못하는 폴더가 존재하며 그 반대의 경우도 마찬가지다. 몇 가지 예를 살펴보자.

오브젝트	서버	클라이언트
워크스페이스	접근 가능	접근 가능
ServerScriptService	접근 가능	접근 불가능
ServerStorage	접근 가능	접근 불가능
ReplicatedStorage	접근 가능	접근 가능

또한 서버와 클라이언트는 정보를 공유하지도 않는다. 이를 서버/클라이언트 분리라고 부르는 사람들도 있다. 각자 분리된 공간이 존재하며 그 가운데에 벽이 있다고 생각하면 간단하다.

한 쪽에서 다른 쪽의 정보를 얻으려면 벽을 넘어 정보를 전달할 수 있는 특별한 오브젝트를 사용해야 한다. RemoteEvent와 RemoteFunction 오브젝트를 통해 이것이 가능해진다. 스크립트와 LocalScript 모두 이를 사용해 서로 커뮤니케이션 할 수 있다. 이번 시간에는 RemoteFunction에 대해 알아보고, 다음 시간에는 다양한 형태의 RemoteEvent에 대해 알아볼 것이다.

RemoteFunction 활용하기

앞서 살펴본 바와 같이 RemoteFunction은 서버-클라이언트의 경계를 넘어 요청을 보내기 위해 만들어졌다.

RemoteFunction은 클라이언트와 서버 사이의 메신저 역할을 수행하면서 상대방의 응답을 기다린다. 로컬 클라이언트에서 서버에 어떤 행동을 요청하고 서버가 그 결과를 보낼 때 주로 사용한다.

RemoteFunction은 서버와 클라이언트 모두 접근이 가능한 곳, 예를 들어 Replicated Storage 같은 곳에 생성돼야 한다(그림 11.5 참조).

반면 일반적인 서버 스크립트는 ServerScriptService에, LocalScript는 StarterPlayer Script에 생성돼야 한다. 그림 11.6을 참조하자.

그림 11.5 RemoteFunction은 ReplicatedStorage와 같이 클라이언트와 서버 모두 접근 가능한 곳에 생성돼야 한다.

그림 11.6 LocalScript는 StarteralayerScript 안에, 서버 스크립트는 ServerScriptService 안에 생성한다.

서버로부터 메시지를 수신해 이를 로컬에 출력해 보자. 서버에서는 출력할 간단한 문장을 반환해 주는 함수를 설정하면 된다. 아래와 같이 함수를 RemoteFunction에 연결한다.

```
local ReplicatedStorage = game:GetService("ReplicatedStorage")
local remoteFunction = ReplicatedStorage:WaitForChild("RemoteFunction")

local function sayHello()
```

```
    local serverMessage = "Hello from the server"
    return serverMessage
end
```

```
remoteFunction.OnServerInvoke = sayHello
```

RemoteFunction은 동시에 1개의 함수만 연결할 수 있다. 서버를 인보크^Invoke (간접적으로 호출하는 것)하는 로컬의 코드는 다음과 같다.

```
local ReplicatedStorage = game:GetService("ReplicatedStorage")
local remoteFunction = ReplicatedStorage:WaitForChild("RemoteFunction")

local messageFromServer = remoteFunction:InvokeServer()

print(messageFromServer)
```

서버에서 클라이언트로

다른 방향, 즉 서버에서 클라이언트로 가는 것도 가능하다. 하지만 이 방법은 위험하며 다음과 같은 이유로 이 책에서는 다루지 않는다.

▶ 클라이언트에서 오류가 발생하면, 서버에서도 오류가 발생한다.

▶ 클라이언트가 인보크 되는 동안 접속이 끊기면 InvokeClient()가 오류를 유발한다.

▶ 클라이언트가 값을 반환하지 않는다면, 서버에서 무한대의 행^hang이 발생한다.

▼ 직접 해보기

상점을 만들어보자

서버를 통해 이중 체크를 수행하고 응답을 기다리는 경우의 가장 좋은 예는 어떤 것을 구매하려 할 때다. 클라이언트에서 버튼을 클릭해 어떤 상품을 구매하면, 서버는 클라이언트가 구매에 충분한 돈을 가지고 있는지 확인하고 구매를 확정한다.

이번 연습의 목적은 앞서 만들었던 리더보드 시스템을 개선해 플레이어가 골드를 소비해 더 많은 장작을 구매하도록 하는 것이다(그림 11.7 참조).

그림 11.7 최종적으로 사람들은 불을 피우기 위해 장작을 구매할 수 있게 된다.

설정

빠른 진행을 위해 앞서 살펴봤던 리더보드 시스템을 활용한다. 만일 완성된 리더보드 시스템이 없다면 부록의 Hour11 코드를 사용해 빠르게 완성해보자.

1. 좀 더 용이한 테스트를 위해 ServerScriptService의 PlayerStats 스크립트에 10만큼의 골드를 설정한다.

```
local gold = Instance.new("IntValue")
gold.Name = "Gold"
gold.Value = 10
gold.Parent = leaderstats
```

2. ReplicatedStorage에서 **CheckPurchase**라는 이름으로 새로운 RemoteFunction 인스턴스를 생성한다(그림 11.8 참조).

그림 11.8 CheckPurchase라는 이름으로 RemoteFunction
을 추가한다.

3. ServerStorage에 **ShopItems**라는 이름으로 새로운 폴더를 추가한다(그림 11.9 참조).

그림 11.9 ShopItems라는 이름으로 폴더를 추가한다.

4. ShopItems 안에 3Logs라는 이름으로 폴더 오브젝트를 추가하고, 그림 11.10의 오른쪽 그림에서 보이는 것처럼 3개의 속성을 설정한다. 스크립트에서도 이 이름과 값을 사용할 것이다.

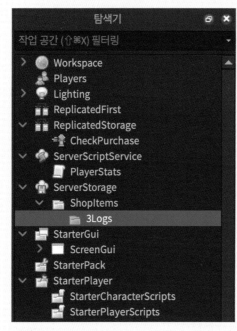

그림 11.10 NumberToGive, Price, StatName이라는 커스텀 속성을 가지는 새로운 폴더를 만든다.

팁

좀 더 세련된 상점 만들기

폴더 안에 매시 모델, 이미지 아이콘 등을 넣어서 좀 더 세련된 상점을 만들 수 있다.

---

5. **StarterGUI**에 다음 항목을 추가한다.

  ▶ **ShopGui**라는 이름으로 ScreenGui를 추가한다.

▶ ShopGui에 **Buy3Logs**라는 이름의 TextButton을 추가한다(그림 11.11 참조).

그림 11.11 GUI를 설정한다.

🏷 팁

GUI 위치와 크기 변경하기

탐색기에서 GUI 오브젝트를 선택한 다음 드래그해 위치를 변경하고, 가장자리 선을 끌어 원하는 만큼 크기를 변경할 수 있다.

---

6. Buy3Logs를 선택한 다음, 그림 11.12와 같이 새로운 속성을 추가한다.

▶ **이름**: PurchaseType

▶ **값**: 3Logs

▶ **유형**: String

그림 11.12 Buy3Logs의 속성

LocalScript

GUI 버튼에 적용되는 LocalScript는 버튼의 자식이어야 한다. LocalScript에서는 서버를 인보크하고, 구매를 진행하는 사람에게 구매가 성공했는지, 혹은 더 많은 골드가 필요한지 알려주어야 한다.

1. Buy3Logs 버튼에 LocalScript를 추가한다.

2. RemoteFunction에 사용할 정보를 CheckPurchase에서 가져온다.

```
local ReplicatedStorage = game:GetService("ReplicatedStorage")
local checkPurchase= ReplicatedStorage:WaitForChild("CheckPurchase")
```

3. 버튼에 PurchaseType 속성을 설정한다.

```
local ReplicatedStorage = game:GetService("ReplicatedStorage")
local checkPurchase= ReplicatedStorage:WaitForChild("CheckPurchase")

local button = script.Parent
local purchaseType = button:GetAttribute("PurchaseType")
```

4. PurchaseType을 사용해 버튼에 기본직으로 표시되는 문구를 만든다. 아울러 다음 구매까지 얼마나 오랫동안 버튼이 비활성화돼 있을지도 설정한다.

```
local defaultText = "Buy " .. purchaseType
button.Text = defaultText

local COOLDOWN = 2.0
```

팁

기본 속성 값 할당하기

텍스트 속성을 이후에도 여러 번 변경할 것이기 때문에 스크립트의 첫 부분에 디폴트 메시지를 설정해 놓는 것이 좋다.

---

5. 버튼이 활성화되면 호출할 새로운 함수를 설정한다.

```
local function onButtonActivated()

end

button.Activated:Connect(onButtonActivated)
```

6. 서버를 인보크하고 PurchaseType을 보내며, 구매 여부를 확인해 반환하는 값을 저장할 때 사용할 변수를 만든다.

```
local function onButtonActivated()
    local confirmationText = checkPurchase:InvokeServer(purchaseType)
end
```

▼

7. 버튼이 비활성화돼 있는 동안 표시할 구매 확정 문구를 설정하고 버튼을 일반적인 상태로 복원한다.

```
local ReplicatedStorage = game:GetService("ReplicatedStorage")
local checkPurchase= ReplicatedStorage:WaitForChild("CheckPurchase")

local button = script.Parent
local purchaseType = button:GetAttribute("PurchaseType")
local defaultText = "Buy " .. purchaseType
button.Text = defaultText

local COOLDOWN = 2.0

local function onButtonActivated()

    local confirmationText = checkPurchase:InvokeServer(purchaseType)
    button.Text = confirmationText
    button.Selectable = false
    wait(COOLDOWN)
    button.Text = defaultText
    button.Selectable = true
end

button.Activated:Connect(onButtonActivated)
```

서버 스크립트

서버에서는 상태를 확인하고 업데이트하는 것과 같이 상대적으로 무거운 작업을 수행한다. 클라이언트에서 사용자가 구매하기 원하는 항목을 서버에 보내면, 서버는 사용자가 구매에 충분한 골드를 가지고 있는지 확인한다. 만일 충분한 골드를 가지고 있다면 구매가 성사돼 Purchase Successful! 이라는 문자가 표시될 것이다. 만일 충분한 골드를 가지고 있지 못하다면, Not enough gold라는 메시지를 띄우게 된다.

1. ServerScriptService에 새로운 스크립트를 추가한다.

2. 스크립트에서 어떤 일을 수행해야 하는지, 그리고 이를 위해 어떤 것들을 참조해야 하는지 생각해보자. 아래 코드를 당신이 수행한 작업과 한 번 비교해보자.

```
local ReplicatedStorage = game:GetService("ReplicatedStorage")
local Players = game:GetService("Players")
```

```
local ServerStorage = game:GetService("ServerStorage")

local checkPurchase = ReplicatedStorage:WaitForChild("CheckPurchase")
local shopItems = ServerStorage.ShopItems
```

3. player와 purchaseType을 인자로 받는 **confirmPurchase**라는 이름의 함수를 만들고 Remote Function과 연결한다.

```
local function confirmPurchase(player, purchaseType)

end

checkPurchase.OnServerInvoke = confirmPurchase
```

4. confirmPurchase 에서 플레이어가 얼마나 많은 금을 가지고 있는지에 대한 정보를 가져온다.

```
local function confirmPurchase(player, purchaseType)
    local leaderstats = player.leaderstats
    local currentGold = leaderstats:FindFirstChild("Gold")

end
```

5. purchaseType를 활용해 구매하고자 하는 아이템을 확인한다. 리더보드에 업데이트될 리소스 스탯과 아이템 가격, 얼마나 많은 리소스를 받게 되는지에 대한 정보를 가져온다.

```
local function confirmPurchase(player, purchaseType)
    local leaderstats = player.leaderstats
    local currentGold = leaderstats:FindFirstChild("Gold")

    local purchaseType = shopItems:FindFirstChild(purchaseType)
    local resourceStat =
        leaderstats:FindFirstChild(purchaseType:GetAttribute("StatName"))
    local price = purchaseType:GetAttribute("Price")
    local numberToGive = purchaseType:GetAttribute("NumberToGive")
end
```

───────────────────────────

팁

작업 확인하기

지금까지 모두 4개의 변수를 설정했다. purchaseType:GetAttribute("StatName")가 어떻게 shopItems:
FindFirstChild()에 전달되는지 유의해서 살펴봐야 한다.

───────────────────────────

6. 모든 것이 확인되면 다시 클라이언트로 보낼 서버 메시지에 활용할 변수를 설정한다.

```lua
local function confirmPurchase(player, purchaseType)
    local leaderstats = player.leaderstats
    local currentGold = leaderstats:FindFirstChild("Gold")

    local purchaseType = shopItems:FindFirstChild(purchaseType)
    local resourceStat =
        leaderstats:FindFirstChild(purchaseType:GetAttribute("StatName"))
    local price = purchaseType:GetAttribute("Price")
    local numberToGive = purchaseType:GetAttribute("NumberToGive")

    local serverMessage = nil

    return serverMessage
end
```

팁

결정되지 않은 값에 nil 할당하기

위의 코드에서 serverMessage는 다음 단계에서 결정된다. 변수에 값이 없는 상태로 남겨두는 것보다, nil을 할당해 값이 실수로 누락되지 않도록 하는 것이 좋다.

---

7. 플레이어가 얼마나 많은 골드를 보유하고 있는지, 그리고 이들이 아이템을 살 수 있을 만큼 충분한지 확인한다. 결과에 따라 클라이언트에 적합한 메시지를 보내고 리더보드를 업데이트힌다. 이 단계까지 완성된 스크립트는 다음과 같을 것이다.

```lua
local ReplicatedStorage = game:GetService("ReplicatedStorage")
local Players = game:GetService("Players")
local ServerStorage = game:GetService("ServerStorage")

local checkPurchase = ReplicatedStorage:WaitForChild("CheckPurchase")
local shopItems = ServerStorage.ShopItems

local function confirmPurchase(player, purchaseType)
    local leaderstats = player.leaderstats
    local currentGold = leaderstats:FindFirstChild("Gold")

    local purchaseType = shopItems:FindFirstChild(purchaseType)
    local resourceStat =
```

```
                leaderstats:FindFirstChild(purchaseType:GetAttribute("StatName"))
    local price = purchaseType:GetAttribute("Price")
    local numberToGive = purchaseType:GetAttribute("NumberToGive")

    local serverMessage = nil

    if currentGold.Value >= price then

        currentGold.Value = currentGold.Value - price
        resourceStat.Value += numberToGive

        serverMessage = ("Purchase Successful!")

    elseif currentGold.Value < price then
        serverMessage = ("Not enough Gold")

    else
        serverMessage = ("Didn't find necessary info")
    end

    return serverMessage
end


checkPurchase.OnServerInvoke = confirmPurchase
```

8. 테스트를 수행해보자. 아이템의 이미지를 추가하거나, 텍스트나 버튼의 외관과 글꼴을 가다듬는다면 좀 더 상점을 예쁘게 꾸밀 수 있을 것이다.

요약

로블록스의 모든 게임은 2가지 요소를 통해 사용자들이 바라보고 즐기는 세계를 만들어 낸다. 첫 번째는 로컬 클라이언트로, 사용자가 로블록스와 상호작용을 수행하는 컴퓨터나 휴대폰 같은 디바이스를 의미한다. 두 번째는 서버로, 게임을 즐기는 사용자들이 모두 동일한 방식으로 세계의 안에서 움직이도록 만들어 준다.

서버가 클라이언트에 비해 안전하기 때문에 일반적으로 중요한 일을 처리하는 코드들은 서버에 두려 한다. 그 누구도 사용자들이 로컬 클라이언트를 통해 인가받지 않은 구매를 진행하거나 그들의 상태를 마음대로 업데이트하기를 원하지 않을 것이다.

클라이언트에서만 수행 가능한 기능들도 있다. 누군가 상점 창을 열어 구매를 진행할 때, 게임 월드 안의 다른 사람들에게도 동일하게 창이 열리고 구매가 어떻게 진행되는지 보여줄 필요는 없다. 상점을 통한 구매는 로컬에서 시작되고 완료되는 기능의 예를 보여준다.

Q&A

Q 함수 외에도 RemoteFunction과 연결될 수 있는 것이 있을까?

A RemoteFunction에는 함수만 연결된다. 변수와 같은 것들을 연결하려고 하면 오류가 발생한다.

워크샵

지금까지 배운 것을 정리하면서 마무리하자. 다음 질문들에 답해보자.

퀴즈

1. 로블록스 게임을 즐기기 위해 사용자들이 사용하는 니바이스를 _____라고 한다.

2. 로블록스 게임이 실행되는 아주 강력한 하드웨어를 _____라고 한다.

3. 클라이언트에서만 발생하는 변경 사항을 코드로 작성한 것을 _____ 오브젝트 라고 한다.

4. RemoteFunction은

    A. 이벤트의 한 유형이다.

    B. 오브젝트다.

    C. 데이터의 한 유형이다.

5. RemoteFunction은 서버와 클라이언트 사이에서 _____방향 통신을 수행하는 데 사용된다.

6. '인보크'가 의미하는 것은 무엇인가?

정답

1. 로컬 클라이언트

2. 서버

3. LocalScript

4. B

5. 양

6. '인보크'는 어떤 것을 간접적으로 호출한다는 것을 의미한다.

연습

지금까지 만들어 왔던 코드의 문제점은 상품의 가격이 정리돼 보이지 않았다는 것이다. RemoteFunction에는 1개의 함수만 연결된다는 것을 유념하면서 두 번째 RemoteFunction을 만들어 보자. 이를 통해 사용자들이 아이템의 이름과 가격을 함께 확인할 수 있도록 할 것이다(그림 11.13 참조). 여러 가지 아이템을 만들어 코드를 테스트해보자.

그림 11.13 상점 코드를 개선해 상품의 가격도 표시하도록 만들어보자.

HOUR 12
RemoteEvent:
단방향 커뮤니케이션

이 시간에 배울 내용

▶ RemoteEvent 사용하기

▶ 모든 클라이언트에 메시지 보내기

▶ 특정 플레이어에게 메시지 보내기

▶ 클라이언트에서 서버로 메시지 보내기

▶ GUI 카운트다운 만들기

앞 시간에는 서버와 클라이언트에 대해 알아보았다. 클라이언트와 서버의 경계를 가로질러 커뮤니케이션하는 2가지 방법 중 첫 번째 방법도 살펴봤다. 이번 시간에는 메시지를 보내는 두 번째 방법에 대해 알아볼 것이다.

RemoteEvent: 일방 통행 도로

클라이언트에서 서버로 혹은 그 반대로 서버에서 클라이언트로 응답이 필요없는 메시지를 보내는 경우가 있다. 이런 경우라면 RemoteFunction 대신 RemoteEvent를 사용한다.

RemoteEvent는 워크스페이스에 인스턴스로 삽입이 가능한 오브젝트로 일반적으로 클라이언트와 서버 모두 접근 가능한 ReplicatedStorage 안에 위치한다(그림 12.1 참조).

주로 아래와 같은 3가지 경우 RemoteEvent를 사용해 신호를 보낸다.

▶ 서버에서 특정 클라이언트를 대상으로 메시지를 보낼 때

▶ 서버에서 현재 접속해 있는 모든 클라이언트를 대상으로 메시지를 보낼 때

▶ 클라이언트에서 서버로 메시지를 보낼 때

그림 12.1 RemoteEvent는 ReplicatedStorage 안에 위치하며 클라이언트와 서버 모두 접근이 가능하다.

서버에서 모든 클라이언트와 통신하기

서버에서 모든 클라이언트로 메시지를 보내는 기본적인 문법은 다음과 같다.

```
remoteEventName:FireAllClients(variableName)
```

클라이언트로 보내야 할 정보는 FireAllClients(informationHere)와 같이 전달된다. 클라이언트에서는 이벤트가 시작될 때 호출할 하나 혹은 그 이상의 함수를 설정한다.

```
local function firstFunction(incomingInfo)
    -- A 수행
end

local function secondFunction(incomingInfo)
    -- B 수행
end

-- onClientEvent에 위 2개의 함수 연결
remoteEventName.OnClientEvent:Connect(firstFunction)
remoteEventName.OnClientEvent:Connect(secondFunction)
```

퀵 카운트다운

앞서 여러 번 살펴보았던 숫자를 세는 카운트다운을 한 번 만들어 보자. 이번에 만드는 카운트다운은 서버에 접속해 있는 모든 사람에게 동일한 정보를 보여주며, 사용자로부터 어떤 정보도 되돌려 받을 필요가 없다.

지금까지 우리는 2종류의 카운트다운을 살펴봤다. 첫 번째는 단순하게 출력창에 구현한 것이었다. 두 번째는 게임 공간 안에서 3D GUI를 통해 표시되는 것이었다. 이 경우 표시되는 오브젝트에서 멀리 떨어져 있는 플레이어는 볼 수 없다는 단점이 있었다. 그림 12.2와 같이 서버에 접속해 있는 모든 사람들이 카운트다운을 볼 수 있게 만들고 싶다면, RemoteEvent를 사용하면 된다.

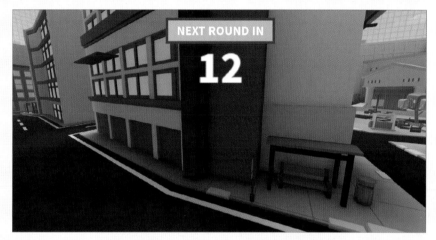

그림 12.2 다음 라운드가 시작될 때까지 필요한 시간이 TextLabel로 표시된다.

1. ReplicatedStorage 안에 CountdownEvent라는 이름의 RemoteEvent를 추가한다(그림 12.3 참조).

그림 12.3 ReplicatedStorage 안에 RemoteEvent를 추가한다.

2. ServerScriptService에 스크립트를 추가한다. ReplicatedStorage와 RemoteEvent에 대한 레퍼런스를 만든다.

```
local ReplicatedStorage = game:GetService("ReplicatedStorage")
local countdownEvent = ReplicatedStorage:WaitForChild("CountdownEvent")
```

3. for 루프를 사용해 카운트다운을 만든다. 매번 반복을 할 때마다 이벤트를 수행하고 다시 현재의 카운트다운으로 돌아온다.

```
local ReplicatedStorage = game:GetService("ReplicatedStorage")
local countdownEvent = ReplicatedStorage:WaitForChild("CountdownEvent")

local secondsRemaining = 20
for count = secondsRemaining, 1, -1 do
    countdownEvent:FireAllClients(count)
    wait(1.0)
end
```

4. 이제 클라이언트 쪽 작업을 수행하자. StarterGui에 새로운 ScreenGui와 TextLabel을 추가한다(그림 12.4 참조). 이 부분이 카운트다운이 표시되는 부분이다.

그림 12.4 모든 사람들이 볼 수 있는 GUI를 설정한다.

5. ScreenGui에 LocalScript를 추가한다. 이 부분이 이벤트가 발생하면 수행돼야 하는 코드를 추가해야 하는 부분이다. 그림 12.5에서 보이는 것과 같이 DisplayManager로 이름을 바꿔준다.

그림 12.5 새로운 LocalScript를 ScreenGui 안에 추가한다.

6. 레퍼런스를 설정하고 이벤트가 발생하면 호출될 새로운 함수를 만든다.

```
local ReplicatedStorage = game:GetService("ReplicatedStorage")
local countdownEvent = ReplicatedStorage:WaitForChild("CountdownEvent")

-- ScreenGui와 TextLabel을 받아온다.
local screenGui = script.Parent
local countDisplay = screenGui.ShowCountdown

local function onTimerUpdate(count)
    -- TextLabel을 카운트와 일치시킨다.
    countDisplay.Text = count
end

-- 서버에서 리모트 이벤트가 발생하면 "onTimerUpdate()"를 호출한다.
countdownEvent.OnClientEvent:Connect(onTimerUpdate)
```

> **팁**
>
> **코드 체크하기**
>
> 가장 먼저 확인해 봐야할 것은 레퍼런스다. 이벤트와 인스턴스, GUI 요소의 이름이 코드에서 실제로 참조하고 있는 것들과 일치하는지 확인해야 한다. 이들이 예제의 이름과 달라도 상관없다. 네트워크 시뮬레이터를 사용해 코드를 확인하는 것도 추천할 만하다.

클라이언트에서 서버로 통신하기

이제 반대 방향, 즉 클라이언트에서 서버로 정보를 보내는 법에 대해 알아보자. 이 경우 서버에서 특별히 반응할 필요가 없다는 것을 기억하자. 클라이언트에서 보낸 정보가 서버에 영향을 줄 필요가 있다면 서버로 요청을 보내야 한다.

우리가 살펴볼 이번 경우에는 클라이언트에서 RemoteEvent를 사용한다.

```
remoteEvent:FireServer(infoToPass)
```

서버에서는 함수가 연결돼야 한다.

```
local function functionName(player, passedInfo)
    print(player.Name)
    -- A를 수행함
end
remoteEvent.OnServerEvent:Connect(functionName)
```

앞선 예제 코드의 함수를 살펴보면 이벤트를 발동시킨 플레이어가 첫 번째 매개변수를 통해 자동으로 전달된다는 것을 확인할 수 있다.

▼ 직접 해보기

랜덤하게 맵 고르기

플레이어가 여러 가지 맵 중에서 원하는 것을 고르게 함으로써 게임을 더욱 다채롭게 만들 수 있다. 그림 12.6은 서로 다른 3개 지역의 맵을 보여주고 이 중 하나를 고르게 하는 장면이다. 게임에 따라 플레이어가 선택한 맵으로 순간 이동하기도 하고, 해당 지역의 맵이 로딩 되기도 한다. 이번 예제에서는 플레이어가 순간 이동하는 대신, 선택한 맵을 ServerStorage에 복사해 선택한 지역을 로딩할 수 있도록 만들어 본다.

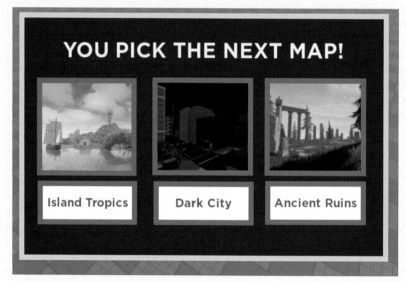

그림 12.6 GUI를 통해 서로 다른 3개의 맵 중 하나를 고른다.

설정

맵의 건물과 프롭은 하나의 모델로 만들 수 있다. 이번 섹션에서는 간단한 모델과 GUI 버튼을 만들어 볼 것이다.

1. ServerStorage 안에 **Maps**라는 이름으로 폴더를 만든다.

2. 폴더 안에 3개의 서로 다른 모델을 위치시킨다(그림 12.7 참조). 각 모델이 고유한 이름을 가지고 있어야 한다. 여러 개의 파트를 하나의 모델로 묶으려면, 원하는 파트를 선택한 다음, 우 클릭해 Group을 선택한다(cmd + G 혹은 Ctrl + G).

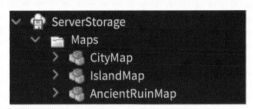

그림 12.7 다양한 파트로 구성된 3가지 다른 맵

팁

간단한 모델로 연습하자

이번 연습하기의 목적을 고려한다면 맵이 복잡할 필요는 없다. 1개 혹은 2개의 파트로 구성된 맵도 상관없다.

---

3. ReplicatedStorage 안에 **MapPicked**라는 이름으로 RemoteEvent를 추가한다(그림 12.8 참조).

그림 12.8 ReplicatedStorage 안에 새로운 RemoteEvent를 추가한다.

4. StartGui에 새로운 ScreenGui를 추가한다. 그리고 그 안에 **MapSelection**이라는 이름의 프레임을 추가한다(그림 12.9 참조). 프레임을 통해 GUI 요소들을 그룹으로 묶을 수 있다.

그림 12.9 새로운 GUI 프레임을 만든다.

5. 프레임을 선택한 다음, 3개의 TextButton을 추가한다(그림 12.10 참조). 각 버튼의 이름은 ServerStorage 의 맵 이름과 동일해야 한다(그림 12.8 참조).

그림 12.10   앞서 만든 맵과 동일한 이름으로 버튼을 추 가한다.

클라이언트 사이드

클라이언트에서도 버튼이 보여야 하며 이를 통해 맵을 선택한 다음 메시지가 서버에 전달될 수 있도록 만들 어 주어야 한다.

1. 버튼 중 하나를 선택한 다음 LocalScript를 추가한다.

2. RemoteEvent와 버튼, 프레임에 대한 레퍼런스를 추가한다.

```
local ReplicatedStorage = game:GetService("ReplicatedStorage")
local mapPicked = ReplicatedStorage:WaitForChild("MapPicked")

local button = script.Parent
local frame = button.Parent
```

3. 버튼의 Activated 이벤트와 연결되는 새로운 함수를 설정한다.

```
local ReplicatedStorage = game:GetService("ReplicatedStorage")
local mapPicked = ReplicatedStorage:WaitForChild("MapPicked")

local button = script.Parent
local frame = button.Parent

local function onButtonActivated()

end

button.Activated:Connect(onButtonActivated)
```

4. 선택된 버튼의 이름을 전송한 다음 프레임을 보이지 않게 만들기 위해 `FireServer()` 함수를 사용한다.

```
local ReplicatedStorage = game:GetService("ReplicatedStorage")
local mapPicked = ReplicatedStorage:WaitForChild("MapPicked")

local button = script.Parent
local frame = button.Parent

local function onButtonActivated()
    mapPicked:FireServer(button.Name)
    frame.Visible = false
end

button.Activated:Connect(onButtonActivated)
```

서버 사이드

서버에서는 ServerStorage에서부터 선택된 맵이 복제돼야 한다.

1. ServerScriptService에 새로운 스크립트를 추가한다.

2. RemoteEvent, ServerStorage, 그리고 Map 폴더의 레퍼런스를 설정한다.

```
local ReplicatedStorage = game:GetService("ReplicatedStorage")
local mapPicked = ReplicatedStorage:WaitForChild("MapPicked")

local ServerStorage = game:GetService("ServerStorage")
local mapsFolder = ServerStorage:WaitForChild("Maps")
```

3. 현재 어떤 맵인지 확인하기 위해 필요한 레퍼런스를 하나 더 추가한다. 우선은 nil로 설정하자. 이 변수를 통해 새로운 맵이 선택됐을 때 이전 맵과 중복되지 않고 깔끔하게 맵을 지울 수 있다.

```
local ReplicatedStorage = game:GetService("ReplicatedStorage")
local mapPicked = ReplicatedStorage:WaitForChild("MapPicked")

local ServerStorage = game:GetService("ServerStorage")
local mapsFolder = ServerStorage:WaitForChild("Maps")

local currentMap = nil
```

4. OnServerEvent라는 이름의 RemoteEvent와 연결되는 새로운 함수를 하나 만든다.

```lua
local function onMapPicked(player, chosenMap)
end

mapPicked.OnServerEvent:Connect(onMapPicked)
```

5. 맵 폴더 안에서 선택된 맵을 찾는다.

```lua
local function onMapPicked(player, chosenMap)
    local mapChoice = mapsFolder:FindFirstChild(chosenMap)
end
```

6. 선택된 맵이 잘 찾아졌는지 확인한다. 이전 맵을 삭제하고 새로운 복제본을 가져올 것이다.

```lua
local ReplicatedStorage = game:GetService("ReplicatedStorage")
local mapPicked = ReplicatedStorage:WaitForChild("MapPicked")

local ServerStorage = game:GetService("ServerStorage")
local mapsFolder = ServerStorage:WaitForChild("Maps")

local currentMap = nil

local function onMapPicked(player, chosenMap)
    local mapChoice = mapsFolder:FindFirstChild(chosenMap)

    if mapChoice then
        -- 이전 맵을 확인하고 삭제함
        if currentMap then
            currentMap:Destroy()
        end
        -- 새로운 맵의 복제본을 만듦
        currentMap = mapChoice:Clone()
        currentMap.Parent = workspace
    else
        print("Map choice not found")
    end
end

mapPicked.OnServerEvent:Connect(onMapPicked)
```

7. 테스트를 수행해보자. 정상적으로 동작한다면 LocalScript의 복제본을 만들어 다른 2개의 버튼에 추가하면 된다.

팁

트러블슈팅 팁

만일 스크립트가 정상적으로 동작하지 않는다면, 버튼의 이름을 다시 한번 확인해 보자. 버튼이 모두 최상단에 노출돼 있거나, 다른 버튼의 이름이 들어가 있다면 아무런 일도 발생하지 않을 것이다.

서버에서 1개의 클라이언트와 통신하기

만일 누군가를 무작위로 뽑아 보상을 주는 경우처럼 특정 플레이어에게만 정보를 전달해야 한다면, 지금까지와는 조금 다른 과정을 거쳐야 한다. 해당 플레이어에게 어떤 정보를 전달하기 전에 서버에서 RemoteEvent를 수행할 때 이를 플레이어에게도 전달해 주어야 하는 것이다.

서버 사이드:

```
remoteEvent:FireClient(player, additionalInfo)
```

클라이언트 사이드:

```
local function onServerEvent(player, additionalInfo)
    -- 일어나야 하는 일
end
remoteEvent.OnClientEvent:Connect(onServerEvent)
```

플레이어 인자를 사용할 계획이 없다고 하더라도 이를 로컬로 전송할 필요가 있다. RemoteEvent의 경우 누가 메시지를 받는지 알고 있어야 하기 때문이다.

클라이언트에서 클라이언트로 통신하기

RemoteEvent를 사용하는 4번째 방법이자 마지막 방법은 클라이언트에서 클라이언트로 통신하는 것이다. 클라이언트와 클라이언트가 직접 커뮤니케이션을 수행할 수는 없다. 반드시 서버를 거쳐야 하므로 앞서 살펴본 3가지 방식을 조합해서 사용해야 한다.

클라이언트에서 `FireServer(infoToPass)`를 사용한 다음 서버에서 정보를 하나의 클라이언트 혹은 여러 클라이언트로 전송한다.

요약

RemoteEvent를 사용해 함수와 이벤트를 연결하고 이를 기반으로 서버와 클라이언트 간 정보 전송을 다양하게 수행할 수 있다. 기본적으로 정보는 단방향으로 흐르기 때문에 RemoteEvent는 반응을 기다릴 필요가 없고 RemoteFunction보다 빠르고 쉽게 사용할 수 있다.

워크샵

지금까지 배운 것을 정리하면서 마무리하자. 다음 질문들에 답해보자.

퀴즈

1. 참인가 거짓인가: RemoteEvent는 서버로 정보를 보낼 수 있으며, 클라이언트로 그 반응을 받아온다.

2. 참인가 거짓인가: RemoteEvent는 한 번에 하나의 함수만 연결해 사용할 수 있다.

3. 클라이언트에서 서버로 메시지를 보내려면 _____함수를 사용해야 한다.

4. 참인가 거짓인가: 서버는 자동으로 RemoteEvent를 동작시킨 클라이언트의 이름을 받아온다.

정답

1. 거짓. RemoteEvent는 정보를 단방향으로 보내기만 할 뿐 그에 대한 반응을 기다리지 않는다.

2. 거짓. RemoteEvent는 하나의 함수를 연결해 사용하는 대신 원하는 만큼 함수를 연결해 사용 가능하다. RemoteFunction에 비해 RemoteEvent가 가지는 장점 중의 하나다.

3. 클라이언트에서 서버로 메시지를 보내려면 FireServer() 함수를 사용해야 한다. 예를 들어 mapPicked:FireServer(button.Name)와 같이 사용할 수 있다.

4. 참. 이것이 RemoteEvent 함수를 연결할 때 플레이어 인수를 고려해야 하는 이유다.

연습

맵을 선택하면 그림 12.11처럼 서버에 접속해 있는 모든 플레이어가 선택된 맵을 볼 수 있도록 만들어보자.

그림 12.11 선택된 맵을 보여주자.

팁

▶ 클라이언트끼리 직접 커뮤니케이션 할 수 없다는 걸 상기하자.

▶ 다른 RemoteEvent는 필요하지 않다.

HOUR 13
모듈스크립트 사용하기

이 시간에 배울 내용:

- ▶ 모듈스크립트 알아보기
- ▶ 모듈스크립트 만들기
- ▶ 점프하는 발판 만들기
- ▶ 추상화 알아보기
- ▶ 반복 피하기

지금까지 로블록스와 루아에 대해 많은 것을 배웠다. 하지만 앞으로 더 많은 것을 배우게 될 것이다. 버튼처럼 게임 안에서 만질 수 있는 것들을 더 많이 만들면서 이들에 대해 배우게 될 것이다. 이렇게 수많은 오브젝트들을 단순히 코드를 여러 번 복제해 만드는 것은 그 누구도 원하지 않을 것이다. 스크립트를 여러 번 복제해 사용하는 것은 관리도 힘들뿐더러 업데이트도 쉽지 않다. 아이템을 습득할 때 사용하는 스크립트를 모든 아이템에 일일이 적용해야 한다거나, 다양한 함정이 플레이어에게 미치는 대미지를 하나하나 수정해야 한다고 상상해보면 이런 방식이 얼마나 힘들고 비효율적인지 알 수 있을 것이다.

이번 시간에는 코드를 중앙 집중식으로 관리하고 쉽게 업데이트할 수 있는 모듈스크립트에 대해 알아볼 것이다. DRY, 즉 Don't Repeat Yourself라는 코딩의 일반적인 원리에 대해서도 알아보고, 쉽게 코드를 수정하고 업데이트하기 위해 코드를 정리하는 법도 간단히 살펴본다.

한 번만 코딩하자

모듈스크립트는 스크립트와 로컬스크립트^{LocalScript}에서 사용할 수 있도록 함수와 변수를 저장하는 특별한 스크립트 오브젝트라고 할 수 있다. 이를 활용해 골드를 습득할 때 필요한 정보나 몬스터의 스탯, 버튼의 동작 등의 주요 정보를 미리 만들어 놓을 수 있다. 어떤 변경 사항이 생겼을 때 수백 개의 스크립트를 일일이 업데이트하는 대신, 모듈스크립트만 업데이트하면 되는 것이다.

스크립트와 로컬스크립트는 모듈 스크립트에 접근하기 위해 여전히 필요하지만, 그 안의 내용을 최소로 유지할 수 있을 것이다.

모듈스크립트 배치하기

모듈스크립트를 어떻게 활용하느냐에 따라 배치하는 방법도 달라진다. 서버 스크립트에만 활용할 계획이라면 이를 ServerStorage 안에 배치해 이들이 상대적으로 잘 보호해야 한다. 만일 클라이언트 사이드의 LocalScript에서 모듈스크립트를 사용한다면, ReplicatedStorage 안에 배치하면 된다(그림 13.1 참조)

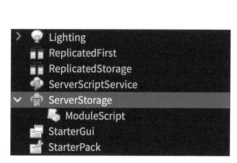

그림 13.1 ServerStorage 안에 배치된 모듈스크립트(왼쪽)는 스크립트만 접근이 가능하다. ReplicatedStorage(오른쪽)에는 스크립트와 LocalScript 모두 접근이 가능하다.

모듈스크립트의 동작 방식 이해하기

기본적으로 모든 모듈스크립트는 아래와 같이 구성된다.

```
local module = {}
return module
```

모든 모듈스크립트의 첫 줄과 마지막 줄은 위와 같이 작성해야 한다. 중괄호를 사용해야 한다는 것에 주의하자. 모듈스크립트의 모든 코드는 이 테이블 안에 위치해야 하며 마지막 줄을 통해 반환된다. 테이블 안에서 모듈이 공유하는 모든 함수와 변수는 저장된다.

모듈스크립트 이름 짓기

테이블을 만들면서 가장 먼저 수행해야 하는 작업은 아래의 코드와 그림 13.2에서 보이는 것처럼 스크립트에 적합한 이름을 붙이는 것이다. 이름은 공유하는 함수들의 목적에 부합해야 한다. 예를 들어 ShopManager, TrapManager, 혹은 PetManager와 같이 이름 지을 수 있다.

팁

스크립트 이름 붙이기

"Manager"는 스크립트의 이름에 가장 널리 사용되는 단어 중의 하나다. ButtonManager라는 이름을 붙인다면 이 스크립트가 "버튼이 무슨 일을 하는지 설명"하는 것으로 연상할 수 있다.

```
local TrapManager = {}

function TrapManager.modifyHealth(player, amount)
    -- 코드
end

return TrapManager
```

그림 13.2 모듈스크립트의 이름과 테이블의 이름이 정확하게 일치해야 한다.

그림 13.2에서 보이는 것처럼 모듈스크립트와 내부 테이블에 사용된 이름 모두 첫 글자와 이어지는 문자가 대문자인 파스칼 케이스 표기를 따르는 것에 주의하자. 원한다면 부록에서 로블록스의 네이밍 컨벤션^{naming convention}에 대해 더 많은 것을 알아볼 수 있을 것이다.

함수와 변수 추가하기

모듈 테이블 안에 새로운 함수와 변수를 추가하고 싶다면, 앞서 딕셔너리에서 했던 것처럼 점 표기법을 따른다.

```
local ModuleName = {}

-- 변수 추가
ModuleName.variableName = 100

-- 함수 추가
function ModuleName.functionName(parameter)
-- 코드는 여기에 위치한다.
end
return ModuleName
```

모듈 테이블의 모든 내용은 local ModuleName = {}와 return ModuleName 사이에 추가해야 한다.

모듈스크립트의 스코프 이해하기

앞서 코드를 살펴보면 함수와 변수를 추가할 때 local을 사용하지 않은 것을 알 수 있다.

```
-- 키워드 'local'을 사용하지 않음
function ModuleName.functionName(parameter)
    -- 코드는 여기에 위치한다.
end
```

함수와 변수 앞에 local을 붙이면 이들을 해당 코드에서만 사용한다는 것을 의미한다. 이것이 가장 일반적인 방법이지만, 모듈스크립트의 경우에는 조금 다르다. 가장 큰 차이점은 모듈스크립트는 코드의 모든 것을 공유한다는 것이다.

```
local ScoreManager= {}

-- 공유 가능한 함수는 local을 사용하지 않는다.
function ScoreManager.scoreCalculator(originalScore, newPoints)
    local newScore = originalScore + newPoints
    return newScore
end
return ScoreManager
```

하지만 모듈스크립트에서만 사용되는 변수, 특히 함수 안에서만 사용되는 변수는 local을 사용한다.

```
local ScoreManager= {}

function ScoreManager.scoreCalculator(originalScore, newPoints)
    -- 이 변수는 함수 외부에 공유될 필요가 없다.
    local newScore = originalScore + newPoints
    return newScore
end
return ScoreManager
```

다른 스크립트에서 모듈 활용하기

모듈스크립트는 그 자체로는 실행되지 않는다. 대신 다른 스크립트에서 변수와 함수에 접근하고, 이들을 접근한 스크립트 내부에서 사용한다.

스크립트 혹은 LocalScript에서 require() 함수를 사용해 모듈스크립트의 위치를 파악해 활용한다.

스크립트 예제:

```
local ServerStorage = game:GetService("ServerStorage")
local ModuleName = require(ServerStorage.ModuleName)
```

스크립트에서 모듈 테이블을 불러와 모듈의 변수와 함수를 사용할 수 있다.

모듈의 함수나 변수를 활용하려면 모듈스크립트의 이름을 입력하고 이어서 필요한 것의 이름을 붙여서 입력하면 된다. 아래의 샘플 코드는 모듈스크립트 안에서 7의 값을 가지고 있는 변수를 보여주고 있다. 그 뒤의 코드는 일반 스크립트 오브젝트에서 해당 변수에 접근하는 것을 보여준다. 그림 13.3으로 출력창의 결과를 확인할 수 있다.

ServerStorage의 모듈스크립트 코드

```
local PracticeModuleScript = {}

PracticeModuleScript.practiceVariable = 7

function PracticeModuleScript.practiceFunction ()
    print("This came from the practice ModuleScript")
end

return PracticeModuleScript
```

ServerScriptService의 스크립트 코드

```
local Serverstorage = game:GetService("ServerStorage")
local PracticeModuleScript = require(Serverstorage.PracticeModuleScript)

-- 아래 코드를 통해 '7'이 출력된다.
print(PracticeModuleScript.practiceVariable)

-- 아래 코드를 통해 practiceFunction()의 내용이 출력된다.
PracticeModuleScript.practiceFunction()
```

이 코드를 실행하면 그림 13.3과 같은 결과를 볼 수 있을 것이다. 첫 번째 줄에 출력된 내용은 스크립트에서 비롯된 것이다. 반면 두 번째 줄의 내용은 모듈스크립트에서 불러온 것이다.

그림 13.3 출력창에 결과가 표시된다.

모듈스크립트와 함수, 변수의 이름이 정확하게 일치해야 한다는 것에 주의하자. 그렇지 않다면 오류가 발생할 것이다. 복사해서 붙여넣기 기법을 사용해 이런 오류를 미연에 방지할 수 있다.

게임 혹은 테스트가 실행되고 있는 동안 모듈스크립트의 내용을 수정해서는 안 된다. 그렇다고 하더라도 테이블은 갱신되지 않는다. 한 번 모듈 테이블을 불러온 다음에는 다시 require() 함수를 사용해야 동일한 테이블을 반환할 수 있다.

직접 해보기 ▼

점프 패드 만들기

점프 패드(그림 13.4 참조)는 사람들이 평소에 닿을 수 없던 곳에 닿을 수 있도록 함으로써 색다른 즐거움을 선사한다. 이번 연습에서는 업데이트할 필요가 없는 모듈 코드를 활용해 스크립트를 작성하고 이를 사용해 점프 패드를 만들어 볼 것이다.

그림 13.4 파란색의 패드를 통해 지붕처럼 평소에 갈 수 없는 곳에 다다를 수 있다.

설정

스크립트 오브젝트와 점프 패드를 설정하자. 다음 섹션에서 코드 작업을 수행할 것이다.

1. 파트나 매시를 추가하자. 그림 13.4에서 보이는 점프 패드는 단순한 네온 블루색의 파트다.

2. 점프 패드에 스크립트를 추가한다.

3. ServerStorage에 JumpPadManager라는 이름의 새로운 모듈스크립트를 추가한다.

모듈스크립트

우선 모듈스크립트부터 설정해 보자. 모듈스크립트를 통해 플레이어가 얼마나 높이, 얼마나 멀리 점프할 것인지 정한다. 이를 위해 사람의 기본적인 동작을 관장하는 캐릭터의 HumanoidRootPart를 가져와야 한다. VectorForce 오브젝트가 HumanoidRootPart에 추가돼 VectorForce가 존재하는 한 이동을 계속하게 될 것이다. 지금까지 사용된 개념과 달라 익숙하지 않을 수 있지만, 이후에는 이와 유사한 개념을 더 많이 사용하게 될 것이다.

대부분의 핵심적인 내용은 여기서 마무리되며 이후 스크립트에서는 몇 줄의 코드만 추가되면 된다.

1. **JumpPadManager**의 이름을 바꿔준다.

```
local JumpPadManager = {}


return JumpPadManager
```

2. 얼마나 점프를 오래할지 결정하는 local 상수를 만든다.

```
local JumpPadManager = {}


-- ModuleScript 외부에서는 사용하지 않으므로 Local 변수를 만든다.
local JUMP_DURATION = 1.0


return JumpPadManager
```

3. 점프의 방향을 결정하는 두 번째 local 상수를 만든다. VectorForce에는 이동을 위해 X, Y, Z축이 필요하다. Y값 설정을 통해 얼마나 높이 점프할지 결정할 수 있다.

```
local JumpPadManager = {}


local JUMP_DURATION = 1.0
local JUMP_DIRECTION = Vector3.new(0, 6000, 0)


return JumpPadManager
```

팁

오브젝트 이동하고 움직이기

다음 시간에 Vector3와 X, Y, Z축 그리고 오브젝트를 이동하고 움직이는 것에 대해 더 자세하게 배워볼 것이다. X축과 Z 축 값을 입력해 앞뒤 혹은 옆으로 방향을 결정할 수 있다.

---

4. 테이블에 새로운 함수를 추가한다.

```
local JumpPadManager = {}

local JUMP_DURATION = 1.0
local JUMP_DIRECTION = Vector3.new(0, 6000, 0)

-- 점프 패드에서 이 함수를 사용하므로 local로 만들지 않는다.
function JumpPadManager.jump(part)
end

return JumpPadManager
```

5. 이 부분은 함정을 만들 때와 유사하다. 파트의 부모를 찾고 이를 활용해 휴머노이드를 검색한다. 휴머노이드를 찾게 되면, HumanoidRootPart를 찾는다.

```
-- 모듈스크립트 시작

function JumpPadManager.jump(part)
    local character = part.Parent
    local humanoid = character:FindFirstChildWhichIsA("Humanoid")

    if humanoid then
        local humanoidRootPart = character:FindFirstChild("HumanoidRootPart")
    end
end

return JumpPadManager
```

6. VectorForce 인스턴스를 찾는다. VectorForce를 추가하기 전에 실제로 존재하지 않을지라도 인스턴스를 찾아본다. 다음 단계에서 이에 대한 디바운스를 수행한다.

```
-- 모듈스크립트 시작

function JumpPadManager.jump(part)
    local character = part.Parent
    local humanoid = character:FindFirstChildWhichIsA("Humanoid")

    if humanoid then
        local humanoidRootPart = character:FindFirstChild("HumanoidRootPart")
```

```
                    local vectorForce = humanoidRootPart:FindFirstChild("VectorForce")
        end
    end

    return JumpPadManager
```

7. 만일 VectorForce를 찾지 못했다면 하나를 새로 추가한다. 1개의 VectorForce만 적용돼야 한다.

```
local JumpPadManager = {}

-- 모듈스크립트 시작

function JumpPadManager.jump(part)
    local character = part.Parent
    local humanoid = character:FindFirstChildWhichIsA("Humanoid")

    if humanoid then
        local humanoidRootPart = character:FindFirstChild("HumanoidRootPart")
        local vectorForce = humanoidRootPart:FindFirstChild("VectorForce")
        if not vectorForce then
            vectorForce = Instance.new("VectorForce")
        end
    end
end

return JumpPadManager
```

8. Force의 속성을 JUMP_DIRECTION으로 설정하고 연결한 다음 HumanoidRootPart를 부모로 설정한다.

```
-- 모듈스크립트 시작

function JumpPadManager.jump(part)
    local character = part.Parent
    local humanoid = character:FindFirstChildWhichIsA("Humanoid")

    if humanoid then
        local humanoidRootPart = character:FindFirstChild("HumanoidRootPart")
        local vectorForce = humanoidRootPart:FindFirstChild("VectorForce")
        if not vectorForce then
```

```
                    vectorForce = Instance.new("VectorForce")
                    vectorForce.Force = JUMP_DIRECTION
                    vectorForce.Attachment0 = humanoidRootPart.RootRigAttachment
                    vectorForce.Parent = humanoidRootPart
                end
            end
        end

    return JumpPadManager
```

팁

VectorForce와 HumanoidRootPart 함께 유지하기

어태치먼트attachment를 사용해 VectorForce 인스턴스가 HumanoidRootPart와 분리되지 않도록 유지할 수 있다.

9. 마지막으로 JUMP_DURATION 동안 기다린 다음 BodyVelocity를 파괴한다.

```
local JumpPadManager = {}

-- ModuleScript 외부에서 사용하지 않으므로 local을 사용한다.
local JUMP_DURATION = 1.0
local JUMP_DIRECTION = Vector3.new(0, 6000, 0)


-- 점프 패드에서 아래 함수들을 사용하므로 local이 아니다.
function JumpPadManager.jump(part)
    local character = part.Parent
    local humanoid = character:FindFirstChildWhichIsA("Humanoid")

    if humanoid then
        local humanoidRootPart = character:FindFirstChild("HumanoidRootPart")
        local vectorForce = humanoidRootPart:FindFirstChild("VectorForce")
        if not vectorForce then
            vectorForce = Instance.new("VectorForce")
            vectorForce.Force = JUMP_DIRECTION
            vectorForce.Attachment0 = humanoidRootPart.RootRigAttachment
            vectorForce.Parent = humanoidRootPart
            wait(JUMP_DURATION)
            vectorForce:Destroy()
        end
```

```
        end
    end

    return JumpPadManager
```

스크립트

스크립트에는 최소한의 작업만 진행한다. 누군가 파트를 터치했을 때 모듈스크립트를 불러와 JumpPad
Manager.jump(otherPart)를 호출하는 일만 수행한다.

1. 스크립트 안에서 JumpPadManager를 로딩 한다.

```
local ServerStorage = game:GetService("ServerStorage")
local JumpPadManager = require(ServerStorage.JumpPadManager)
```

2. Touched 이벤트와 함수를 연결한다. 함수에서는 누군가 터치한 파트를 모듈스크립트로 전달해 준다.

```
local ServerStorage = game:GetService("ServerStorage")
local JumpPadManager = require(ServerStorage.JumpPadManager)

local jumpPad = script.Parent

local function onTouch(otherPart)
    JumpPadManager.jump(otherPart)
end

jumpPad.Touched:Connect(onTouch)
```

이제 테스트를 수행해보자. nil 오류가 발생한다면 코드에 오탈자가 있는 것은 아닌지 다시 한번 살펴보자.
대소문자 구분을 포함한 모든 철자가 정확하게 일치해야 한다.

같은 것은 반복하지 말자

지금까지 코드를 작성해 오면서 코드를 중앙화하고 재사용할 수 있는 방식으로 작성해
야 한다는 것을 여러 번 강조했다.

Hour9에서 작업했던 골드와 장작 같은 리소스를 생각해보자. 굳이 서로 다른 스크립트를 사용할 필요 없이, 동일한 스크립트를 사용할 수 있을 것이다. 그러면서도 서로 다른 정보를 전달하고 처리하는 것이 가능하다. DRY 코딩을 통해 이런 부분을 연습할 수 있을 것이다. DRY는 Don't Repeat Yourself의 줄임말이다. 이 원리는 루아와 로블록스 스튜디오 외에 모든 코딩과 프로그래밍 언어에 적용될 수 있다.

이에 반해 WET^Write Everything Twice라는 개념은 비효율적인 것으로 간주되며, 스크립트에서 중복된 코드가 많다는 것을 의미한다.

추상화 적용하기

DRY 코딩의 핵심은 추상화^abstraction다. 추상화는 가장 필요한 정보만 처리하고 현재 사용할 필요가 없는 정보들은 보이지 않게 숨겨놓는다는 것을 의미한다.

로블록스 스튜디오의 많은 코드가 추상화돼 있다. 필요한 함수 혹은 메서드를 호출하고 필요한 정보만 입력해 사용이 가능하다고 생각해보자. 이때 이런 함수들은 재사용이 가능하고 추상화가 잘 된 것이다. 함수를 호출하는 것만으로 코드를 재 작성하거나 다른 코드를 살펴볼 필요없이 해당 함수가 제공하는 기능적인 이점을 활용할 수 있는 것이다.

코딩 언어에서 추상화의 가장 대표적인 예는 바로 print() 함수다. 이 함수가 실제로 수행하는 기능의 대부분은 숨겨져 있다. 따라서 프로그래머는 원하는 것들이 어떻게 화면에 표시되는지 신경쓸 필요없이 어떤 내용이 출력되는지에 더 신경 쓸 수 있게 되는 것이다.

모듈스크립트를 사용해 DRY 코딩에 적합한 추상화를 연습해 볼 수 있을 것이다. 모듈스크립트는 또한 오직 하나의 출처에서 정보와 스키마를 생성하고 편집하는 SSOT^Single Source Of Truth에도 적합하다. 여러 스크립트에서 필요한 함수와 정보를 하나의 모듈스크립트에 담아 놓을 수 있기 때문이다.

하나의 변수나 함수를 3곳 이상에서 사용해야 한다면 추상화가 필요한 단계라고 볼 수 있다. 앞서 살펴본 예제에 등장한 금이나 장작 외에도 사람들은 아주 다양한 종류의 물건을 모으고 수집한다. 광석이나 나무 열매, 양털 같은 것들이 여기에 해당하며 이들을 코드로 작업할 때 충분히 추상화가 적용될 수 있을 것이다.

요약

추상화를 통해 정보를 단순화하고 효율적으로 표현하고 전달할 수 있다. 얼마나 자주 코드를 재사용하며, 얼마나 많은 변경이 필요한지 살펴보면 어떤 것에 추상화를 적용해야 할지 판단할 수 있다. 예를 들어 가방의 가격과 용량을 설정하는 코드는 충분히 재사용이 가능하므로 추상화 적용이 가능하다.

추상화를 고려해 코드를 설계하고 구조를 만듦으로써 더 중요한 것에 집중할 수 있게 된다. 이렇게 효과적으로 시간을 사용할 수 있게 되면 프로그램을 좀 더 구조화할 수 있고, 결과적으로 업데이트도 좀 더 쉽게 수행할 수 있을 것이다.

Q&A

Q 왜 대부분의 변수와 함수를 local을 사용하지 않는 공유 가능한 형태로 유지하지 않을까?

A 지역 변수를 사용하는 것이 가장 효과적인 방법이다. 지역 변수를 사용하면 프로그램의 속도가 조금 더 빨라지고, 에러와 의도하지 않았던 정보의 오버라이팅을 방지할 수 있다. 모듈스크립트에는 지역 변수가 아닌 변수도 사용이 가능하지만, 이런 경우가 오히려 예외적인 경우라고 볼 수 있다.

Q 추상화와 DRY 코딩을 너무 많이 사용한다면 어떻게 될까?

A 너무 과하게 추상화를 적용하는 경우도 발생할 수 있다. 동일한 코드를 2~3번 반복해서 사용하는 경우가 발생한다면 이런 경우는 추상화를 고려할 충분한 기회라고 볼 수 있다.

워크샵

지금까지 배운 것을 정리하면서 마무리하자. 다음 질문들에 답해보자.

퀴즈

1. 모듈스크립트의 이름을 RoundManager로 변경했다. 이 스크립트의 첫 줄과 마지막 줄은 어떻게 작성해야 하는가?

2. 모듈스크립트에 함수는 _____을(를) 사용해 추가할 수 있다.

3. LocalScript에서 모듈스크립트를 사용한다면, 모듈스크립트는 어디에 배치돼야 하는가?

4. 스크립트에서 모듈스크립트를 사용한다면, 모듈스크립트는 어디에 배치돼야 하는가?

5. 만일 LocalScript와 스크립트 모두에서 모듈스크립트를 사용한다면, 모듈스크립트는 어디에 배치돼야 하는가?

6. DRY는 무엇의 줄임말 인가?

정답

1. 모듈스크립트의 이름이 RoundManager라면 첫 줄과 마지막 줄은 다음과 같아야 한다.

```
local RoundManager = {}
    -- 코드
return RoundManager
```

2. 점 연산자. `MyModule.myfunction()`와 같이 사용할 수 있다.

3. ReplicatedStorage

4. ServerStorage

5. ReplicatedStorage

6. Don't Repeat Yourself

연습

익숙한 코드를 사용해 모듈스크립트 작성을 연습해 보자. 여러 개의 함정 파트를 만들고 사람들이 이를 피해 체력을 잃지 않도록 설정해 보자. 그림 13.5의 예를 살펴보자.

그림 13.5 붉은색 함정이 바닥에 설치돼 있는 미로

HOUR 14
3D 월드 코딩하기

이 시간에 배울 내용

▶ XYZ 좌표의 동작 원리 살펴보기

▶ CFrame을 사용해 원하는 곳에 오브젝트 배치하기

▶ 월드와 로컬 오브젝트의 차이점 이해하기

▶ RelativeTo를 활용해 캐릭터 점프 제어하기

지난 시간에는 모듈 스크립트를 사용해 캐릭터를 수직으로 쏘아 올리는 점프 패드를 만들어 봤다. 이번 시간에는 3D 공간 안에서 어떻게 오브젝트를 배치할 수 있는지, 어떻게 오브젝트를 원하는 곳에서 나타나게 하는지에 대해 배워볼 것이다.

X, Y 그리고 Z 좌표 이해하기

코딩을 시작하기 전에 우선 어떻게 오브젝트가 3D 공간상에 배치되고 회전할 수 있는지 알아야 한다. 3D 월드에서 모든 오브젝트는 3개의 축, 즉 X, Y 그리고 Z축으로 그려지는 그리드 상에 배치될 수 있다. 위아래는 Y축을 통해, 앞뒤와 좌우는 X축과 Y축을 통해 각각 제어할 수 있다. 그림 14.1에서 녹색 화살표는 Y축을, 붉은색 화살표는 X축, 그리고 푸른색 화살표는 Z축을 나타낸다.

만일 이 화살표들이 보이지 않는다면, 보기 > 작업 > 보기 선택기(그림 14.2 참조)를 사용해 보기 선택기를 켠다. 이를 통해 카메라가 어느 방향을 향하고 있는지 확인할 수 있을 것이다.

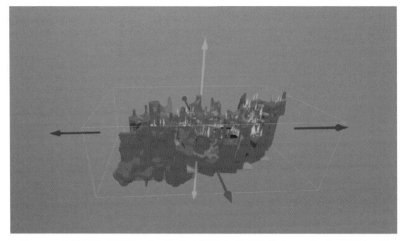

그림 14.1 지형 전체를 보여주는 줌 아웃 뷰. 붉은색, 녹색, 푸른색 축으로 월드를 구성하고 있는 것을 알 수 있다.

그림 14.2 보기 선택기가 활성화됐다면 오른쪽 그림과 같이 3개의 축이 표시되는 것을 확인할 수 있다.

오브젝트를 선택한 다음 '이동'을 클릭하면 붉은색(X), 녹색(Y) 그리고 푸른색(Z) 3개의 축이 나타난다. 화살표를 선택해 드래그하면 오브젝트가 움직이면서 속성 창의 X, Y 그리고 Z 포지션 값이 변경되는 것을 확인할 수 있다(그림 14.3 참조). 만일 오브젝트를 월드의 정중앙에 배치하고 싶다면, X, Y 그리고 Z 포지션 값을 0, 0, 0으로 설정한다.

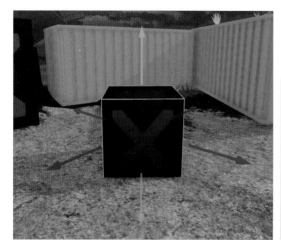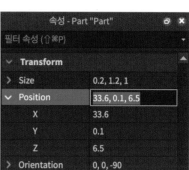

그림 14.3 파트를 선택해 드래그 하면 속성 창에서 X, Y 그리고 Z값이 업데이트되는 것을 확인할 수 있다.

CFrame 좌표를 사용해 정밀하게 배치하기

오브젝트나 캐릭터를 원하는 곳에 배치하고 싶다면, CFrame을 이해해야 한다. 이를 통해 월드의 정중앙이 아닌 정확하게 원하는 곳에 오브젝트와 캐릭터가 스폰할 수 있게 할수 있다.

CFrame은 Coordinate Frame의 줄임말이다. 3D 공간 상에 존재하는 모든 오브젝트는이 값을 가질 수밖에 없다. CFrame의 기본값은 0, 0, 0으로 설정돼 있다. 즉, 이 설정대로라면 새로운 오브젝트는 월드의 정중앙에 나타날 수밖에 없다. 오브젝트의 위치를 변경하고 싶다면 CFrame.new() 함수를 통해 새로운 CFrame 값을 할당해 줘야 한다.

예:

```
local part = script.Parent
part.CFrame = CFrame.new(1, 4, 1)
```

앞의 코드와 같이 X, Y 그리고 Z축의 값을 각각 설정할 수 있다. 또한 아래와 같이 Vector3 데이터로 이를 처리할 수도 있다.

```
local vector3 = Vector3.new( 1, 4, 1)
part.CFrame = CFrame.new(vector3)
```

어떤 물건이 있는 곳에 오브젝트 배치하기

CFrame을 활용하려면 우선 사용할 좌표를 찾아야 한다. 이미 배치돼 있는 오브젝트의 값을 활용하는 것도 효과적이다. 파트는 Vector3 값을 사용하는 Position이라는 속성을 가지고 있다. 이번 연습에서는 파트의 Position 속성을 사용해 새로운 파트의 CFrame을 설정하는 방법을 배워볼 것이다.

1. 월드 안의 임의의 장소에 파트를 만든다. **Marker**라고 이름 짓고 레퍼런스를 만든다.

```
local marker = workspace.Marker
```

2. 새로운 파트 인스턴스를 생성한다. 기본적으로 새로 만들어지는 파트는 고정돼 있지 않으므로 Anchor를 통해 고정시킨다.

```
local marker = workspace.Marker

local newPart = Instance.new("Part")
newPart.Anchored = true
```

3. CFrame.new()를 통해 새로운 파트의 CFrame을 설정한다.

```
local marker = workspace.Marker

local newPart = Instance.new("Part")
newPart.Anchored = true
newPart.CFrame = CFrame.new()
```

4. marker의 위치를 전달하고 workspace를 새로운 파트의 부모로 설정한다. 그 다음 코드를 테스트해 보자. 동일한 장소에 2개의 파트가 생성되는 것을 확인할 수 있을 것이다.

```
local marker = workspace.Marker

local newPart = Instance.new("Part")
newPart.Anchored = true
newPart.CFrame = CFrame.new(marker.Position)
newPart.Parent = workspace
```

왜 항상 Position 속성을 사용하지 않는지 궁금할 수도 있을 것이다. Position은 오직 파트에서만 동작하는 속성이며 모델에는 적용되지 않는다. 이 부분은 이후에 조금 더 자세하게 살펴볼 것이다.

CFrame을 활용해 오프셋에 위치시키기

여러 개의 오브젝트를 정확하게 같은 곳에 둘 필요는 없다. 대신 앞서 배치된 오브젝트보다 살짝 높게, 혹은 그 옆에 배치한다면 훨씬 더 쉽게 작업을 시작할 수 있다. CFrame과 Vector3 값을 조합해 이를 가능하게 할 수 있다. 다음 예제는 CFrame.new에서 전달된 Y 값을 변경해 다음 오브젝트의 위치를 변경한다.

```
local marker = workspace.Marker

local newPart = Instance.new("Part")
newPart.Anchored = true

-- 마커 위치보다 조금 높은 곳에 새로운 파트가 배치된다.
newPart.CFrame = CFrame.new(marker.Position) + Vector3.new(0, 4, 0)
newPart.Parent = workspace
```

CFrame으로 회전하기

CFrame에 회전 값을 추가할 수 있다. 오브젝트를 회전하려면 현재의 CFrame 값을 구하고 원하는 각도를 입력한 CFrame.Angles()를 곱한다.

```
local spinner = script.Parent
local ROTATION_AMOUNT = CFrame.Angles(0, math.rad(45), 0)

while wait(0.5) do
    -- 스피너의 현재 CFrame값을 가져와 회전한다.
    spinner.CFrame = spinner.CFrame * ROTATION_AMOUNT
end
```

CFrame.Angles 역시 X, Y 그리고 Z축의 3가지 값을 가진다. 앞서의 코드는 스피너를 Y축 기준으로 회전시켰다. 여기서 주의해야 할 점은 각도의 단위인 도degree를 사용하지 않는 대신, 라디안radian 값을 사용한다는 것이다. 라디안은 수학에 많이 사용되는 개념으로 부채꼴의 각도를 재는 방법 중 하나다. 굳이 이 값을 사용자가 계산할 필요는 없다. math.rad()를 사용해 일반적으로 사용하는 각도 값을 라디안 값으로 변환할 수 있다.

만일 X축 기준으로 20도 회전하고 싶다면 다음과 같이 코드를 작성한다.

```
local ROTATION_AMOUNT = CFrame.Angles(math.rad (20), 0, 0)
part.CFrame = part.CFrame * ROTATION_AMOUNT
```

모델에 적용하기

앞서도 살펴봤듯이 각각의 파트는 Position이라는 속성을 가진다. 하지만 모델에는 이 속성이 존재하지 않는다. 모델의 위치를 움직이려면 우선 PrimaryPart를 알아야 한다. 그림 14.4와 같이 여러 개의 구를 하나의 그룹으로 묶은 구름 모양 모델을 예로 들어보자.

그림 14.4   구름 모델은 여러 개의 파트로 구성돼 있다. 속성창에서 PrimaryPart가 BigSphere로 설정돼 있는 것을 확인할 수 있다.

팁

파트를 묶어 모델로 만들기

파트를 그룹으로 묶어 모델로 만들려면 원하는 파트들을 선택한 다음 우 클릭해 '그룹'을 선택하면 된다.

이 구름 모델은 앞서와 같은 방법으로는 이동할 수 없다. SetPrimaryPartCFrame() 함수를 사용해 새로운 CFrame을 설정해 줘야 한다.

```
local cloud = workspace.Cloud
cloud:SetPrimaryPartCFrame(CFrame.new(0, 20, 0))
```

팁

PrimaryPart 설정하기

모델의 속성창에서 PrimaryPart를 설정할 수 있다. PrimaryPart의 값이 들어가는 부분을 클릭한 다음 커서가 변경되면 탐색기에서 원하는 파트를 클릭해 해당 파트를 PrimaryPart로 설정할 수 있다.

월드 좌표와 로컬 오브젝트 좌표 이해하기

3D 공간에서는 2가지 다른 종류의 좌표가 존재한다. 첫 번째는 월드 좌표로, 지금까지 우리가 다루었던 좌표가 바로 이 월드 좌표다. 3D 공간에서 X, Y 그리고 Z 축을 기준으로 오브젝트를 어디에 배치하고 어떻게 회전하는가를 결정할 때 필요한 좌표라고 할 수 있다.

다른 하나는 로컬 오브젝트 좌표다. 오브젝트가 그 자체를 기준으로 어디에 위치하고 어떻게 회전할지 결정할 때 사용된다. 여기서 사용되는 X, Y 그리고 Z 축은 게임 월드의 좌표가 아니다. 그림 14.5의 왼쪽은 월드 좌표의 축을, 오른쪽은 박스 자체가 가지는 좌표의 축을 보여주고 있다.

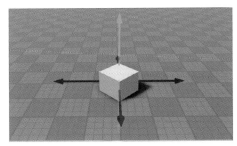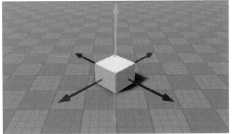

그림 14.5 왼쪽의 그림은 월드좌표를 보여주고 있다. 각각의 오브젝트는 오른쪽 그림처럼 월드 좌표와 연관이 없는 자체적으로 분리된 X, Y 그리고 Z축을 가지고 있다.

이렇게 생각해보자. 당신이 걷고 있는 이 세계는 나침반이 가리키는 동서남북의 방향을 가지고 있고, 이는 당신이 어느 쪽을 바라본다고 해도 바뀌지 않는다. 하지만 당신을 기준으로 왼쪽, 오른쪽, 앞쪽과 뒤쪽은 당신이 어떻게 움직이느냐에 따라 달라진다.

Cmd/Ctrl + L을 눌러 월드 좌표 기준 혹은 로컬 좌표 기준으로 바꿀 수 있다. 그림 14.6과 같이 로컬 좌표 기준일 때에는 오브젝트 근처에 작은 L자가 표시된다.

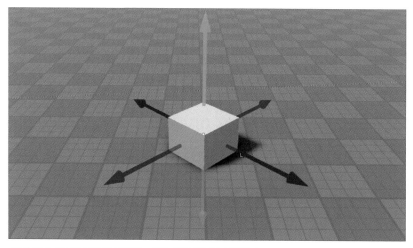

그림 14.6 이동과 회전에 사용되는 축을 로컬 모드로 설정했다.

▼ 직접 해보기

플레이어의 방향에 따라 달라지는 슈퍼 점프

앞서 우리가 만들었던 점프 패드는 월드 좌표를 사용하고 있다. 어떤 방향에서 패드로 올라오더라도, 항상 같은 방향으로 점프가 수행된다. 이번 연습에서는 relative() 함수를 사용해 바라보고 있는 방향으로 점프를 수행하도록 코드를 수정해 본다.

앞서 Hour13에 사용한 코드를 약간 손보면 된다.

1. JumpPadManager에서 JUMP_DIRECTION 상수를 찾는다. Z 값을 −6000으로 변경한다.

```lua
local JumpPadManager = {}
-- 이 ModuleScript 외부에서는 활용되지 않으므로 local로 설정함
local JUMP_DURATION = 0.5
local JUMP_DIRECTION = Vector3.new(0, 6000, -6000)
```

2. VectorForce의 RelativeTo 속성을 Enum. ActuatorRelativeTo.Attachment0으로 설정한다.

```lua
local JumpPadManager = {}

-- 이 ModuleScript 외부에서는 활용되지 않으므로 local로 설정함
local JUMP_DURATION = 1.0
local JUMP_DIRECTION = Vector3.new(0, 6000, -6000 )

-- 점프 패드에 아래 기능이 필요하므로 local이 아님
function JumpPadManager.jump(part)
    local character = part.Parent
    local humanoid = character:FindFirstChildWhichIsA("Humanoid")
    if humanoid then
        local humanoidRootPart = character:FindFirstChild("HumanoidRootPart")
        local vectorForce = humanoidRootPart:FindFirstChild("VectorForce")
        if not vectorForce then
            vectorForce = Instance.new("VectorForce")
            vectorForce.Force = JUMP_DIRECTION
            vectorForce.Attachment0 = humanoidRootPart.RootRigAttachment
            vectorForce.RelativeTo = Enum.ActuatorRelativeTo.Attachment0
            vectorForce.Parent = humanoidRootPart
            wait(JUMP_DURATION)
            vectorForce:Destroy()
        end
    end
end
return JumpPadManager
```

> **팁**
>
> **VectorForce는 어태치먼트에 따라 달라진다**
>
> 이번 설정을 통해 VectorForce는 Attachment0에 따라 달라지게 된다. 이번 경우에는 HumanoidRootPart에 따라 달라진다.

3. 테스트를 수행해보자. 이전에는 일정한 방향, 즉 월드 좌표 축을 기준으로 수행되던 점프가 이제는 캐릭터가 점프 패드로 들어오는 방향, 즉 로컬 기준 방향에 따라 점프를 수행하게 될 것이다.

팁

아바타마다 무게가 다르다

현실에서의 사람들과 마찬가지로, 아바타 역시 그 크기와 액세서리의 유형에 따라 무게가 달라진다. 아바타가 얼마나 높이 점프를 수행하는가는 이 무게에 따라 달라진다.

요약

이제 당신은 월드의 어디에라도 원한다면 오브젝트를 배치할 힘을 갖게 됐다. 파트뿐만 아니라 사람을 텔레포트 하는 것도 가능해졌다. 캐릭터를 포함해 3D 월드의 모든 것들은 X(붉은색), Y(녹색) 그리고 Z(푸른색)축으로 구성된 월드 좌표로 위치를 표시할 수 있다.

워크샵

지금까지 배운 것을 정리하면서 마무리하자. 다음 질문들에 답해보자.

퀴즈

1. 로블록스에서 위와 아래를 표시하는 축의 이름은 무엇인가?

2. Vector3 정보를 활용해 새로운 CFrame을 만들고 싶다면, _____ 함수를 사용하면 된다.

3. CFrame을 회전하려면 _____ 함수를 사용한다.

4. 일반적인 각도를 라디안 값으로 바꾸려면 _____ 함수를 사용한다.

5. 오브젝트를 회전하려면 CFrame 위치와 `CFrame.Angles()`를 _____한다.

6. 어떤 오브젝트의 위쪽 혹은 조금 떨어진 위치에 오브젝트를 위치시키려면, _____ 한다.

정답

1. 녹색의 Y축

2. CFrame.New()

3. CFrame.Angles()

4. math.rad()

5. 곱

6. CFrame 포지션에 새로운 Vector3 값을 더해준다.

연습

캐릭터의 CFrame 정보를 업데이트하면 월드의 여기저기를 순간이동 할 수 있다. 그림 14.7처럼 계곡을 건너뛸 수도 있고, 로비에서 아레나로 텔레포트하는 경우에도 활용이 가능하다. 이번 연습에서는 플레이어를 다른 파트로 순간이동 시키는 파트를 만들어보자.

그림 14.7 보라색 파트를 사용해 순간 이동할 수 있다.

팁

▶ 연습을 위해 우선 한 방향으로만 순간 이동이 가능하도록 만들어보자.

▶ 우선 플레이어 캐릭터의 PrimaryPart를 설정해야 한다.

오브젝트 부드럽게 움직이기

이 시간에 배울 내용

- ▶ 트윈 속성 알아보기
- ▶ 파트를 계속 부드럽게 움직이는 방법 살펴보기
- ▶ 완료된 이벤트 활용하기

지난 시간에 배운 CFrame을 활용해 눈 깜박 할 사이에 물체를 다른 곳으로 이동시킬 수 있었다. 때로는 눈을 깜박이는 것처럼, 어떤 물체가 이동하면서 깜박거리는 것조차 허용되지 않는 경우도 있을 것이다. 그렇다면 두 지점 사이를 아주 부드럽게 움직이도록 만들거나, 특정한 컬러를 다른 것으로 바꾸는 등의 방법을 동원해야 한다. 트윈은 이런 문제를 해결하기 위해 마련된 방법이다. 이번 시간에는 트윈을 사용해 물체의 위치와 컬러를 부드럽게 바꾸는 방법을 배워볼 것이다. 동일한 원리가 GUI에도 적용될 수 있다.

트윈이란?

트윈은 반드시 시작되는 포인트를 가진다. 지도 상의 특정한 위치, 특정한 컬러에서 시작해 종료되는 포인트를 향해 부드럽게 변화한다. 트윈을 활용하려면 우선 TweenService를 불러와야 한다.

```
local TweenService = game:GetService("TweenService")
```

▼ 직접 해보기

파트의 컬러 트윈하기

트윈을 통해 사물을 더욱 자연스럽게 표현할 수 있다. 아래 단계를 따라 자연스럽게 여러 번 컬러가 변경되는 것을 구현할 수 있다.

1. 새로운 파트를 만들고 스크립트를 추가한다.

2. 스크립트 안에서 트윈 서비스를 호출하고 타깃 파트를 지정하는 변수를 만든다.

   ```
   local TweenService = game:GetService("TweenService")
   local part = script.Parent
   ```

3. TweenInfo를 통해 변경되는 과정을 제어한다. 5.0을 인수로 가지는 새로운 TweenInfo를 만들어 새로운 컬러로의 변경 과정이 5초 동안 수행되도록 한다.

   ```
   local TweenService = game:GetService("TweenService")
   local part = script.Parent
   local tweenInfo = TweenInfo.new(5.0)
   ```

4. TweenService는 변경될 속성의 목표값을 저장할 테이블이 필요하다. 이 경우에는 파트의 최종 컬러 값이 된다.

   ```
   local TweenService = game:GetService("TweenService")
   local part = script.Parent
   local tweenInfo = TweenInfo.new(5.0)

   local goal = {}
   goal.Color = Color3.fromRGB(11, 141 , 255)
   ```

💡 팁

RGB 값 사용하기

앞서 사용된 11, 141, 255 값의 컬러는 밝은 파란색이다.

---

5. TweenService:Create()를 사용해 목표가 되는 파트, TweenInfo 그리고 목표 테이블을 한 번에 불러온다.

   ```
   local goal = {}
   goal.Color = Color3.fromRGB(11, 141 , 255)
   ```

```
-- 목표가 되는 파트, TweenInfo, 목표값을 동시에 불러온다.
local tween = TweenService:Create(part, tweenInfo, goal)
```

6. 로딩에 필요한 아주 짧은 시간을 설정한 다음, 트윈이 동작하도록 설정한다.[1]

```
local TweenService = game:GetService("TweenService")
local part = script.Parent

local goal = {}
goal.Color = Color3.fromRGB(11, 141 , 255)
local tweenInfo = TweenInfo.new(5.0)
local tween = TweenService:Create(part, tweenInfo, goal)

-- 로딩이 적절하게 수행될 수 있도록 지연시간을 설정한다.
wait(2.0)
-- 트윈을 플레이 한다.
tween:Play()
```

팁

트랜지션 타임

wait()을 추가하지 않는다면 변경이 시작되는 지점을 알 수 없게 된다. 변경되는 시간이 짧거나 혹은 로딩되는 시간이 길다면, 이 두 가지를 모두 인식하기 힘들 수도 있다. 어떤 이벤트가 발생한 다음에 트윈이 수행된다면 wait()을 추가하지 않아도 된다.

---

1   Tween 효과를 확인하려면 TweenInfo와 wait()에 사용되는 값으로 5 이상을 사용하길 권장한다. – 옮긴이

TweenInfo 매개변수 설정

원한다면 충분히 많은 수의 오브젝트 속성을 트윈 할 수 있다. 단지 이들을 테이블에 추가만 하면 된다. 또한 트윈을 통해 목표값에 도달하는 과정에서 수행할 수 있는 행동을 커스터마이징 할 수도 있다.

표 15.1은 TweenInfo의 매개변수를 보여준다.

표 **15.1** TweenInfo's Parameters

매개변수	역할
Time [number, seconds]	목표에 닿을 때까지 얼마나 오랫동안 트윈이 수행되는지 결정
EasingStyle [Enum]	목표에 닿을 때까지 트윈이 어떤 행동을 취할지 결정
EasingDirection [Enum]	EasingStyle 함수의 방향 결정
RepeatCount [number]	최초 실행 이후 트윈이 몇 번 수행될 것인지 결정
Reverse [Bool]	목표에 닿은 트윈이 다시 최초 실행하는 지점으로 역으로 수행될지 결정
DelayTime [number, seconds]	트윈이 수행된 다음 얼마나 지연이 발생할지 결정

코드는 다음과 같다.

```
local tweenInfo = TweenInfo.new(
    2.0, -- Time
    Enum.EasingStyle.Linear, -- EasingStyle
    Enum.EasingDirection.Out, -- EasingDirection
    -1, -- RepeatCount (0보다 적은 값이 설정되면 무한으로 반복된다)
    true, -- Reverse (목표에 닿으면 다시 최초 실행된 지점으로 역으로 수행된다)
    0.0 -- DelayTime
)
```

위의 코드는 모든 매개변수를 읽기 쉽도록 배치한 매우 드문 경우다. 모든 매개변수가 필요하지도 않지만, 그렇다고 건너뛸 수는 없다. EasingStyle과 EasingDirection에 사용될 수 있는 모든 값들은 부록에서 찾아볼 수 있다.

TweenInfo의 경우 테이블이 아니므로 마지막 인자 다음에 쉼표를 찍지 않아야 하는 것에 주의하자.

엘리베이터 도어 만들기

그림 15.1에서 보이는 것과 같이 엘리베이터나 빌딩의 현관으로 사용될 수 있는 슬라이딩 도어를 만드는데 TweenInfo를 사용할 수 있다.

그림 15.1 멋진 사무실 빌딩의 엘리베이터에 멋진 슬라이딩 도어를 달아보자.

문이 열린 다음 트윈이 잠시 멈추었다가 반대 방향으로 동작하게 만들 것이다.

설정

이번 연습에 사용할 파트를 선택해야 한다. 모델을 사용한다면 이후에 코드를 수정해야 한다.

1. 슬라이딩 도어로 사용할 파트를 선택한다.

2. ProximityPrompt를 추가하고 이름을 SlidingDoorPrompt로 변경한다.

3. HoldDuration을 0.5로 설정한다.

스크립트

이번 스크립트에서는 일정한 거리를 천천히 움직일 수 있도록 TweenInfo의 첫 번째 3개의 매개변수를 사용한다.

1. ServerScriptService에 새로운 스크립트를 추가한다.

2. ProximityPrompt와 Tween Service에서 필요한 서비스를 가져온다.

```
local ProximityPromptService = game:GetService("ProximityPromptService")
local TweenService = game:GetService("TweenService")
```

3. 새로운 함수를 만들고 이를 ProximityPrompt의 `PromptTriggered` 이벤트와 연결한다. 어떤 ProximityPrompt가 트리거됐는지 확인하는 부분을 추가해야 한다.

```
local ProximityPromptService = game:GetService("ProximityPromptService")
local TweenService = game:GetService("TweenService")

local function onPromptTriggered(prompt, player)

    if prompt.Name == "SlidingDoorPrompt" then
    end
end
ProximityPromptService.PromptTriggered:Connect(onPromptTriggered)
```

4. 타깃을 설정한다.

```
local ProximityPromptService = game:GetService("ProximityPromptService")
local TweenService = game:GetService("TweenService")

local function onPromptTriggered(prompt, player)

    if prompt.Name == "SlidingDoorPrompt" then
        local door = prompt.Parent
    end
end

ProximityPromptService.PromptTriggered:Connect(onPromptTriggered)
```

5. 목표 CFrame 값을 가지는 테이블을 만든다. 실제로는 아래 코드의 값과 다를 수 있다.

```
if prompt.Name == "SlidingDoorPrompt" then
    local door = prompt.Parent
    local goal = {}
    goal.CFrame = door.CFrame + Vector3.new(0, 0, 5)
end
```

팁

실제 Vector4 정보는 다를 수 있다

코드를 간단하게 만들기 위해 여기서는 도어가 Z축을 따라 움직인다. 경우에 따라 다른 축을 사용해도 무방하다. 만일 다양한 방향으로 회전하는 여러 개의 문을 만들고 싶다면 상대 좌표를 사용해도 무방하다.

6. 새로운 TweenInfo를 만들고 duration을 1초로 설정한다. Easing style은 Linear로, Easing Direction
은 In으로 설정한다.

```lua
if prompt.Name == "SlidingDoorPrompt" then
    local door = prompt.Parent
    local goal = {}
    goal.CFrame = door.CFrame + Vector3.new(0, 0, 5)

    local tweenInfo = TweenInfo.new(
        1.0,
        Enum.EasingStyle.Linear,
        Enum.EasingDirection.In
    )

end
```

> **팁**
>
> **테이블이 아닌 TweenInfo**
>
> TweenInfo는 테이블이 아니므로 마지막 인자 다음에 쉼표를 찍을 필요가 없다.

> **팁**
>
> **자동완성**
>
> Enum을 입력하고 나면 그림 15.2처럼 자동완성 기능이 수행되는 것을 알 수 있다. 또한 그림 15.3처럼 IDE 힌트 기
> 능을 사용하는 것도 코딩에 도움이 될 것이다.

그림 15.2 자동완성 기능을 활용해 TweenInfo를 쉽게 완성해 보자.

그림 15.3 IDE 힌트 기능을 통해 매개변수의 순서를 유지할 수 있다.

7. TweenService:Create()를 사용해 이 모든 것을 합친다.

```lua
if prompt.Name == "SlidingDoorPrompt" then
    local door = prompt.Parent
    local goal = {}
    goal.CFrame = door.CFrame + Vector3.new(0, 0, 5)

    local tweenInfo = TweenInfo.new(
        1.0,
        Enum.EasingStyle.Linear,
        Enum.EasingDirection.In
    )

    local openDoor = TweenService:Create(door, tweenInfo, goal)
end

ProximityPromptService.PromptTriggered:Connect(onPromptTriggered)
```

8. 트윈을 플레이한다.

```lua
local ProximityPromptService = game:GetService("ProximityPromptService")
local TweenService = game:GetService("TweenService")

local function onPromptTriggered(prompt, player)

    if prompt.Name == "SlidingDoorPrompt" then
        local door = prompt.Parent
        local goal = {}
        goal.CFrame = door.CFrame + Vector3.new(0, 0, 5)

        local tweenInfo = TweenInfo.new(
            1.0,
            Enum.EasingStyle.Linear,
            Enum.EasingDirection.In
        )

        local openDoor = TweenService:Create(door, tweenInfo, goal)
        openDoor:Play()
    end
```

```
        end

    ProximityPromptService.PromptTriggered:Connect(onPromptTriggered)
```

트윈 연결하기

하나의 트윈이 동작을 마치면, 두 번째 트윈이 이어서 수행돼야 하는 경우가 있다. 예를 들어, 문이 잠시 열린 상태를 유지했다가 두 번째 트윈을 통해 문이 닫히게 만들 수 있는 것이다.

이런 경우 트윈 이벤트를 Completed로 설정해야 한다. 우선, 앞선 트윈의 수행이 완료됨으로써 이벤트가 시작되도록 만들고, 두 번째 wait()을 통해 문이 닫히기 전까지 얼마나 오랜 시간이 걸릴지 제어한다. 코드는 아래와 같다.

```
local ProximityPromptService = game:GetService("ProximityPromptService")
local TweenService = game:GetService("TweenService")

local DOOR_OPEN_DURATION = 2.0

local function onPromptTriggered(prompt, player)
    if prompt.Name == "SlidingDoorPrompt" then
        local door = prompt.Parent
        local openGoal = {}
        openGoal.CFrame = door.CFrame + Vector3.new(0, 0, 5)

        local closeGoal = {}
        closeGoal.CFrame = door.CFrame

        local tweenInfo = TweenInfo.new(
            1.0,
            Enum.EasingStyle.Linear,
            Enum.EasingDirection.In
        )

        local openDoor = TweenService:Create(door, tweenInfo, openGoal)
```

```
        local closeDoor = TweenService:Create(door, tweenInfo, closeGoal)

        -- 첫 번째 트윈을 플레이한다.
        openDoor:Play()
        -- 동작이 완료될 때까지 기다린다.
        openDoor.Completed:Wait()
        -- 잠깐 멈추었다가 다음 트윈을 플레이한다.
        wait(DOOR_OPEN_DURATION)
        closeDoor:Play()
    end
end

ProximityPromptService.PromptTriggered:Connect(onPromptTriggered)
```

> ///// 팁
>
> **디바운스를 잊지 말자**
>
> 여기서 보이는 스크립트에는 어떤 디바운스도 포함돼 있지 않다. 만일 여러 명이 한꺼번에 상호작용을 수행해 문을 연다면, 문은 점점 더 한쪽으로 멀리 움직일 수 있다. 실제로 이 코드를 게임에 활용하려면 반드시 디바운스를 수행해야 한다.

요약

트윈을 통해 거의 모든 대상의 속성을 새로운 값으로 부드럽게 변환할 수 있다. 이번 시간에는 단지 한 번에 하나의 속성만을 변경시켰지만, 원하는 만큼의 속성을 대상의 테이블에 추가해 한 번에 변경시킬 수도 있다.

트윈을 만드는 방식은 다음과 같다.

1. TweenService를 가져온다.

2. 대상 파트를 설정한다.

3. TweenInfo의 정보를 설정한다.

4. 대상 딕셔너리를 만든다.

5. 대상 파트와 TweenInfo, 대상 딕셔너리를 전달한다.

   ```
   local tween = TweenService:Create(part, tweenInfo, goal)
   ```

6. 트윈을 플레이 한다.

IDE가 제공하는 힌트나 매개변수를 설정할 때 제공되는 자동완성 기능을 활용해도 좋다. 모든 엔지니어가 이런 기능을 활용한다. 원래의 상태로 되돌아가기 위해 역으로 트윈을 수행할 수도 있다. 또한 트윈 이벤트가 Completed되는지 확인한 다음 이어서 다른 트윈을 수행할 수도 있다.

워크샵

지금까지 배운 것을 정리하면서 마무리하자. 다음 질문들에 답해보자.

퀴즈

1. 트윈을 활용하려면 어떤 서비스를 사용해야 하는가?
2. CFrame과 트윈을 결합해서 사용할 수 있는가?
3. 참인가 거짓인가: 사용하지 않는 매개변수가 있다면 코드에 쓰지 않아도 된다.
4. 트윈이 끝에서 다시 역으로 수행되는지 여부는 _____값으로 결정된다.
5. 참인가 거짓인가: 한 번에 하나의 속성에 대해서만 트윈을 수행할 수 있다.
6. 참인가 거짓인가: 트윈은 한 번 설정되면 자동으로 수행된다.

정답

1. TweenService
2. CFrame을 포함해 다양한 속성에 대해 트윈을 사용할 수 있다.
3. 거짓: 모든 매개변수에 인수가 할당될 필요는 없지만, 매개변수를 코드에서 건너뛸 수는 없다.
4. 불린
5. 거짓: 동일한 트윈에서 여러 개의 속성 값을 변경할 수 있다.
6. 거짓: 트윈을 설정하고 나면, 플레이하라고 코드에서 명령을 수행해야 한다.

연습

이번 연습에서는 그림 15.4에서 보이는 것과 같이 스팟라이트의 조명색을 트윈으로 변경해 색이 멈추지 않고 계속 바뀌게 만들어본다.

그림 15.4 컬러가 바뀌는 조명을 사용해 사람들을 파티 장소로 모아보자.

팁: 여러 개의 트윈이 아닌 하나의 트윈으로 설정이 가능하다.

HOUR 16
알고리듬으로 문제 해결하기

이 시간에 배울 내용

▶ 알고리듬의 정의 알아보기

▶ 알고리듬을 구성하는 3개의 주요 부분 살펴보기

▶ 배열을 정렬하기

▶ 딕셔너리를 정렬하기

이번 시간에는 알고리듬^{algorithm}이라는 새로운 컴퓨터 과학 용어를 소개하고 알아볼 것이다. 로블록스 스튜디오에는 빌트인 돼 있는 정렬 알고리듬이 존재한다. 상점에서 가장 낮은 가격에서 높은 가격순으로 상품을 정렬한다든가, 혹은 FPS 게임에서 플레이어들이 얼마나 많은 킬 수를 올렸는지에 따라 순위를 매기는 것 등에 이 알고리듬을 활용할 수 있다. 알고리듬을 좀 더 깊게 살펴보고 이해한다면 앞으로도 이런 기능들을 더 잘 활용할 수 있게 될 것이다.

알고리듬 정의하기

알고리듬을 한 마디로 정의한다면 '문제를 풀어내는 과정을 자세히 설명한 것'이라고 할 수 있다. 우리는 이미 이 책에서도 다양한 알고리듬을 만들어 왔다. 예를 들어, 함정을 밟았을 때 플레이어의 체력이 떨어지도록 만든다거나, 누군가가 특정한 파트를 건드릴 때마다 플레이어의 점수가 변경되게 하는 과정들은 모두 어떤 알고리듬을 통해 수행된 것이다.

알고리듬은 통상 아래와 같이 명백하게 구분되는 3가지 단계로 구성된다.

1. 매개변수를 통해 정보를 받아들인다.

2. 정해진 단계를 따라 정보가 처리된다.

3. 답을 구한다.

두 숫자를 나누는 문제를 풀어보는 간단한 알고리듬을 한 번 살펴보자.

문제: 두 숫자를 나누면 그 값은?

```
local x = 20
local y = 9

-- 두 숫자를 나눈 값을 반환한다.
local function divide(first, second)
    return first / second
end

local result = divide(x,y)
print(result)
```

이 코드 샘플에서 다음과 같은 과정을 살펴볼 수 있다.

1. 두 숫자가 매개변수를 통해 전달된다.

2. 두 숫자를 나누는 과정이 진행된다.

3. 나눈 값이 반환된다.

함수와 마찬가지로 알고리듬 역시 입력 값을 변화시키면서 여러 번 사용할 수 있다. 대부분의 알고리듬이 샘플 알고리듬보다 복잡하지만, 그렇다고 무한히 이어지는 것은 아니다. 코드를 통해 문제에 대한 해답을 줄 수 있는 것이야말로 제대로 된 알고리듬이라 할 수 있다.

배열의 정렬

전통적으로 어떤 것을 정렬할 때, 즉 이름이나 오브젝트, 숫자와 같은 것을 순서에 따라 정렬할 때 알고리듬을 사용해 왔다. 로블록스에서는 주로 이런 정보들을 배열이나 딕셔너리에 저장한다.

우선 배열부터 살펴보자. table.sort(arrayName)은 배열에 포함돼 있는 값을 숫자나 알파벳을 기준으로 정렬하는 알고리듬을 사용한다.

직접 해보기 ▼

이름 정렬하기

이번 예제에서는 알파벳 순서대로 이름을 정렬하고 이를 출력해보자.

1. 3개의 이름으로 배열을 만들자.

```
local nameArray = {"Cat", "Mei", "Ana"}
```

2. table.sort()에 배열의 이름을 전달하자.

```
local nameArray = {"Cat", "Mei", "Ana"}
table.sort(nameArray)
```

3. 업데이트된 배열을 출력해 보자.

```
local nameArray = {"Cat", "Mei", "Ana"}
table.sort(nameArray)
print(nameArray)
```

그림 16.1과 같이 출력창에 삼각형 아이콘이 출력될 것이다.

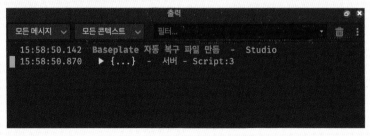

그림 16.1 삼각형 아이콘이 접혀 있는 형태의 테이블을 보여준다.

삼각형 아이콘을 클릭하면 그림 16.2와 같이 전체 테이블을 확인할 수 있다.

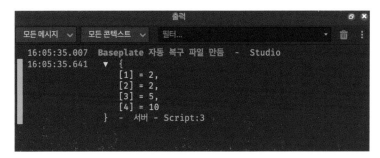
그림 16.2 펼쳐진 테이블에 정렬된 테이블이 보인다. 왼쪽에 인덱스가 위치하는 것에 주의하자.

동일한 방법으로 숫자도 정렬할 수 있다. 다음 코드는 그림 16.3과 같이 숫자 배열을 오름차순으로 정렬하는 것을 보여준다.

```
local testArray = {5, 2, 2, 10}
table.sort(testArray)
print(testArray)
```

그림 16.3 결과창에서 정렬된 다음의 숫자 값을 확인할 수 있다.

경고

정렬할 때 숫자와 문자에 유의해야 한다

만일 숫자와 문자가 섞여 있는 배열을 정렬하려 한다면 에러가 발생할 것이다.

`-- 문자열과 숫자는 비교할 수 없다.`

```
local mixedArray = {5, "Frog", 2, 10}
```

tostring()을 통해 숫자를 문자열로 변환할 수 있다.[1] 이런 경우 table.sort 함수는 알파벳 기준으로 값들을 정렬한다.

```
-- 숫자를 문자로 변환하면 알파벳 기준으로 정렬이 가능하다.
local stringArray = {"10", "2", "5", "Frog"}
```

내림차순으로 정렬하기

앞서 살펴본 예제에서는 알파벳과 숫자 모두 오름차순으로 정렬했다. 하지만 가장 많은 점수를 얻은 사람을 보여주는 것이 제일 중요한 기능이라면 어떨까? table.sort()에 전달되는 두 번째 매개변수를 통해 테이블이 정렬되는 방식을 제어할 수 있다.

table.sort()는 배열 안에서 동시에 2개의 값을 비교한다. 기본적으로 이렇게 비교하는 연산을 수행할 때, '<' 연산자를 사용해 비교하는 값들 중에서 작은 값을 먼저 기록하는 방식이다.

정렬 알고리듬을 커스터마이징 하려면 아래 코드와 같이 2개의 값을 비교하는 새로운 함수를 만들고 그 결과를 다시 배열로 전송해야 한다. 여기서는 '>' 연산자를 사용해 더 큰 값을 우선 정렬했다.

```
-- 우선, 배열을 설정한다.
local testArray = {5, 2, 2, 10}

-- 그 다음, 두 값을 비교하는 함수를 만든다.
local function DescendingSort(a, b)
    return a > b
end
```

---

[1] tostring()을 활용해 숫자가 포함된 배열을 문자열로 바꾸고 정렬하는 코드는 다음과 같이 작성할 수 있다. - 옮긴이

```
local testArray = {"darling", 1, 5, "four", 4, "two", 5}

for i=1, #testArray do
    testArray[i] = tostring(testArray[i])
end

table.sort(testArray)
print(testArray)
```

```
-- 마지막으로 함수의 결과를 배열과 함께 table.sort()에 전달한다.
table.sort(testArray, DescendingSort)
print(testArray)
```

코드를 수행한 결과는 그림 16.4와 같다.

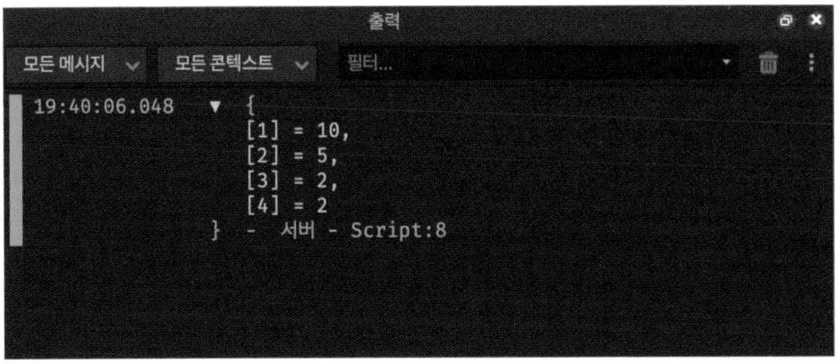

그림 16.4 배열이 내림차순으로 정렬됐다.

딕셔너리 정렬하기

루아에서 딕셔너리를 사용할 경우 순서를 보장하지 않는다는 것을 명심해야 한다. 때론 순서대로 정렬된 것처럼 보이지만, 언제나 그럴 것이라고 믿어서는 안 된다. 즉, 딕셔너리를 제대로 정렬하는 것은 불가능하다는 이야기다.

대신 딕셔너리를 배열로 변환할 수는 있다. 아래 테이블에서 왼쪽은 정렬되지 않은 딕셔너리를, 오른쪽은 배열로 변환된 딕셔너리를 보여주고 있다. 실제로 딕셔너리를 배열로 변환하는 방법에 대해 알아보자.

정렬되지 않은 딕셔너리	딕셔너리에서 변환됐으나 정렬되지 않은 배열

`local IngredientDictionary = {`
`    healthBerry = 10,`
`    staminaOnion = 5,`
`    speedPepper = 1,`
`}`
	`local sortingArray = {`
	`    {name = "healthBerry", amount = 10},`
	`    {name = "staminaOnion", amount = 5},`
	`    {name = "speedPepper", amount = 1},`
	`}`

오른쪽 컬럼의 값들이 실제 배열이지만 그 값들은 딕셔너리에 있는 값들이다. 배열은 딕셔너리를 포함한 모든 형태의 데이터 유형을 저장할 수 있으므로 필요한 데이터에 태그를 달아 좀 더 쉽게 정렬할 수 있다.

이름으로 정렬하면 아래와 같이 보일 것이다.[2]

이름으로 정렬

```
local sortingArray = {
    {name = "healthBerry", amount = 10},
    {name = "speedPepper", amount = 1},
    {name = "staminaOnion", amount= 5},
}
```

직접 해보기 ▼

가장 많은 점수를 획득한 사람 찾기

가상의 플레이어가 획득한 점수로 딕셔너리를 만들고 이를 배열로 변환해보자. 딕셔너리가 배열로 변환되면 값의 비교를 위해 간단한 함수를 추가해야 한다.

1. 아래처럼 4~5명 정도의 가상 플레이어와 그들의 점수를 가진 딕셔너리를 만들어보자.

```
local playerScores = {
    Ariel = 10,
    Billie = 5,
    Yichen = 4,
    Kevin = 14,
}
```

---

2   위의 코드와 같은 배열을 name 혹은 amount 기준으로 정렬하는 코드는 다음과 같다. 아래 샘플 코드는 우선 name을 기준으로 오름차순 정렬하는 코드다. – 옮긴이

```
local testArray = {
{name = "a", amount = 10},
{name = "b", amount = 1},
{name = "c", amount = 5}
}

table.sort(testArray, function(a,b) return a.name < b.name end)
print(testArray)
```

2. 정렬된 결과를 저장할 새로운 배열을 하나 더 만든다.

```
local playerScores = {
    Ariel = 10,
    Billie = 5,
    Yichen = 4,
    Kevin = 14,
}

local sortedArray = {}
```

3. pairs() 함수를 사용해 원래의 딕셔너리를 살펴보면서 각각의 키/값 조합을 배열 안에 새로운 미니 딕셔너리 형태로 추가한다.

```
-- 이전 코드

local sortedArray = {}
-- 딕셔너리를 살펴보면서 각각의 키/값 조합을 인덱스에 할당한다.
for key, value in pairs(playerScores) do
    table.insert(sortedArray, {playerName = key, points = value})
end
```

4. 비교를 위한 함수를 설정한다. 이번에는 점수를 비교해 더 많은 점수가 우선하도록 만든다.

```
-- 이전 코드

local function sortByMostPoints(a, b)
    return a.points > b.points
end
```

팁

점 연산자를 사용해 딕셔너리의 키에 접근하기

정렬이 수행되는 동안 알고리듬은 2개의 값을 살펴보고 비교하는 함수를 통해 이들을 평가한다. 이 경우 각각의 값 이 테이블 형태로 저장되므로 점 연산자를 사용해 접근이 가능하다.

---

5. 배열과 함수를 table.sort()로 전달하고 결과를 출력한다.

```
local playerScores = {
    Ariel = 10,
```

```
        Billie = 5,
        Yichen = 4,
        Kevin = 14,
    }

    local sortedArray = {}
    -- 딕셔너리를 살펴보면서 각각의 키/값 조합을 인덱스에 할당한다.
    for key, value in pairs(playerScores) do
        table.insert(sortedArray, {playerName = key, points = value})
    end

    -- 비교 함수를 설정한다.
    local function sortByMostPoints(a, b)
        return a.points > b.points
    end

    -- 배열과 함수를 전달한다.
    table.sort(sortedArray, sortByMostPoints)
    print(sortedArray)
```

다양하게 구성된 정보 정렬하기

마지막으로 살펴볼 정렬 알고리듬은 다양하게 구성된 정보를 정렬하는 것이다. 판타지 게임의 상점에 들어가면 표 16.1과 같이 다양한 종류의 무기를 구매할 수 있다.

표 16.1 정렬되지 않은 무기들

이름	유형	가격
아이언 소드	검	250
라이트 보우	활	150
트레이닝 소드	검	100
드워프 도끼	도끼	300
갤럭틱 슬래시	검	500

이렇게 정렬되지 않은 정보들이 나열돼 있다면 원하는 항목을 찾기 쉽지 않다. 쇼핑을 좀 더 쉽게 진행할 수 있도록 표 16.2와 같이 유형 별로 아이템을 정리한 다음, 가격에 따라 정렬할 수 있다.

표 16.2 유형에 따라 정렬된 무기들

이름	유형	가격
드워프 도끼	도끼	300
라이트 보우	활	150
트레이닝 소드	검	100
아이언 소드	검	250
갤럭틱 슬래시	검	500

처음 정렬되지 않은 상태의 무기들은 아래 코드와 같았을 것이다.

```
-- 원래의 배열
local inventory = {
    {name = "Iron Sword", weaponType = "Sword", price = 250},
    {name = "Light Bow", weaponType = "Bow", price = 150},
    {name = "Training Sword", weaponType = "Sword", price = 100},
    {name = "Dwarven Axe", weaponType = "Axe", price = 300},
    {name = "The Galactic Slash", weaponType = "Sword", price = 500},
}
```

이 자체가 원래 배열이기 때문에 별도의 변환 과정은 필요하지 않다. 비교할 수 있는 함수만 설정하면 된다. 우선 유형을 비교하고, 같은 유형이라면 가격을 비교한다.

```
-- 가장 먼저 유형을 기준으로 정렬하고, 그 다음 가격을 기준으로 정렬한다.
local function sortByTypeAndPrice(a, b)

    return (a.weaponType < b.weaponType)
    or (a.weaponType == b.weaponType and a.price < b.price)
end
```

팁

키워드를 키 이름으로 입력할 수 없다.

type는 키워드이므로 이 자체를 키 이름으로 사용할 수 없다. 예제처럼 weaponType과 같은 이름을 사용해야 한다.

마지막으로 비교한 결과와 배열을 table.sort()에 전달하고 그 결과를 출력한다.

```
table.sort(inventory, sortByTypeAndPrice)
print(inventory)
```

요약

이전에도 알고리듬을 사용하고 있었지만 이번 시간을 통해 정확하게 알고리듬이 무엇인지 알게 됐을 것이다. 다양한 정렬 알고리듬이 존재하고 나름대로의 장단점을 가지고 있다. 로블록스 스튜디오는 table.sort()를 통해 사용자가 빠르게 정렬 기능을 사용할 수 있게 해준다. 정렬 알고리듬에 대해 좀 더 알아보고 싶거나, 자신만의 알고리듬을 만들어 보고 싶다면, 인터넷에서 '정렬 알고리듬'을 한 번 검색해보라. 충분히 많은 정보를 얻을 수 있을 것이다.

워크샵

지금까지 배운 것을 정리하면서 마무리하자. 다음 질문들에 답해보자.

퀴즈

1. 알고리듬이란 무엇인가?

2. 알고리듬의 3가지 요소는 무엇인가?

3. table.sort()의 첫 번째 매개변수는 무엇인가?

4. table.sort()에서 선택적으로 사용되는 두 번째 매개변수는 무엇인가?

5. table.sort()를 사용해 가장 빨리 경주를 마친 플레이어 순서대로 정렬하고 싶다면, ＿＿＿＿＿＿ 연산자를 사용한다.

6. 참인가 거짓인가: 딕셔너리 역시 table.sort()를 사용해 정렬될 수 있다.

정답

1. 알고리듬은 문제를 해결하는데 사용되는 일련의 단계라고 할 수 있다.

2. 입력을 받고, 정해진 단계에 따라 정보가 처리되고, 답을 얻는다.

3. 정렬의 대상이 되는 배열의 이름.

4. 비교 연산자 역할을 하는 함수가 두 번째 매개변수로 설정될 수 있다.

5. 보다 작음 비교 연산자(<)

6. 거짓. 딕셔너리는 배열로 변환돼야 정렬이 가능하다.

연습

플레이어의 킬, 데스 그리고 어시스트(다른 플레이어가 킬 할 수 있도록 도와줌)는 게임에서 가장 많이 다루는 스탯이다. 아래에서 보이는 것과 같이 샘플 딕셔너리를 만들고 킬 수 기준으로 정렬해보자. 만일 킬 수가 동일하다면, 어시스트를 기준으로 정렬한다.

팁

▶ 3~5명 정도의 플레이어를 설정하고, 최고 킬 수가 같은 플레이어를 2~3명 설정한다. 다음과 같은 샘플 딕셔너리를 사용해도 무방하다.

```
local playerKDA = {
    Ana = {kills = 0, deaths = 2, assists = 20},
    Beth = {kills = 7, deaths = 5, assists = 0},
    Cat = {kills = 7, deaths = 0, assists = 5},
    Dani = {kills = 5, deaths = 20, assists = 8},
    Ed = {kills = 1, deaths = 1, assists = 8},
}
```

▶ 딕셔너리를 배열로 변환해야 한다.

▶ 변환된 배열을 바로 출력해보자. 이를 통해 정렬하기 전에 필요한 트러블슈팅을 진행할 수 있다.

부록에서 답을 찾을 수 있을 것이다.

HOUR 17
데이터 저장하기

이 시간에 배울 내용

▶ 데이터 스토어 활성화하기

▶ 세션 간에 데이터 저장하는 법 알아보기

▶ Protected call로 데이터 보호하기

▶ 플레이어 데이터베이스 만들기

▶ 저장된 데이터 업데이트하고 가져오는 법 알아보기

정보를 저장하는 메커니즘이 없다면 사람들이 게임을 즐기면서 얻거나 달성한 것들을 모두 잃어버리게 될 것이다. 즉, 게임을 종료하면 지금까지 얻은 포인트와 골드, 구매했던 모든 것이 날아가 버리는 것이다. 이번 시간에는 세션 간에 어떤 정보나 재화도 누락되지 않도록 어떻게 적절하게 데이터를 저장하는지에 대해 알아본다.

데이터 스토어 활성화하기

데이터 스토어는 로블록스 클라우드에 데이터를 저장할 때만 활성화된다. 데이터 스토어를 사용하려면 보안 설정을 변경해야 한다.

1. 컴퓨터에 로컬로 게임이 저장되는 것이 아니라, 로블록스에 게임이 게시돼야 한다.

2. **홈** 탭에서 '**게임 설정**'을 선택한다.

3. '**보안**' 탭을 선택하고 '**Studio의 API 서비스 접근 활성**' 항목을 클릭해 활성화한다. 그 다음 '**저장**'을 선택하고 게임 설정에서 빠져나간다.

데이터 스토어 만들기

데이터 스토어 기능을 활성화했다면, 이제 스크립트에서 DataStoreService를 활용할 수 있다. GetDataStore("DataStoreName")을 통해 개별 스토어를 만들고 접근할 수 있다.

```
local DataStoreService = game:GetService("DataStoreService")
local dataStoreName= DataStoreService:GetDataStore("DataStoreName")
```

GetDataStore("DataStoreName")를 통해 매칭되는 데이터 스토어를 불러오거나, 존재하지 않는다면 동일한 이름의 새로운 데이터 스토어를 만들 수 있다.

스토어에서 데이터 사용하기

데이터 스토어는 딕셔너리와 동일하게 동작한다. 모든 데이터는 키-값 페어 형태로 저장된다. dataStoreName. SetAsync("KeyName", value)를 사용해 키-값 페어를 만들고 업데이트 한다. 또한 dataStoreName.GetAsync("KeyName")를 사용해 정보를 검색할 수 있다.

```
local DataStoreService = game:GetService("DataStoreService")
local dataStoreName = DataStoreService:GetDataStore("DataStoreName")

-- 데이터 스토어에 있는 정보를 업데이트한다. 혹은 새로운 키/값 페어를 만든다.
local updateStat = dataStoreName:SetAsync("StatName", value)

-- 스토어에 키 네임을 활용해 정보를 검색한다.
local storedStat = dataStoreName:GetAsync("StatName")
```

SetAsync()를 통해 이미 존재하는 키의 값을 덮어쓸 수 있다. 덮어쓰기 전의 정보는 사라지기 때문에, 키 이름에는 늘 고유한 값을 사용해야 한다.

▼ 직접 해보기

클릭 횟수 추적하기

데이터 스토어에는 일반적으로 딕셔너리에 저장할 수 있는 모든 형태의 정보가 저장 가능하다. 이번 연습하기에서는 데이터 스토어를 만들어 하나의 상자(그림 17.1 참조)를 얼마나 많이 클릭했는지 추적해 볼 것이다.

너무 자주 업데이트를 수행하는 것은 게임에 랙을 유발하고 비정상적으로 데이터가 저장되는 계기를 제공할 수 있다. 이번 연습하기에서는 데이터 스토어를 업데이트할 때 while 루프를 사용한다.

그림 17.1 이 상자는 몇 번 클릭됐는지 표시해준다.

설정

TextLabel이 부착된 파트가 필요하다.

1. 파트 혹은 매시를 추가한다.

2. SurfaceGui를 추가한다.

3. **ClickDisplay**라고 이름 붙인 TextLabel을 SurfaceGui에 추가한다.

4. 상자를 선택하고 **CratePrompt**라는 이름의 ProximityPrompt를 추가한다. HoldDuration 설정은 걱정하지 않아도 된다. 이 단계까지 완료됐다면 탐색기는 아래 그림 17.2와 같을 것이다.

그림 17.2 탐색기에서는 지금까지 완료된 작업이 이렇게 보일 것이다.

CrateManager

2개의 스크립트를 만들어서 활용할 것이다. 첫 번째 스크립트는 ProximityPrompt를 관리하고 데이터 스토어를 업데이트한다. 두 번째 스크립트는 디폴트로 표시되는 화면을 제어한다.

1. ServerScriptService에 **CrateManager**라는 이름의 새로운 스크립트를 추가한다.

2. ProximityPromptService와 **DataStoreService**를 불러온다.

3. **CrateData**라는 이름으로 새로운 데이터 스토어를 만든다.

```
local ProximityPromptService = game:GetService("ProximityPromptService")
local DataStoreService = game:GetService("DataStoreService")
local crateData = DataStoreService:GetDataStore("CrateData")
```

4. 2개의 상수를 추가한다. 하나는 플레이어가 얼마나 자주 클릭할 수 있는지 제어하고 나머지 하나는 데이터 스토어가 얼마나 자주 업데이트되는지 결정한다.

```
local DISABLED_DURATION = 0.1
local SAVE_FREQUENCY = 10.0
```

5. 데이터 스토어에서 지금까지 클릭된 횟수를 불러온다. 만일 데이터가 없다면 0을 표시한다.

```
local DISABLED_DURATION = 0.1
local SAVE_FREQUENCY = 10.0
```

```lua
-- 현재의 totalClicks 값을 가져오고 만일 존재하지 않는다면 0을 표시한다.
local totalClicks = crateData:GetAsync("TotalClicks") or 0
```

6. 프롬프트의 PromptTriggered 이벤트와 연결할 새로운 함수를 생성한다.

```lua
local function onPromptTriggered(prompt, player)
    if prompt.Name == "CratePrompt" then
        prompt.Enabled = false
    end
end

ProximityPromptService.PromptTriggered:Connect(onPromptTriggered)
```

7. totalClicks를 업데이트하고 플레이어가 클릭할 때마다 텍스트를 표시한다.

```lua
-- 현재의 totalClicks 값을 가져오고 만일 존재하지 않는다면 0을 표시한다.
local totalClicks = crateData:GetAsync("TotalClicks") or 0

local function onPromptTriggered(prompt, player)
    if prompt.Name == "CratePrompt" then
        prompt.Enabled = false

        local crate = prompt.parent
        local clickDisplay = crate:FindFirstChild("ClickDisplay", true)
        totalClicks = totalClicks + 1
        clickDisplay.Text = totalClicks

        wait(DISABLED_DURATION)
        prompt.Enabled = true
    end
end

ProximityPromptService.PromptTriggered:Connect(onPromptTriggered)
```

> **팁**
>
> **자식의 자식 찾기**
>
> FindFirstChild()의 두 번째 매개변수로 true를 추가하면 오브젝트의 자식뿐만 아니라 그 자식의 자식까지 검색이 가능하다.

8. while 루프를 사용해 데이터 스토어를 업데이트한다.

```lua
local ProximityPromptService = game:GetService("ProximityPromptService")
local DataStoreService = game:GetService("DataStoreService")
local crateData = DataStoreService:GetDataStore("CrateData")

local DISABLED_DURATION = 0.1
local SAVE_FREQUENCY = 10.0

-- 현재의 totalClicks 값을 가져오고 만일 존재하지 않는다면 0을 표시한다.
local totalClicks = crateData:GetAsync("TotalClicks") or 0

local function onPromptTriggered(prompt, player)
    if prompt.Name == "CratePrompt" then
        prompt.Enabled = false

        local crate = prompt.parent
        local clickDisplay = crate:FindFirstChild("ClickDisplay", true)

        totalClicks = totalClicks + 1
        clickDisplay.Text = totalClicks

        wait(DISABLED_DURATION)
        prompt.Enabled = true
    end
end

ProximityPromptService.PromptTriggered:Connect(onPromptTriggered)

-- 데이터 스토어를 업데이트한다.
while wait(SAVE_FREQUENCY) do
    crateData:SetAsync("TotalClicks", totalClicks)

end
```

Crate 스크립트

두 번째 스크립트는 더 간단하다. 이 스크립트는 모든 세션이 시작되고 누군가 상자를 클릭하기 전에 표시되는 텍스트를 설정한다.

1. 상자를 선택하고 스크립트를 추가한다.

2. DataStoreService와 앞서 생성했던 데이터 스토어를 불러온다.

3. 상자와 TextLabel의 레퍼런스를 만든다.

```lua
local DataStoreService = game:GetService("DataStoreService")
local crateData = DataStoreService:GetDataStore("CrateData")

local crate = script.Parent
local clickDisplay = crate:FindFirstChild("ClickDisplay", true)
```

4. 상자가 한 번도 클릭되지 않았을 때 사용할 디폴트 숫자를 설정한다.

```lua
local DEFAULT_VALUE = 0
```

5. 데이터 스토어에서 현재까지 클릭된 숫자를 검색해 가져온다.

```lua
local DEFAULT_VALUE = 0
local totalClicks = crateData:GetAsync("TotalClicks")
```

6. TextLabel을 업데이트해 현재까지 클릭된 숫자를 보여준다. TotalClicks 값을 찾을 수 없다면 디폴트 값을 표시한다.

```lua
local DataStoreService = game:GetService("DataStoreService")
local crateData = DataStoreService:GetDataStore("CrateData")

local crate = script.Parent
local clickDisplay = crate:FindFirstChild("ClickDisplay", true)

local DEFAULT_VALUE = 0
local totalClicks = crateData:GetAsync("TotalClicks")

clickDisplay.Text = totalClicks or DEFAULT_VALUE
```

테스트를 수행해보자. 테스트를 중단하고 다시 시작해도 업데이트된 숫자가 상자에 지속적으로 표시돼야 한다. 업데이트를 수행하는 데 몇 초 정도 걸릴 수도 있다.

▼

> **팁**
> ___
> **고유한 키 이름을 사용하라.**
> 데이터 스토어에 저장되는 모든 키는 중복되지 않는 고유한 것이어야 한다. 앞서 만든 상자를 복제한다면, 그중 어느 것을 클릭해도 동시에 숫자가 올라갈 것이다.[1] 만일 각자의 상자에 고유한 숫자가 유지되기를 바란다면, 각각의 상자가 구별되는 키를 가져야 한다.

콜 횟수 제한하기

SetAsync()와 GetAsync()는 네트워크 콜의 일종으로, 좋지 않은 네트워크 접속 환경에서 너무 자주 사용하거나, 네트워크가 한 번에 처리할 수 있는 용량 이상으로 콜을 보낸다면 위험한 상황을 초래할 수 있다. 플레이어가 클릭할 때마다 업데이트를 수행하지 않고, while 루프를 사용해 데이터 스토어를 업데이트하는 이유이기도 하다.

콜 요청은 대기열^{queue}에 더해지고, 이 대기열이 꽉 차게 되면 더 이상의 요청을 받지 않는다. 플레이어가 게임에 들어오거나 나갈 때, 게임 세션을 끝내고 서버를 종료할 때 데이터 스토어를 업데이트하는 것이 효과적이다.

데이터 보호하기

한 번에 너무 많은 콜을 보내지 않아야 함과 동시에, 네트워크 상의 호출이 누락되거나 드랍 되지 않도록 해야 한다. 보호받는 호출인 pcall()을 사용함으로써 이 목적을 달성할 수 있다. 보호받는 프로텍티드 콜을 사용해 네트워크 콜이 잘 전달됐는지 추적할 수 있다. 만일 콜이 성공적으로 수행되지 못했다면, 에러 메시지가 전송돼 무엇이 잘못됐는지 알려주고 이를 수정할 수 있도록 해준다.

pcall()은 함수를 받아서 2개의 값을 반환한다. 첫 번째 값은 불린 타입으로 콜이 잘 전달됐는지 보여준다. 두 번째 값은 반환된 에러 메시지를 보여준다.

___

1   여러 개의 상자 중에 하나를 클릭할 때 나머지 상자들의 숫자가 동시에 증가하는 것이 아니라, 다른 상자를 클릭했을 때 지금까지 모든 상자가 클릭된 숫자가 업데이트되는 방식으로 연동된다. - 옮긴이

```
local setSuccess, errorMessage = pcall(functionName)
```

pcall()은 오직 함수만 받아들인다. 사전에 함수를 생성하지 않았다면, 익명의 함수를 사용해 네트워크 콜을 전달할 수 있다.

```
local setSuccess, errorMessage = pcall(function()
    dataStoreName:SetAsync(key, value)
end)
```

테스트를 통해 반환된 값이 잘 전달됐는지 확인할 수 있다. setSuccess가 false라면, 에러 메시지가 출력된다.

```
if not setSuccess then
    print(errorMessage)
end
```

마지막 섹션을 while 루프를 통해 업데이트했다면, 여기까지의 코드는 아래와 같을 것이다.

```
-- 데이터 스토어를 매번 업데이트함
while wait(SAVE_FREQUENCY) do
    local setSuccess, errorMessage = pcall(function()
        crateData:SetAsync("TotalClicks", totalClicks)
    end)

    if not setSuccess then
        print(errorMessage)
    else
        print("Current Count t:")
        print(crateData:GetAsync("TotalClicks"))
    end
end
```

플레이어 데이터 저장하기

플레이어 데이터를 저장할 때는 플레이어의 이름이 종종 바뀔 수 있다는 것을 항상 염두에 두어야 한다. 이보다 더 안전한 대안은 PlayerID를 저장하는 것이다. 다음 코드를 사용해 PlayerID를 얻을 수 있다.

```
local Players = game:GetService("Players")

local function onPlayerAdded(player)
    local playerKey = "Player_" .. player.UserId
end

Players.PlayerAdded:Connect(onPlayerAdded)
```

UpdateAsync를 사용해 데이터 스토어 업데이트하기

UpdateAsync()는 SetAsync()와 유사한 기능을 수행한다. 동시에 동일한 데이터 스토어에 하나 이상의 서버가 접근해야 하는 경우, UpdateAsync()를 사용해 데이터 스토어를 업데이트 해야 한다. 로벅스^{Robux 2}를 사용하거나, 수많은 사람이 동시에 게임을 즐긴다면 UpdateAsync()를 효과적으로 사용할 수 있어야 한다. 호출이 발생하면, UpdateAsync()는 이전 값을 반환하고 그 다음 이를 업데이트한다.

아래 코드에서 pcall()을 확인할 수 있다.

```
local updateSuccess, errorMessage = pcall(function()
        pointsDataStore:UpdateAsync(playerKey, function(oldValue)
            local newValue = oldValue or 0
            newValue = newValue + GOLD_ON_JOIN
            return newValue
        end)
    end)
```

이 코드 안에서 데이터 스토어를 정상적으로 가져오고 UpdateAsync()를 사용해 키를 첫 번째 매개변수로 전달한다.

```
local updateSuccess, errorMessage = pcall(function()
        pointsDataStore:UpdateAsync(playerKey, function(oldValue)
            local newValue = oldValue or 0
            newValue = newValue + GOLD_ON_JOIN
```

---

2   로블록스에서 사용하는 게임 화폐 – 옮긴이

```
        return newValue
    end)
  end)
```

마지막으로, 두 번째 매개변수로 지정된 함수가 이전 값을 받고 업데이트된 값을 반환한다. 함수는 이전에 생성할 수도 있고, 예제와 같이 익명 함수를 활용할 수도 있다.

```
local updateSuccess, errorMessage = pcall(function()
        pointsDataStore:UpdateAsync(playerKey, function(oldValue)
            local newValue = oldValue or 0
            newValue = newValue + GOLD_ON_JOIN
            return newValue
        end)
end)
```

요약

이번 시간에는 데이터를 저장하는 방법을 배웠다. 이를 통해 이전까지는 불가능했던 상품 판매가 가능해졌다. 생각할 수 있는 모든 종류의 데이터를 저장할 수 있다. RPG라면 플레이어의 스킬과 무기 레벨, 인벤토리 등을 저장할 수 있을 것이다. FPS 게임이라면 플레이어의 랭킹과 평균 KDA를 저장할 수 있을 것이다. 또한 게임을 진행하는 동안 파워업 아이템이나 펫, 무기와 같은 아이템을 구매했는지도 추적할 수 있다.

데이터 스토어는 강력한 기능을 제공한다. 항상 고유한 키를 사용하고, pcalls()를 사용해 정확한 데이터를 보내고 받는지만 확인하면 된다. 이를 통해 구매한 아이템이 없어졌다고 커뮤니티에서 불만을 토로하는 플레이어들이 사라지게 될 것이다.

Q&A

Q 플레이어 데이터를 저장하고 업데이트하는 다른 방법이 있을까?

A SetAsync()를 사용하는 것 외에도, UpdateAsync()나 IncrementAsync()와 같은 함수를 사용할 수도 있다. 많은 사용자가 게임을 즐기고, 특히 로벅스를 사용하는 경우라면 UpdateAsync()를 사용하는 것이 필수적이다. 좀 더 많은 작업이 필요할 수 있지만, 데이터를 보호하는 레이어를 하나 더 추가할 수 있다는 장점이 있다. 개발자 허브에서 이와 관련된 다양한 정보를 찾아볼 수 있을 것이다.

Q 반환되는 에러가 무엇을 의미하는지 어떻게 알 수 있는가?

A 로블록스 개발자 허브에서 일반적으로 발생하는 에러의 목록을 찾을 수 있을 것이다. 이 URL(https://developer. roblox.com/articles/Datastore-Errors)를 참조하자.

워크샵

지금까지 배운 것을 정리하면서 마무리하자. 다음 질문들에 답해보자.

퀴즈

1. (단지 데이터 스토어의 키가 아니라)데이터 스토어를 검색하려면 어떤 패턴을 사용해야 하는가?

2. pcall()의 p는 무엇을 의미하는가?

3. 언제 pcall()을 사용해야 하는가?

4. 데이터 스토어는 2가지 정보를 받아들이고 저장한다. 이들은 무엇인가?

5. 하나 이상의 서버에서 데이터 스토어를 동시에 업데이트해야 한다면, SetAsync()를 사용해야 하는가? 아니면 UpdateAsync()를 사용해야 하는가?

정답

1. `local dataStoreName= DataStoreService:GetDataStore("DataStoreName")`

2. Protected

3. 데이터 스토어에서 정보를 읽고 업데이트하는 매 순간마다 pcall()을 사용해야 한다.

4. 키와 값

5. `UpdateAsync()`

연습

이번 시간에 배운 것들을 활용해 플레이어가 로그인 할 때마다 5 골드를 지급해 보자. 리더보드를 통해 플레이어가 보유한 골드를 표시한다. 다만, 이번 연습의 목적에 맞게 업데이트된 이후의 골드만 출력해 보자.

팁

▶ 플레이어의 이름보다는 플레이어의 ID를 사용하자.

▶ 데이터 스토어를 제대로 읽고 업데이트했는지 반드시 확인하자.

HOUR 18
게임 루프 만들기

이 시간에 배울 내용:

▶ 간단한 게임 루프 설정하기

▶ BindableEvents 사용하는 법 알아보기

▶ 코드와 에셋을 구조화시켜야 하는 이유 살펴보기

이번 시간에는 게임 안에서 수행되는 행위의 패턴, 즉 게임 루프라는 개념에 대해 알아본다. 라운드 기반으로 수행되고 각 라운드마다 플레이어가 아레나로 이동하며, 일정 시간이 지나면 다시 돌아오는 간단한 게임을 설정해 볼 것이다. 이를 위해 지금까지 배운 모든 것을 활용할 뿐만 아니라, BindableEvents라는 새로운 스킬도 배우고 활용해 볼 것이다.

사실 이번 시간을 통해 진정으로 배워야 할 것은 게임 월드와 스크립트를 구조적으로 관리하는 법이다. 이번 시간의 주요한 프로젝트는 워크스페이스 뿐만 아니라 코드를 구조적으로 잘 관리하는 것에 초점을 맞추어 신행될 것이다.

게임 루프 설정하기

게임 루프는 로블록스 안에서 사람들이 수행하는 행위의 패턴을 의미한다. 게임 월드 안에 있는 사람들이 겪을 수 있는 셀 수 없을 만큼 다양한 루프가 존재한다. 몇 가지 예를 살펴보면 다음과 같다.

▶ 경영 시뮬레이션 게임에서 가장 흔하게 보이는 패턴은 자원을 수확하고, 이를 판매하고, 더 큰 창고나 더 빠른 수확이 가능한 아이템을 구매해 더 많은 자원을 수확하는 것이다.

▶ PvP 게임에서 참가자들은 로비에서 아레나로 이동하고 15분 가량의 경기를 수행한다. 경기가 끝나면 모든 사람들이 다시 로비로 돌아와 다음 경기를 준비한다.

▶ RPG 게임에서 요리, 채굴, 그리고 사냥 등을 통해 장비와 스킬을 업그레이드 한다.

▶ 교육용 게임에서 학생들은 가상 해부를 수행하고, 그들이 발견한 것을 기록하며, 차이점을 비교하기 위해 또 다른 종과 개체로 옮겨간다.

사람들이 자연스럽게 수행할 수 있는 루프를 만들어 이들이 재미와 편안함을 동시에 느낄 수 있도록 해주어야 한다. 이번 시간에 우리가 만들어 볼 루프는 간단한 라운드 기반의 게임이다. 참가자들은 로비에서 아레나로 순간 이동한다. 아레나에 도착하면 간단한 장애물 게임을 수행하고 로비로 다시 돌아간다.

이 게임 루프에 참가자들의 경쟁이나 퍼즐, 아이템 수집과 같은 요소들을 이후에 추가할 수 있다.

BindableEvents 사용하기

우리가 만들어 볼 프로젝트에서 게임 루프와 관련한 다양한 일이 벌어질 것이다. 언제 이런 일이 발생하는지 알기 위해 RemoteEvents와 유사한 기능을 제공하는 Bindable Events를 사용한다. RemoteEvents가 클라이언트와 서버를 교차해서 신호를 보낼 수 있지만, BindableEvent는 서버에서 서버로, 혹은 클라이언트에서 클라이언트로만 통신이 가능하다.

BindableEvents를 사용해 서버 간의 통신을 수행하려면 ServerStorage 안에 Bindable Events가 위치해야 한다. ServerStorage 안에 각각의 오브젝트 유형에 따라 폴더를 만들어 구조적으로 관리하는 것이 좋다. 그림 18.1은 첫 번째 폴더 안에 위치한 Bindable Events와 두 번째 폴더에 위치한 모듈스크립트를 보여준다.

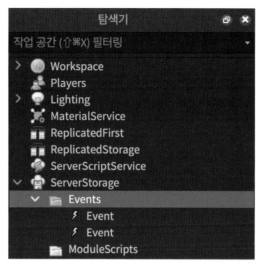

그림 18.1 ServerStorage안에서 폴더를 활용해 각자 다른 형태의 오브젝트를 관리한다.

BindableEvents는 `EventName:Fire()`를 활용해 시작된다.

BindableEvents에 의해 시작되는 이벤트는 실제 이름을 가지고 있는 이벤트다. 그 다음 앞서 살펴본 일반적인 경우와 마찬가지로 함수도 여기에 연결될 수 있다.

`EventName.Event:Connect(functionName)`

직접 해보기 ▼

간단한 게임 루프 만들어 보기

이번 시간의 나머지는 달에서 열리는 장애물 경기를 만들어 볼 것이다. 이 과정에서 에셋과 스크립트를 깔끔하게 구조적으로 관리하는 법에 대해서도 배워본다. 가장 먼저 해야 할 일은 2개의 구분되는 영역, 즉 로비와 아레나를 실정하는 것이다. 추후에 얼마든지 디테일하고 다양한 기능을 추가할 수 있다. 그림 18.2는 정교하게 만들어진 로비와 아레나를 보여주고 있다. 오른쪽의 그림은 이를 아주 단순하게 표현한 버전이다.

 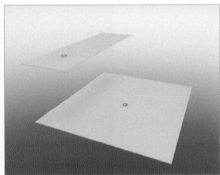

그림 18.2 왼쪽 그림은 아레나 위에 위치한 로비를 보여준다. 오른쪽 그림은 로비와 아레나를 표시하기 위해 사용된 간단한 버전을 보여준다.

이제 각 라운드의 시작과 끝을 알려줄 이벤트를 설정해야 한다. 간단한 게임 루프도 함께 설정할 것이다.

설정

여러 번 강조했듯이 이번 시간에 배워야 할 가장 큰 주제는 구조화로, 게임 안에 등장하는 에셋의 구조화도 여기에 포함된다. 로비와 아레나에 필요한 모든 에셋을 각각의 폴더에 정리할 것이다. 각 영역에는 별도의 스폰 지점이 설정된다.

1. 그림 18.2와 같이 2개의 별도 영역을 설정한다.

2. 2개의 영역을 위한 각각의 폴더를 만든다(그림 18.3 참조).

3. 로비 폴더에 **StartSpawn**이라는 이름으로 스폰 지점을 추가한다. 아레나 폴더에도 동일하게 스폰 지점을 추가한다(그림 18.4 참조).

팁

필요한 추가 폴더 사용하기

그림 18.4에서 Environment라는 이름의 폴더를 확인할 수 있을 것이다. 환경을 꾸미는 다양한 파트들이 이 안에 포함된다. 필수적인 요소는 아니지만 이렇게 별도의 폴더를 만들어 관리하는 것을 추천한다.

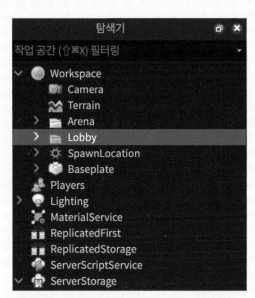

그림 18.3 로비와 아레나에 포함돼야 하는 모든 에셋이 2개의 폴더로 분리돼야 한다.

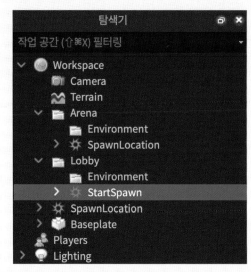

그림 18.4 플레이어가 순간 이동할 때 사용하는 Spawn Locations를 추가한다.

4. ServerStorage 안에 **Events**라는 이름의 폴더를 추가한다.

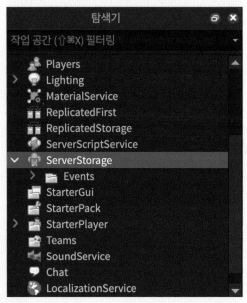

그림 18.5 ServerStorage 안에 Events라는 새로운 폴더를
추가한다.

5. Events 폴더 안에 2개의 새로운 BindableEvents를 추가한다. 각각 이름을 **RoundStart**와 **RoundEnd**
로 짓는다(그림 18.6 참조).

팁

게임 월드의 테마를 정하자

새롭게 만드는 월드를 마치 달처럼 보이게 만들고 싶다면, 게임 설정 〉 월드에서 중력 옵션을 설정해야 할 것이다.
별도의 테마를 정하지 않고 코드에 집중해 보는 것도 좋다.

그림 18.6 Events 폴더 안에 2개의 BindableEvents를 추가
한다.

라운드 설정 모듈스크립트

하나의 라운드가 얼마나 오래 이어지는지, 그리고 라운드 시작을 위해 필요한 인원은 몇 명인지와 같은 기본
적인 설정이 모듈스크립트에서 수행돼야 한다. 이를 통해 자주 설정이 변경되더라도 쉽게 업데이트할 수 있
고, 이후에 이 부분을 작업해야 하는 사람도 역시 어디서 어떤 것을 수정해야 할지 쉽게 파악할 수 있을 것
이다.

1. ServerStorage에 **ModuleScripts**라는 이름의 새로운 폴더를 추가한다.

2. 해당 폴더 안에 **RoundSettings**라는 이름의 새로운 모듈스크립트를 추가한다(그림 18.7 참조).

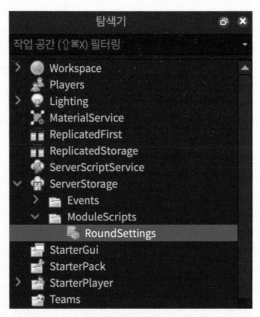

그림 18.7 ModuleScripts 폴더를 생성하고 그 안에 Round
Settings 모듈을 추가한다.

3. 각각의 라운드가 얼마나 오래 이어질지, 아레나에서 플레이어가 얼마나 오랜 시간을 보낼지 그리고
각 라운드를 시작하기 위해 필요한 최소 인원 등을 결정하는 값을 추가한다. 테이블의 이름을 다시 정
해야 하는 것을 잊지 말자.

```
local RoundSettings = {}

-- Game Variables
RoundSettings.intermissionDuration = 5
RoundSettings.roundDuration = 15
RoundSettings.minimumPeople = 1

return RoundSettings
```

RoundManager

이 루프는 서버에서 수행되면서 적절한 시점에 이벤트가 시작될 수 있도록 만들어준다. 분리된 모듈스크립트
에서 이벤트에 대응할 것이다.

1. 모듈스크립트 폴더에 **PlayerManager**라는 이름의 새로운 모듈스크립트를 추가한다(그림 18.8 참조).

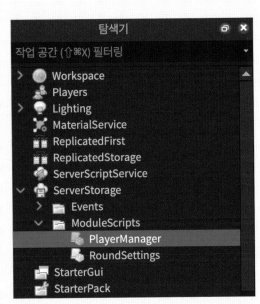

그림 18.8　ModuleScripts 폴더 안에 PlayerManger 모듈 스크립트를 추가한다.

2. ServerScriptService에 RoundManager라는 이름의 스크립트를 추가한다(그림 18.9 참조).

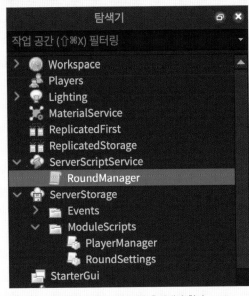

그림 18.9　모두 3개의 스크립트를 추가해야 한다.

3. 서비스를 설정한다.

```
-- 서비스
local ServerStorage = game:GetService("ServerStorage")
local Players = game:GetService("Players")
```

4. 모듈스크립트 폴더와 이후 사용할 2개의 ModuleScripts의 레퍼런스를 설정한다.

```
-- 모듈 스크립트
local moduleScripts = ServerStorage.ModuleScripts
local playerManager = require(moduleScripts.PlayerManager)
local roundSettings = require(moduleScripts.RoundSettings)
```

5. RoundStart와 RoundEnd 2개의 BindableEvent를 설정한다.

```
-- 이벤트
local events = ServerStorage.Events
local roundStart = events.RoundStart
local roundEnd = events.RoundEnd
```

6. while-true-do 루프를 생성한다. 루프가 수행되는 동안, 모듈스크립트는 적절한 수의 플레이어가 참가할 때까지 기다렸다가 조건이 충족되면 RoundStart를 수행한다.

```
-- 게임 루프 수행
while true do
    repeat
        wait(roundSettings.intermissionDuration)
    until Players.NumPlayers >= roundSettings.minimumPeople
    roundStart:Fire()
    wait (roundSettings.roundDuration)
    roundEnd:Fire()
end
```

팁

조건이 충족될 때까지 반복하기

우리는 이전까지 어떤 조건에서 벗어날 때 루프를 멈추는 while 루프를 자주 사용했다. 이번에는 그와 반대로 사용되는 repeat - until 조건을 사용했다. 이 구문은 조건이 충족될 때까지 수행된다. 이번 경우 조건은 게임을 실행할 수 있는 최소한의 인원이 참가하는 것이다.

7. RoundSettings에서 설정된 라운드 지속 시간을 기다렸다가 RoundEnd를 수행한다. 완성된 스크립트는 아래와 같을 것이다.

```
-- 서비스
local ServerStorage = game:GetService("ServerStorage")
local Players = game:GetService("Players")


-- 모듈 스크립트
local moduleScripts = ServerStorage.ModuleScripts
local playerManager = require(moduleScripts.PlayerManager)
local roundSettings = require(moduleScripts.RoundSettings)


-- 이벤트
local events = ServerStorage.Events
local roundStart = events.RoundStart
local roundEnd = events.RoundEnd


-- 게임 루프 수행
while true do
    repeat
            wait(roundSettings.intermissionDuration)
    until Players.NumPlayers >= roundSettings.minimumPeople
    roundStart:Fire()
    wait (roundSettings.roundDuration)
    roundEnd:Fire()
end
```

이 루프는 멈추지 않고 수행된다. 이벤트가 발생하면 이에 대응하는 방식으로 라운드에 다양한 기능을 추가할 수 있다.

PlayerManager

다른 곳보다 상대적으로 많은 코드기 여기서 작성될 것이다. 라운드에 진입하고 나갈 때 플레이어에게 발생하는 많은 일들이 여기서 처리된다. 무기를 지급하고, 팀을 할당하고, 점수를 기록하는 것과 같은 다양한 일이 발생할 수 있다. 우선 여기서는 간단하게 참가한 플레이어들을 로비와 아레나로 이동만 하도록 만들 것이다.

1. 우선 가장 먼저 서비스부터 설정한다.

```
local PlayerManager = {}

-- 서비스
local Players = game:GetService("Players")
local ServerStorage = game:GetService("ServerStorage")


return PlayerManager
```

2. 로비 스폰, 아레나 맵, 아레나 스폰에 사용할 변수를 설정한다.

```
local PlayerManager = {}

-- 서비스
local Players = game:GetService("Players")
local ServerStorage = game:GetService("ServerStorage")


-- 변수
local lobbySpawn = workspace.Lobby.StartSpawn
local arenaMap = workspace.Arena
local arenaSpawn = arenaMap.SpawnLocation


return PlayerManager
```

3. 앞서 스크립트에서 설정했던 이벤트들을 받아온다.

```
local PlayerManager = {}

-- 서비스
local Players = game:GetService("Players")
local ServerStorage = game:GetService("ServerStorage")


-- 변수
local lobbySpawn = workspace.Lobby.StartSpawn
local arenaMap = workspace.Arena
local arenaSpawn = arenaMap.SpawnLocation

local events = ServerStorage.Events
local roundEnd = events.RoundEnd
```

```
    local roundStart = events.RoundStart

  return PlayerManager
```

4. 플레이어가 처음 게임에 들어와 아레나에 진입하기 전에 수행돼야 할 일을 설정한다. 여기서는 아레나에 이들을 스폰할 것이다.

```
    local PlayerManager = {}

    -- 앞서 작성된 코드

    local function onPlayerJoin(player)
        player.RespawnLocation = lobbySpawn
    end

    return PlayerManager
```

팁

저장된 데이터 추가하기

스킬 레벨이나 업그레이드된 외양, 지금까지 모은 점수 등의 저장된 데이터를 불러오고 싶다면 여기서 이를 확인하고 리더보드에서 이를 불러올 수 있다.

---

5. 라운드가 시작될 때 수행돼야 할 일들을 설정한다. 여기서는 플레이어의 목록을 살펴보고 아레나의 스폰 지점에 캐릭터를 불러온다.

```
    local PlayerManager = {}

    -- 앞서 작성된 코드

    local function onRoundStart()
        for _, player in ipairs(Players:GetPlayers()) do
            player.RespawnLocation = arenaSpawn
            player:LoadCharacter()
        end
    end

    return PlayerManager
```

6. 라운드의 마지막에 수행될 함수를 설정한다.

```
local PlayerManager = {}


-- 앞서 작성된 코드


local function onRoundEnd()
    for _, player in ipairs(Players:GetPlayers()) do
        player.RespawnLocation = lobbySpawn
        player:LoadCharacter()
    end
end


return PlayerManager
```

7. 함수를 연결해 적절한 시기에 수행되도록 한다.

```
local PlayerManager = {}


-- 서비스
local Players = game:GetService("Players")
local ServerStorage = game:GetService("ServerStorage")


-- 변수
local lobbySpawn = workspace.Lobby.StartSpawn
local arenaMap = workspace.Arena
local arenaSpawn = arenaMap.SpawnLocation


local events = ServerStorage.Events
local roundEnd = events.RoundEnd
local roundStart = events.RoundStart


local function onPlayerJoin(player)
    player.RespawnLocation = lobbySpawn
end


local function onRoundStart()
    for _, player in ipairs(Players:GetPlayers()) do
        player.RespawnLocation = arenaSpawn
```

```
                player:LoadCharacter()
        end
    end

    local function onRoundEnd()
        for _, player in ipairs(Players:GetPlayers()) do
            player.RespawnLocation = lobbySpawn
            player:LoadCharacter()
        end
    end

    Players.PlayerAdded:Connect(onPlayerJoin)
    round Start.Event:Connect(onRoundStart)
    roundEnd.Event:Connect(onRoundEnd)

    return PlayerManager
```

요약

게임 루프, 혹은 액션 루프라고 부르는 것은 게임 안에서 사람들이 수행하는 행동 패턴을 의미한다. 코드를 통해 이런 행동들이 설정돼야 한다. 이번 시간에는 while 루프를 사용해 반복되는 행위를 설정했다. 자원의 수확이나 아이템을 사고 파는 행위들로 루프를 만들 수 있지만 매번 완벽한 루프가 만들어지는 것은 아니다. 기본적인 루프가 디자인되면 여기에 다양한 기능을 추가할 수 있다. 서버에서 알리는 공지 기능, 팀 할당, 랜덤 맵 추가, 저장된 데이터의 업데이트 등이 가능하다.

BindableEvents는 서버에서 서버로, 혹은 클라이언트에서 클라이언트로 통신이 가능하기 때문에 게임 루프에 자주 활용된다.

또한 이번 시간에는 코드를 깔끔하게 작성하는 것만큼이나 중요한 오브젝트를 구조적으로 활용하는 법에 대해서도 배워봤다. 폴더를 만들어 스크립트와 모델, 이벤트, 그 밖에 월드를 만들기 위해 필요한 다양한 것을 구조적으로 정리하고 관리할 수 있다.

Q&A

Q HumanoidRootPart의 CFrame을 업데이트하는 대신 `LoadCharacter()`를 사용하는 이유는 무엇인가?

A 단순하게 어떤 장소에서 다른 장소로 플레이어를 이동시킨다면 CFrame을 수정하는 것이 가장 빠른 방법 중의 하나가 될 것이다. 반면 캐릭터를 다시 로딩함으로써 얻게 되는 장점도 다양하다. Spawn Locations를 사용하면 플레이어를 잠시 무적으로 만들 수도 있고, 팀을 할당하고 체크포인트를 설정하는 등의 행동이 가능해진다.

워크샵

지금까지 배운 것을 정리하면서 마무리하자. 다음 질문들에 답해보자.

퀴즈

1. 참인가 거짓인가: BindableEvents는 서버-클라이언트 간의 통신이 가능하다.

2. `repeat - until` 루프는 무엇을 수행하는가?

3. BindableEvents는 어디에 저장돼야 하는가?

4. 플레이어에게 슈퍼 파워를 부여하는 것과 같은 기능은 어떻게 만들 수 있는가?

정답

1. 거짓. 서버와 클라이언트의 통신이 필요하다면 RemoteEvents를 사용해야 한다.

2. `repeat-until` 루프는 조건이 참이 될 때까지 수행된다. 반면 `while-do` 루프는 조건이 거짓이 될 때까지 수행된다.

3. BindableEvents가 서버에서 사용된다면 ServerStorage 아래 폴더에 저장돼야 한다. 만일 클라이언트에서 사용된다면, ReplicatedStorage 하위에 위치한다.

4. `roundStart()`에 기능을 추가하고 `roundEnd()`에서 제거할 수 있다. 코드의 양이 많다면 RoundManager 안에서 별도의 모듈스크립트를 작성해야 할 수도 있다.

연습

플레이어에게 어떤 일이 벌어지고 있는지 자주 알려주는 것이 좋다. 이들에게 경기의 시작과 끝을 알리는 모듈스크립트를 만들어보자. BindableEvents를 사용해 라운드가 시작할 때 "Round Starting"이라고 표시하고 라운드가 종료되면 "Round Over"라고 표시해보자. 플레이어에게 이를 알려줄 별도의 UI를 만들어도 된다.

팁

▶ Announcments라는 이름으로 별도의 모듈을 만들자.

▶ 모듈 안에서 경기의 시작과 끝을 알리는 각각의 함수를 생성하자.

▶ 모듈을 RoundManager에 추가하자.

▶ print 구문을 사용해 코드를 검증하자. UI 관련 코드를 조금 더 세련되게 가다듬어도 좋다.

HOUR 19
수익 창출: 일회성 구매

이 시간에 배울 내용

▶ 로벅스를 사용해 일회성 구매 설정하기

▶ 사용자에게 구매 권장하는 법 배우기

▶ 이전에 구매한 내역이 있는지 확인하기

▶ 게임을 시작할 때 아바타의 외관 업데이트하기

이번 시간에는 사용자들이 로벅스를 사용해 구매할 수 있는 아이템을 만들어 볼 것이다. 로벅스는 다른 로블록스 게임에서도 사용이 가능하다. 로벅스를 사용해 아이템을 구매할 수도 있다. 심지어 개발자 환전 프로그램Developer Exchange Program을 사용하면 현금으로도 교환이 가능하다.

현금으로 교환하려면 우선 활성화된 로블록스 프리미엄 멤버십을 보유하고 있어야 한다. 최소 13세 이상이어야 하고, 본인 계정에 최소 5만 로벅스 이상을 소유하고 있어야 한다. 보다 자세한 가이드라인은 개발자 환전 FAQ 페이지를 방문하면 얻을 수 있다.

이번 시간에 제작하는 아이템의 기능을 라이브 환경에서 테스트하려면 실제 로벅스를 보유하고 있어야 한다. 만일 보유하고 있는 로벅스가 없거나, 테스트 목적으로 실제 로벅스를 사용하고 싶지 않다면 이번 시간을 건너뛰고 다음 시간으로 넘어가도 무방하다.

패스 추가하기

로블록스에서 수익을 낼 수 있는 방법은 매우 다양하다. 가장 대표적인 것 중 하나가 패스Pass다. 패스를 통해 오직 한 번만 구매가 가능한 특별한 아이템을 만들 수 있다. 패스를 적용할 수 있는 사례는 다음과 같다.

▶ 새로운 지역을 탐험할 수 있는 권리를 부여할 때

▶ 캐릭터가 장착 가능한 아이템을 잠금 해제할 때

▶ 사람들에게 캐릭터나 무기가 반짝이는 효과나 스킨 등을 제공할 때

팁

재미가 가장 우선!

가장 많은 수익을 올리는 아이템의 대부분은 사람들이 재미있어 하는 것이다. 사람들이 게임을 즐기면서 재미있어
한다면 로벅스를 소비할 확률이 더 높아진다.

새로운 패스를 만들려면 우선 로블록스 사이트에서 패스에 대한 설정을 해주어야 한다.
패스를 대표할 수 있는 이미지도 필요하다.

1. 게임이 게시된 상태임을 확인한 다음, https://www.roblox.com/ 을 방문한다.

2. '만들기Create'를 클릭한다(그림 19.1 참조).

그림 19.1 상단 바에서 '만들기'를 선택한다.

3. 패스를 만들 게임을 선택한다.

4. 톱니바퀴 모양의 **설정** 버튼을 클릭해 나오는 드롭다운 메뉴에서 'Create Pass'를 선
   택한다.

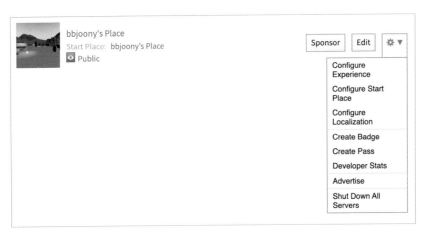

그림 19.2 'Create Pass'를 선택한다.

5. 패스를 만들려면 이미지와 이름, 설명이 필요하다. 빈칸을 모두 채우고 Preview 버튼을 클릭한다.

Create a Pass

Target Experience: bbjoony's Place

Find your image: [파일 선택] —Pngtree—h..._4502152.png

Pass Name: Party Crown

Description: Buy this pass to wear a cool party crown

[Preview]

그림 19.3 이미지를 업로드 하고 이름과 설명을 입력한다.

6. 그 다음 화면에서 Verify Upload를 클릭한다(그림 19.4 참조).

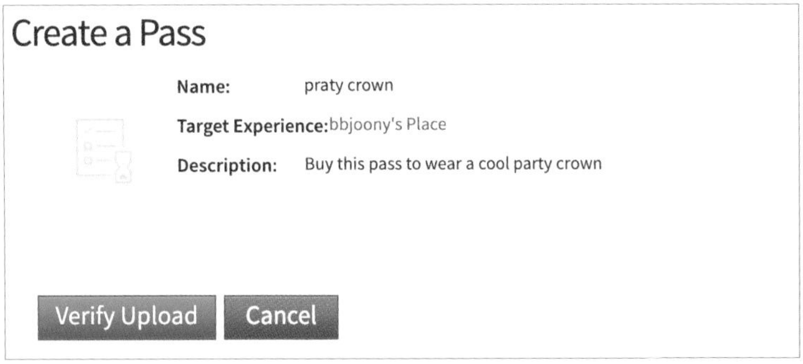

Create a Pass

Name: praty crown

Target Experience:bbjoony's Place

Description: Buy this pass to wear a cool party crown

[Verify Upload] [Cancel]

그림 19.4 업로드한 이미지는 검열팀의 검토가 끝난 후에 다른 사용자에게 공개된다.

> 팁
>
> **패스는 업데이트 가능하다**
>
> 패스를 선택한 다음 톱니바퀴 모양을 클릭해 Configure를 선택하면 해당 패스의 내용을 변경할 수 있다.

패스 설정하기

게임 패스를 만들고 나면 패스를 생성하는 화면 바로 아래 방금 만들었던 패스가 노출될 것이다. 마지막 단계는 패스를 설정해 플레이어가 구매할 수 있도록 만드는 것이다.

1. 새로 만든 패스 항목에서 톱니바퀴를 클릭한 다음, Configure를 선택한다(그림 19.5 참조).

그림 19.5 새로운 패스를 구성한다.

2. 구성 페이지에서 '판매' 탭을 클릭한다(그림 19.6 참조).

그림 19.6 '판매' 탭을 클릭한다.

3. 판매 아이템 항목을 토글해 플레이어가 패스를 구매할 수 있도록 설정한다. 그 다음 아이템을 구매할 때 플레이어가 지불하는 아이템의 가격(로벅스)을 입력한다(그림 19.7 참조).

체험패스 구성

'설명'으로 이동 →

일반

판매

판매 아이템

가격   10

개발자 수익 (70%)   7

저장

그림 19.7 가격을 입력하고 나면 해당 아이템 판매를 통해 크리에이터가 얻을 수 있는 수익(로벅스)이 표시된다.

팁

로블록스 프리미엄 멤버에게는 혜택이 더 크다!

로블록스 프리미엄에 가입한 크리에이터라면 더 많은 비율의 수익을 얻을 수 있다. 로블록스가 가져가는 수수료는 서버 구동 비용 등으로 충당된다.

---

4. '저장' 버튼을 눌러 설정을 마무리한다.

5. URL에서 ID 번호를 복사한다. 나중에 코드에서 이 번호를 사용할 것이다(그림 19.8 참조).

그림 19.8 추후에 코드에서 활용할 번호를 따로 기록해 놓는다.

인게임 구매 장려하기

플레이어는 게임의 메인 페이지에서 상점을 클릭해 패스를 구매할 수 있다. 인게임 상점을 만들 때 다음과 같은 코드를 통해 MarketplaceService를 호출함으로써 이런 구매가 가능해진다.

```
MarketplaceService:PromptGamePassPurchase(player, gamePassID)
```

패스를 이미 구매했는지 확인하려면 아래와 같은 코드를 사용한다.

```
UserOwnsGamePassAsync(player.UserId, gamePassID)
```

아래와 같이 프로텍티드 콜 안에서 이 코드를 감싸야 한다.

```
local success, message - pcall(function()
    hasPass = MarketplaceService:UserOwnsGamePas sAsync(player.UserId, gamePassID)
    end)
```

직접 해보기 ▼

왕관 판매하기

그림 19.9에서 보이는 것과 같이, 멋진 네온 파티 왕관을 패스를 구매해 장착 가능하도록 만들어보자. 버튼과 로컬 스크립트를 통해 패스를 만든다.

그림 19.9 플레이어들은 패스를 구매해 멋진 네온 파티 왕관을 장착할 수 있다.

패스 설정하기

우선 앞서 살펴본 것처럼 패스를 설정해야 한다. 그 다음 인벤토리에서 패스를 삭제하고 구매 테스트를 진행한다.

1. 앞서 진행한 것과 동일하게 패스를 설정한다. 구매가 가능하도록 configure를 설정하는 것을 잊지 말자. 패스의 가격을 5~10 로벅스로 설정해 구매가 가능한지 테스트해 보자.

2. 패스 페이지에서 해당 패스를 선택한 다음, 오른쪽 상단의 메뉴를 클릭해 '인벤토리에서 삭제'를 선택하자(그림 19.10 참조).

그림 19.10 인벤토리에서 패스를 삭제해 실제로 구매가 가능한지 테스트를 진행해 보자.

3. StarterGui에서 새로운 ScreenGui와 **BuyHat**이라는 이름의 버튼을 추가하자. TextButton 혹은 ImageButton 둘 중 어느 것을 사용해도 무방하다.

구매하기

이 섹션은 구매에 사용될 스크립트를 설정한다.

1. ScreenGui에 새로운 LocalScript를 추가한다.

2. 스크립트의 상단에 MaerketplaceService, Players 그리고 로컬 플레이어를 설정한다.

```lua
local MarketplaceService = game:GetService("MarketplaceService")
local Players = game:GetService("Players")
local player = Players.LocalPlayer
```

3. **promptPurchase**라는 이름의 함수를 생성하고 이를 버튼과 연결한다.

```lua
-- 앞선 코드
local screenGui = script.Parent
local button = screenGui:FindFirstChild("BuyHat")

local function promptPurchase()

end
button.Activated:Connect(promptPurchase)
```

4. 이전에 URL에서 복사해 둔 패스 ID를 변수로 설정한다. 함수 내부에 불린 타입 변수로 **hasPass**를 false로 설정한다.

```lua
-- 앞선 코드
local screenGui = script.Parent
local button = screenGui:FindFirstChild("BuyHat")

local gamePassID = 0000000 -- 이 부분을 앞서 복사해둔 패스 ID로 교체한다.

local function promptPurchase()
    local hasPass = false
end
button.Activated:Connect(promptPurchase)
```

5. promptPurchase 내부에 프로텍티드 콜을 사용해 플레이어가 패스를 보유하고 있는지 확인한다.

```
local function promptPurchase()
    local hasPass = false
    local success, message = pcall(function()
        hasPass =
        MarketplaceService:UserOwnsGamePassAsync (player.UserId, gamePassID)
    end)

    if not success then
        warn("Error while checking if player has pass: " .. tostring(message))
        return
    end
end
```

6. 플레이어가 패스를 보유하고 있지 않다면, 구매하도록 한다. 완성된 코드는 다음과 같다.

```
local MarketplaceService = game:GetService("MarketplaceService")
local Players = game:GetService("Players")
local player = Players.LocalPlayer

local screenGui = script.Parent
local button = screenGui:FindFirstChild("BuyHat")

local gamePassID = 0000000 -- 이 부분을 앞서 복사해둔 패스 ID로 교체한다.

local function promptPurchase()

    local hasPass = false

    local success, message = pcall(function()
        hasPass =
        MarketplaceService:UserOwnsGamePassAsync (player.UserId, gamePassID)
    end)

    if not success then
        warn("Error while checking if player has pass: " .. tostring(message))
        return
    end
```

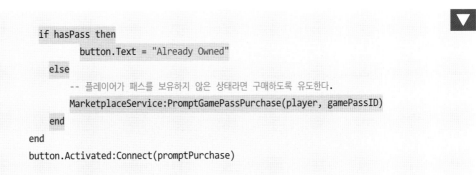

```
    if hasPass then
            button.Text = "Already Owned"
        else
            -- 플레이어가 패스를 보유하지 않은 상태라면 구매하도록 유도한다.
            MarketplaceService:PromptGamePassPurchase(player, gamePassID)
        end
    end
    button.Activated:Connect(promptPurchase)
```

테스팅

테스팅은 라이브 서버에서 수행되는 것이 좋지만 우선 스튜디오에서 주요한 기능이 잘 동작하는지 체크해볼 필요가 있다.

1. 우선 간단하게 플레이테스트를 수행해 보자. 이미 패스를 보유하고 있다는 메시지가 출력되거나 혹은 이 환경에서는 구매가 허용되지 않는다는 내용의 에러 메시지가 출력될 것이다(그림 19.11 참조). 패스는 라이브 환경에서만 구매가 가능해야 하므로 오히려 이 에러 메시지는 지금까지 모든 것이 정상적으로 구현됐다는 것을 보여준다. 이 메시지를 확인했다면 다음 단계를 진행하자. 만일 에러 메시지가 출력되지 않는다면 패스를 이미 보유한 상태인지 확인하고 코드를 다시 한번 살펴보자.

그림 19.11 지금까지 코드가 정상적으로 구현됐다면, 테스트를 수행하는 동안 위와 같은 에러 메시지가 출력될 것이다.

2. 가장 최신 버전의 게임을 로블록스에 게시하자.

3. 라이브 서버에서 게임을 테스트해보자. 만들기 탭으로 돌아가 Place 항목을 선택하고, 테스트할 게임을 선택하는 것이 가장 쉽게 시작할 수 있는 방법이다. 이를 통해 게임 페이지에 접근할 수 있다.

4. 해당 플레이스를 실행해 버튼을 테스트해보자. 그림 19.12와 같이 패스 구매를 위한 창을 확인할 수 있어야 한다.

Buy Item

Would you like to buy "Party Crown"?

Cancel   ⬡ 10

Your balance after this transaction will be ⬡ 390

그림 19.12 라이브 환경에서는 이와 같은 구매 창이 출력돼야 한다.

팁

라이브 서브에서 자주 테스트를 수행하자.

라이브 서버에서 코드를 자주 테스트하는 것을 권장한다. 특히 GUI 요소들을 가지고 있다면 더욱 테스트를 자주 수행할 필요가 있다. 다양한 화면 크기와 유형은 충분히 사용자의 경험에 영향을 미칠 수 있기 때문이다. 태블릿이나 휴대폰, PC 그리고 맥과 같이 최대한 많은 디바이스에서 테스트를 수행해야 한다.

모자를 만들자

누군가 패스를 구매했다면, 게임에 접속할 때마다 이 패스가 제대로 동작하기를 바랄 것이다. 이번 섹션에서는 플레이어가 패스를 보유하고 있는지 체크하는 과정을 보여줄 것이다. 그 다음 플레이어의 캐릭터가 워크스페이스에 추가되면, 패스가 적용된 모습을 다시 그리게 된다.

1. ServerScriptService에 새로운 스크립트를 추가한다.

2. 서비스와 패스 ID를 설정한다. 그 다음 함수를 PlayerAdded에 연결한다.

```
local MarketplaceService = game:GetService("MarketplaceService")
local Players = game:GetService("Players")

local gamePassID = 0000000 -- 실제 게임 패스 ID로 변경
```

```lua
    local function onPlayerAdded(player)

    end
    Players.PlayerAdded:Connect(onPlayerAdded)
```

3. 함수 안에 아래와 같이 패스를 체크하는 코드를 추가한다.

```lua
    -- 앞선 코드
    local function onPlayerAdded(player)
        local hasPass = false

        local success, message = pcall(function()
            hasPass =
            MarketplaceService:UserOwnsGamePassAsync (player.UserId, gamePassID)
        end)

        if not success then
            warn("Error while checking if player has pass: " .. tostring(message))
            return
        end
    end
```

4. 만일 플레이어가 패스를 보유하고 있다면, 패스가 제공하는 기능이 주어져야 한다. 아래 코드를 참조하자.

```lua
    -- 앞선 코드
    local function onPlayerAdded(player)
        local hasPass = false
        local success, message = pcall(function()
            hasPass = MarketplaceService:UserOwnsGamePassAsync
                (player.UserId, gamePassID)
        end)
        if not success then
            warn("Error while checking if player has pass: " .. tostring(message))
            return
        end

        if hasPass == true then
            print(player.Name .. " owns the game pass with ID " .. gamePassID)
```

```
                -- 패스가 제공하는 기능은 여기에 작성된다.
    end
end
```

5. 이번에 사용하는 패스는 플레이어의 외형을 다시 그려야 한다. **onCharacterAdded**라는 이름으로 새로운 함수를 추가하고, 플레이어가 패스를 보유하고 있다면 이 함수를 호출하자.

```lua
local MarketplaceService = game:GetService("MarketplaceService")
local Players = game:GetService("Players")

local gamePassID = 0000000 -- 실제 게임 패스 ID로 변경

local function onCharacterAdded(character)

end

local function onPlayerAdded(player)
    local hasPass = false
    local success, message = pcall(function()
        hasPass =
        MarketplaceService:UserOwnsGamePassAsync (player.UserId, gamePassID)
    end)
    if not success then
        warn("Error while checking if player has pass: " .. tostring(message))
        return
    end
    if hasPass == true then
        print(player.Name .. " owns the game pass with ID " .. gamePassID)
        player.CharacterAdded:Connect(onCharacterAdded)
    end
end
Players.PlayerAdded:Connect(onPlayerAdded)
```

6. hat ID를 설정하자.

```lua
local MarketplaceService = game:GetService("MarketplaceService")
local Players = game:GetService("Players")

local gamePassID = 0000000 -- 실제 게임 패스 ID로 변경
```

```lua
local HAT_ID = 156486131
```

7. 마지막으로, onCharacterAdded의 내부에 휴머노이드를 불러오고, 캐릭터가 워크플레이스에 추가되 길 기다린다. 그 다음 ApplyDescription()를 사용해 모자를 추가한다.

```lua
local MarketplaceService = game:GetService("MarketplaceService")
local Players = game:GetService("Players")

local gamePassID = 0000000 -- 실제 게임 패스 ID로 변경
local HAT_ID = 156486131

local function onCharacterAdded(character)
    local humanoid = character:WaitForChild("Humanoid")
    local description = humanoid:GetAppliedDescription()
    description.HatAccessory = HAT_ID

    while not character.Parent do
        character.AncestryChanged:Wait()
    end
        humanoid:ApplyDescription(description)
end

local function onPlayerAdded(player)
    local hasPass = false
    local success, message = pcall(function()
        hasPass =
        MarketplaceService:UserOwnsGamePassAsync (player.UserId, gamePassID)
    end)

    if not success then
        warn("Error while checking if player has pass: " .. tostring(message))
        return
    end

    if hasPass == true then
        print(player.Name .. " owns the game pass with ID " .. gamePassID)
        player.CharacterAdded:Connect(onCharacterAdded)
    end
```

```
end
Players.PlayerAdded:Connect(onPlayerAdded)
```

> **팁**
>
> **HumanoidDescription을 사용하자**
>
> 캐릭터 머리의 부모를 하나 더 만들어 간단하게 머리에 모자를 추가할 수 있다. HumanoidDescription을 활용한다면 좀 더 높은 신뢰성을 얻을 수 있다. HumanoidDescription은 헤어와 같은 다른 액세서리를 업데이트할 때도 유용하게 사용할 수 있다. 사용 가능한 HumanoidDescription의 목록은 개발자 허브에서 확인 가능하다.

8. 스튜디오에서 테스트를 수행하면 앞서와 같은 에러 메시지가 출력될 것이다. 로블록스에 게임을 게시한 다음 실제로 모든 것이 정상적으로 동작하는지 확인한다.[1]

요약

사람들이 돈을 쓰게 하는 것보다는 사람들이 시간을 보낼 가치가 있는 경험을 만드는 것이 우선이다.

일회성 구매가 가능한 아이템을 만들려면 우선 www.roblox.com에서 패스를 생성한다. 그 다음 해당 패스를 제공하는 게임 안에서 패스의 기능을 설정한다.

MarketplaceService를 통해 패스를 구매하고 보유 여부를 확인할 수 있다. Marketplace Service의 PromptGamePassPurchase()를 활용해 플레이어에게 패스의 구매를 가능하도록 하는 창을 띄울 수 있고, UserOwnsGamePassAsync(player.UserId, game-PassID) 구문을 활용해 패스를 보유하고 있는지 확인할 수 있다. 이런 과정을 pcall()로 감싸는 것을 잊지 말자.

패스를 설정하면서 humanoid:GetAppliedDescription()를 사용해 현재 캐릭터의 외관을 확인하고, humanoid:ApplyDescription(description)를 사용해 외관을 업데이트했다.

---

1   게임을 로블록스에 게시한 다음 패스를 구매해도 바로 캐릭터의 외관이 변형되지는 않을 것이다. 캐릭터 리셋 메뉴를 사용해도 마찬가지다. 게임을 종료했다가 다시 시작하면 변경된 외관이 적용돼 있을 것이다. - 옮긴이

Q&A

Q 인게임 통화나 파워업 아이템처럼, 지속적으로 여러 번 구매가 필요한 아이템은 어떻게 만들 수 있는가?

A 반복적인 구매가 가능한 아이템을 만들려면 개발자 제품(Developer Product)을 활용해야 한다. 개발자 제품은 패스와 유사하게 동작한다. developer.roblox.com에서 Developer Products를 검색하면 샘플 코드를 확인할 수 있다. 이번 시간에 배운 것을 활용하고, 코드를 커스터마이징해 개발자 제품을 사용할 수 있을 것이다.

Q 패스와 개발자 제품을 어떻게 구상하는 것이 좋을까?

A 가장 좋은 방법은 게임을 즐기는 플레이어를 더 오래 머물고 싶게 만드는 것이 무엇인지 살펴보는 것이다. 만일 플레이어들이 재미를 느낀다면, 해당 아이템에 더 많은 돈을 소모할 것이다. 스페셜 스킨이나 희귀한 아이템, 구매 가능한 체력 포션 등을 제공하는 것도 좋은 방법이다. 수익 창출과 관련된 다양한 워크샵에 참석하거나, Roblox Developer Relations 계정과 유튜브의 Level Up 플레이리스트를 팔로우해 좀 더 흥미로운 게임을 만드는 법을 배울 수 있을 것이다.

Q 로블록스를 통해 수익을 창출할 수 있는 다른 방법이 있는가?

A 개발자 제품과 패스를 만들어 수익을 창출하는 것 이외에, 접속한 시간만큼 돈을 받아갈 수도 있다. 로블록스 프리미엄 계정 사용자라면 해당 계정으로 특정 게임에 접속해 있는 시간만큼 그 게임을 만든 사람이 수익을 낼 수 있다. 또한 플레이어가 오래 머물수록 더 많은 수익을 올릴 수 있다. 그 밖에도 아바타 아이템을 만들거나 티셔츠, 플러그인 등을 제작해 수익을 올릴 수도 있다.

워크샵

지금까지 배운 것을 정리하면서 마무리하자. 다음 질문들에 답해보자.

퀴즈

1. 게임에서 아이템을 판매할 수 있도록 해주는 서비스는 무엇인가?

2. 참인가 거짓인가: 판매하려는 패스를 만드는 경우, 이미지를 포함해야 한다.

3. 패스 보유 여부를 확인하는 코드는 반드시 _____로 감싸야 한다.

4. 사용자가 패스를 보유하고 있는지 여부는 서버에서 확인 가능한가 아니면 클라이 언트에서 확인이 가능한가?

5. 당신이 만든 게임에서 많은 로벅스를 벌고 싶다면, 가장 먼저 집중해야 하는 것은 무엇인가?

6. 개발자 환전을 사용하려면 몇 살 이상이어야 하는가?

정답

1. MarketplaceService

2. 참

3. 프로텍티드 콜 혹은 pcall()

4. 서버에서 확인 가능하다. 이와 같이 중요한 작업들은 가급적 클라이언트에서 수행 하지 않는 것이 바람직하다.

5. 재미. 만일 당신이 만든 게임이 재미있지 않다면, 사람들이 로벅스를 소비하지 않 을 것이다.

6. 최소 13살 이상이어야 한다.

연습

사용자가 정확한 패스를 가지고 있을 때 발생하는 외관의 변화를 한번 생각해보자. 생소 해 보일 수 있는 코드지만 앞서 살펴본 기본적인 패턴을 좀 더 응용하면 충분히 만들 수 있을 것이다. 반짝이는 효과를 주는 것에서부터, 영구적으로 사용 가능한 스피드부스트 를 제공하는 것에 이르기까지 외관의 변화는 매우 다양하게 발생할 수 있다.

어떤 패스를 만들더라도 패스를 구매한 사람에게 불공평한 이익을 줘서는 안 된다. 이런 경우가 발생한다면 게임에 참여한 모든 사람이 재미를 느끼지 못할 것이다. 커뮤니티에 서도 불평을 제기할 수 있다. 이렇게 되면 장시간 게임을 유지하는 데 필요한 비용보다 더 적은 수익을 낼 수도 있다.

HOUR 20
객체 지향 프로그래밍

이 시간에 배울 내용:

▶ 객체 지향 프로그래밍이 의미하는 것 알아보기

▶ 커스텀 클래스 정의하기

▶ 클래스에 속성과 메서드를 추가하기

▶ 클래스의 인스턴스 생성하기

이번 시간에는 OOP, 즉 객체 지향 프로그래밍Object-Oriented Programming이라는 개념을 활용해 커스텀 인스턴스를 생성하는 법에 대해 알아본다. 객체 지향 프로그래밍을 연습하면서 게임 안에서 가장 자주 사용되는 오브젝트는 무엇인지, 그리고 이들을 어떻게 그룹으로 묶고 새로운 카테고리로 분류할지 등을 고민하게 될 것이다.

OOP란 무엇인가?

OOP의 핵심은 오브젝트와 클래스라는 개념이다. 오브젝트는 게임 월드를 구성하는 개별적인 사물, 즉 집, 차, 나무 등을 의미한다. 탐색기에서 보이는 모든 것들이 하나의 오브젝트라고 할 수 있다. 파트, 모델, particle emitter, proximity prompt와 같은 것들도 모두 오브젝트다.

클래스는 오브젝트가 무엇인지와 어떤 역할을 수행하는지 설명한다. 예를 들어 하나의 파트와 SurfaceLight는 모두 오브젝트이지만 매우 다른 목적과 모양을 가진 오브젝트다. 오브젝트의 클래스가 오브젝트의 차이를 만든다. 파트는 클래스의 한 유형이고, 라이트 역시 클래스의 다른 유형 중 하나다.

코드와 프로젝트 구조화하기

OOP를 통해 어떤 문제를 조금 더 상세한 수준의 문제로 분해할 수 있다. 게임을 디자인할 때 게임 월드에 필요한 다양한 사물을 구상하게 된다. 예를 들어 자동차나 NPC, 플레이 가능한 캐릭터 클래스, 그리고 다양한 무기 유형 등이 필요하다고 생각할 수 있을 것이다.

필요한 다양한 유형을 선별하고 나면 이후 재사용이 가능하고 여러 가지 버전을 만들 수 있는 방식으로 코딩 작업을 수행해야 한다. 예를 들어 줄무늬가 있는 빨간색 자동차와 노란색 자동차를 만든다고 가정해보자. 2개의 차량 색깔이 다르다고 해서 2개의 스크립트를 따로 작성하는 것은 바람직하지 않다. OOP의 개념을 적용하면 'car'라는 하나의 클래스를 만들고, 이 클래스에 색상을 수정 가능한 속성으로 만들면 되는 것이다.

새로운 클래스 만들기

프로그래밍 언어 중 일부는 클래스를 만들 때 특별한 키워드를 사용한다. 루아에서는 몇 가지를 수정할 수 있는 테이블을 사용한다. 아래와 같은 과정을 거쳐 새로운 클래스를 만들 수 있다.

1. 클래스를 만들기 위해 다음 과정을 거친다.

```
local NameOfClass = {}
NameOfClass.__index = NameOfClass
```

🔖 팁

index 앞에 밑줄 2개를 쓰는 것에 유의하자

index 앞에 2개의 밑줄을 사용한다. 하나의 밑줄만 사용하는 실수를 범하기 쉽다. 클래스의 이름을 설정할 때는 항상 __index를 사용하니 유념하도록 하자.

---

2. 지금 상태로는 클래스가 수행할 수 있는 기능이 많지 않다. 클래스에 함수를 추가해 이 클래스에 속하는 오브젝트가 해야 할 일을 설정하자. 이런 함수들을 생성자 constructor라고 부른다.

```
function NameOfClass.new()

end
```

3. 생성자의 내부에 새로운 테이블을 만들고 함수의 마지막에 이를 반환한다. 이 테이블은 새로운 클래스의 인스턴스가 요청할 때마다 생성되는 오브젝트다.

```
function NameOfClass.new()
    local self = {}

    return self
end
```

팁

네이밍 컨벤션 관점에서의 self

self는 클래스 내부에서 생성되는 오브젝트를 참조할 때 일반적으로 사용되는 방법이다. 루아에서 사용되는 키워드가 아니더라도, 클래스 내부에서 사용되는 self는 좀 더 쉽게 인식되도록 스튜디오에서 굵은 글씨로 표시한다.

---

4. setmetatable()을 사용해 원래의 테이블에 self 오브젝트를 삽입한다.

```
function NameOfClass.new()
    local self = {}
    setmetatable(self, NameOfClass)

    return self
end
```

5. 마지막으로 새로운 클래스 인스턴스를 생성하기 위해 함수를 호출한다.

```
local NameOfClass = {}
NameOfClass.__index = NameOfClass

function NameOfClass.new()
    local self = {}
    setmetatable(self, NameOfClass)

    return self
end

local newObject = NameOfClass.new()
```

클래스 속성 추가하기

로블록스의 다른 인스턴스와 마찬가지로 커스텀 클래스 역시 컬러와 사이즈, 스케일과 같은 속성을 가질 수 있다. 클래스의 생성자 함수에 이런 새로운 속성을 추가할 수 있다. 속성에 값을 설정했던 것과 같이, 직접 값을 할당할 수도 있고 생성자의 매개변수로 값을 전달할 수도 있다.

```
local NameOfClass = {}
NameOfClass.__index = NameOfClass

function NameOfClass.new(parameterProperty)
    local self = {}
    setmetatable(self, NameOfClass)

    self.defaultProperty = "Default Value"
    self.parameterProperty = parameterProperty

    return self
end

local newObject = NameOfClass.new()
```

▼ 직접 해보기

Car 클래스를 만들어보자

컬러와 바퀴의 수를 속성으로 가지는 car 클래스를 만들어보자. 컬러는 생성자에 전달돼야 하며, 바퀴의 수는 4로 하드코딩한다.

1. Car라는 이름으로 클래스와 생성자를 만든다.

```
local Car = {}
Car.__index = Car

function Car.new()
    local self = {}
    setmetatable(self, Car)

    return self
end
```

2. 우선 바퀴의 수부터 하드코딩하자.

```lua
local Car = {}
Car.__index = Car

function Car.new()
    local self = {}
    setmetatable(self, Car)

    self.numberOfWheels = 4

    return self
end
```

3. 차의 컬러를 정할 매개변수를 추가하자. 생성자에도 매개변수를 추가해야 한다.

```lua
local Car = {}
Car.__index = Car

function Car.new(color)
    local self = {}
    setmetatable(self, Car)

    self.numberOfWheels = 4
    self.color = color

    return self
end
```

4. car의 새로운 인스턴스를 만들어 속성을 출력하는 형태로 코드를 테스트해보자.

```lua
local Car = {}
Car.__index = Car

function Car.new(color)
    local self = {}
    setmetatable(self, Car)

    self.numberOfWheels = 4
    self.color = color
```

```
        return self
    end

    local redCar = Car.new("red")
    print(redCar.numberOfWheels) -- "4"가 출력돼야 한다.
    print(redCar.color) -- "red"가 출력돼야 한다.
```

클래스 함수 사용하기

커스텀 클래스 역시 함수를 사용할 수 있다. 속성과 달리 함수는 생성자의 외부에서 선언
돼야 한다.

```
local NameOfClass= {}
NameOfClass.__index = NameOfClass

function NameOfClass.new()
    local self = {}
    setmetatable(self, NameOfClass)
    return self
end

-- 클래스 함수는 생성자의 외부에서 선언돼야 한다.
function NameOfClass:nameOfFunction()

end
```

오브젝트의 속성에 접근하기 위해 클래스 함수의 오브젝트를 참조해야 하는 경우가 종
종 발생한다. 이런 경우 오브젝트를 나타내는 함수에 self를 사용할 수 있다.

```
function NameOfClass:nameOfFunction()
    local variable = self.nameOfProperty
end
```

펫 만들어 보기

머리를 쓰다듬을 때 따라다니는 펫이 있다면 얼마나 좋을까? 이번 연습에서는 커스텀 펫 클래스를 만들어 플레이어와 상호작용을 수행하고 그 이후 플레이어를 따라다니는 팻을 만들어 볼 것이다.

설정

우선 펫으로 사용할 모델을 만들어야 한다. 원하는 펫 모델을 검색해 사용해도 무방하다. 그렇지 않다면 다음 과정을 따라 직사각형 모양의 펫을 만들어도 된다.

1. 워크스페이스에 모델을 추가한다. 모델의 이름을 Dog로 변경하자. 직사각형 파트를 추가했다면 Ctrl+G / Cmd+G 단축키를 입력해 그룹으로 묶어 모델로 만든 다음 이름을 변경하자.

2. 모델 내부에 새로운 파트를 추가한다. 이름을 **HumanoidRootPart**로 변경하자.

팁

MoveTo()는 HumanoidRootPart가 필요하다

이 스크립트의 뒷부분에 가면 `MoveTo()` 함수가 펫의 이동을 위해 사용된다. 이 함수가 제대로 동작하려면 메인 파트가 정확하게 HumanoidRootPart로 명명돼야 한다. 만일 다른 이름을 사용하거나 대소문자가 틀리게 사용된다면 파트가 정상적으로 움직이지 못할 것이다.

---

3. 모델을 선택한 다음 PrimaryPart를 HumanoidRootPart로 설정한다.

4. 여전히 모델이 선택된 상황에서 휴머노이드를 추가한다.

5. 펫 항목을 ServerStorage로 이동한다.

펫 클래스 만들기

이제 펫을 만들 때 사용할 클래스를 생성해보자. 다음 섹션에서는 사람을 따라다니는 기능을 수행할 함수를 추가해 볼 것이다.

1. ServerScriptService에 새로운 스크립트를 추가한다.

2. ServerStorage의 레퍼런스를 만들고 플레이어가 펫과 상호작용을 수행한 다음 얼마나 오랫동안 플레이어를 따라다닐지 결정하는 상수를 설정한다.

```
local ServerStorage = game:GetService("ServerStorage")

local FOLLOW_DURATION = 5
```

3. 새로운 펫 클래스와 생성자를 만든다. 어떤 모델을 펫으로 사용할지를 전달할 매개변수를 포함한다.

```
local Pet = {}
Pet.__index = Pet

function Pet.new(model)
    local self = {}
    setmetatable(self, Pet)

    return self
end
```

4. 전달받은 매개변수를 클래스의 모델에 할당하고 그 부모를 워크스페이스로 설정한다.

```
local Pet = {}
Pet.__index = Pet

function Pet.new(model)
    local self = {}
    setmetatable(self, Pet)

    self._model = model
    self._model.Parent = workspace

    return self
end
```

팁

네이밍 컨벤션에 주목하자

생성자의 내부의 이름 앞에 1개의 밑줄이 먼저 사용되는 것에 주의하자.

---

5. 생성자 내부에 새로운 ProximityPrompt를 만든다. 프롬프트의 ObjectText와 ActionText를 다음 코드와 같이 업데이트한다. 그 다음, 프롬프트의 부모로 펫을 설정한다.

```
local Pet = {}
Pet.__index = Pet

function Pet.new(model)
    local self = {}
```

```
        setmetatable(self, Pet)

        self._model = model
        self._model.Parent = workspace

        self._petPrompt = Instance.new("ProximityPrompt")
        self._petPrompt.ObjectText = "Pet"
        self._petPrompt.ActionText = "Give pets!"
        self._petPrompt.Parent = model.PrimaryPart

        return self
    end
```

펫에 함수 추가하기

이제 플레이어를 따라다니는 기능을 수행하는 추가해야 하는 시점이다. MoveTo() 함수는 0.25초마다 펫의 위치를 펫과 상호작용한 플레이어의 위치로 업데이트한다.

1. 새로운 함수를 펫 클래스에 추가하고 이름을 **getPets()**로 변경한다. 매개변수로 player를 가진다. 트리거 되면 프롬프트를 비활성화한다.

```
-- 앞선 코드

function Pet:getPets(player)

end
```

Disable the prompt when it's been triggered.

```
function Pet:getPets(player)
    self._petPrompt.Enabled = false
end
```

2. for 루프를 사용해 0.25초마다 펫의 위치를 업데이트하고 프롬프트를 다시 활성화한다.

```
function Pet:getPets(player)
    self._petPrompt.Enabled = false

    for i = 0, FOLLOW_DURATION, 0.25 do
        local character = player.Character
```

```
            if character and character.PrimaryPart then
                self._model.Humanoid:MoveTo(character.PrimaryPart.Position)
            end
            wait(0.25)
        end
        self._petPrompt.Enabled =true

    end
```

3. pet 클래스를 반환한다.

```
    function Pet:getPets(player)
        self._petPrompt.Enabled = false
        for i = 0, FOLLOW_DURATION, 0.25 do
            local character = player.Character
            if character and character.PrimaryPart then
                self._model.Humanoid:MoveTo(character.PrimaryPart.Position)
            end
            wait(0.25)
        end
        self._petPrompt.Enabled =true

        return Pet
    end
```

4. Pet 생성자로 돌아가 프롬프트가 트리거되면 익명 함수를 사용해 getPets를 호출한다.

```
    local Pet = {}
    Pet.__index = Pet

    function Pet.new(model)
        local self = {}
        setmetatable(self, Pet)

        self._model = model
        self._model.Parent = workspace

        self._petPrompt = Instance.new("ProximityPrompt")
        self._petPrompt.ObjectText = "Pet"
```

```
        self._petPrompt.ActionText = "Give pets!"
        self._petPrompt.Parent = model.PrimaryPart
        self._petPrompt.Triggered:Connect(function (player)
            self:getPets(player)
        end)

        return self
    end
```

5. 이제 Pet 클래스의 새로운 인스턴스를 만들고 사용하려는 펫의 모델을 전달하는 것만 남았다. 완성된 스크립트는 아래와 같다.

```
local ServerStorage = game:GetService("ServerStorage")

local FOLLOW_DURATION = 5

local Pet = {}
Pet.__index = Pet

function Pet.new(model)
    local self = {}
    setmetatable(self, Pet)

    self._model = model
    self._model.Parent = workspace

    self._petPrompt = Instance.new("ProximityPrompt")
    self._petPrompt.ObjectText = "Pet"
    self._petPrompt.ActionText = "Give pets!"
    self._petPrompt.Parent = model.PrimaryPart
    self._petPrompt.Triggered:Connect(function (player)
        self:getPets(player)
    end)

    return self
end

function Pet:getPets(player)
    self._petPrompt.Enabled = false
```

```
    for i = 0, FOLLOW_DURATION, 0.25 do
        local character = player.Character
        if character and character.PrimaryPart then
            self._model.Humanoid:MoveTo(character.PrimaryPart.Position)
        end
        wait(0.25)
    end
    self._petPrompt.Enabled =true

    return Pet
end

-- 새로운 펫 오브젝트를 만들고 원하는 모델을 전달한다.
local rufus = Pet.new(ServerStorage.Dog:Clone())
local whiskers = Pet.new(ServerStorage.Ca t:Clone())
```

팁

만일 펫을 확인할 수 없다면 ProximityPrompt를 수정해보자

테스트를 수행하는 동안 ProximityPrompt를 찾을 수 없다면 모델 안에 파묻혀서 보이지 않을 수도 있기 때문에 RequiresLineOfSight를 False로 설정해보자. 필요하다면 UIOffset이나 Exclusivity와 같은 ProximityPrompt 의 다른 설정도 변경해 보자.

요약

DRY 코딩에서 가장 중요한 것은 단순한 작업을 반복하지 않는 것이다. 클래스를 통해 재사용한 코드를 만들어 시간과 노력을 절약할 수 있을 것이다. 다음 시간에는 클래스를 좀 더 커스터마이징 해보는 법을 배워볼 것이다. 단 하나의 모델을 가진 펫이 아닌, 각자 고유한 모델과 텍스처, 사운드를 가지는 펫을 만드는 법을 배우는 것이다.

워크샵

지금까지 배운 것을 정리하면서 마무리하자. 다음 질문들에 답해보자.

퀴즈

1. OOP는 무엇의 줄임만 인가?

2. 클래스는 무엇인가?

3. OOP가 제공하는 최소한의 장점은 무엇인가?

4. 생성자란 무엇인가?

5. 다음 코드에서 잘못된 부분은 어디인가?

```
local NameOfClass = {}
NameOfClass.__index = NameOfClass

function NameOfClass.new(parameterProperty)
    local self = {}

    self.defaultProperty = "Default Value"
    self.parameterProperty = parameterProperty

    return self
end

local newObject = NameOfClass.new()
```

정답

1. Object-oriented Programming

2. 클래스는 오브젝트가 어떤 것인지, 그리고 어떤 행동을 수행하는지 설명하는 것이다.

3. OOP의 장점은 다음과 같다.

  a. 게임을 조금 더 작은 덩어리로 분해할 수 있다.

  b. 코드를 구조적으로 유지할 수 있다.

  c. 프로젝트에서 반복되는 코드 작업을 줄일 수 있다.

4. 생성자는 새로운 오브젝트와 클래스를 어떻게 만들 수 있는지 알려주는 함수라고 할 수 있다. 클래스의 모든 속성이 생성자 안에 포함된다.

5. 메타테이블이 설정되지 않았다.

```
local NameOfClass = {}
NameOfClass.__index = NameOfClass

function NameOfClass.new(parameterProperty)
    local self = {}
    setmetatable(self, NameOfClass) -- 이 부분이 누락됐음

    self.defaultProperty = "Default Value"
    self.parameterProperty = parameterProperty

    return self
end

local newObject = NameOfClass.new()
```

연습

이름을 설정하는 매개변수와 호출되면 그들의 이름을 출력하는 함수를 가진 NPC 클래스를 만들어보자.

팁

▶ 클래스와 생성자를 먼저 만들자.

▶ 이름을 전달할 수 있는 매개변수를 포함시키자.

▶ 원하지 않는다면 모델이나 다른 정보를 포함할 필요는 없다.

▶ 생성자의 외부에 함수를 만들고 이를 개별적으로 호출하자.

부록에서 코드를 확인할 수 있다.

HOUR 21
상속

이 시간에 배울 내용

▶ 부모와 자식 클래스의 관계(상속) 살펴보기

▶ 부모 클래스와 속성과 함수를 상속받는 자식 클래스 생성하기

▶ 다형성을 위해 함수 오버로드하기

▶ 부모 함수를 함수 호출하기

프로젝트의 규모가 커지고 점점 복잡해질수록 클래스가 중복되고 특성을 공유해야 하는 경우가 발생한다. 이런 경우 한 클래스의 속성과 클래스에 포함돼 있는 함수를 다른 클래스에 전달할 수 있도록 코드를 구조화할 필요가 있다. 상속inheritance을 통해서 이것이 가능해진다. 그들이 가진 것을 전달해주는 클래스를 부모 클래스라고 부르며, 이를 상속받는 클래스를 자식 클래스라고 부른다.

로블록스에 내장돼 있는 PointLight와 SpotLight 클래스를 예로 들어보자. 이 2개의 클래스는 약간 다른 방법으로 씬에 조명을 세공한다. 그림 20.1에서 보이는 것처럼 2개의 클래스에는 공통된 속성이 존재한다. 2개의 클래스 모두 조명을 켜고 끌 수 있으며 컬러와 밝기를 조정할 수 있다. 이들 클래스의 이런 속성들은 부모 클래스인 Light에서 상속받은 것들이다.

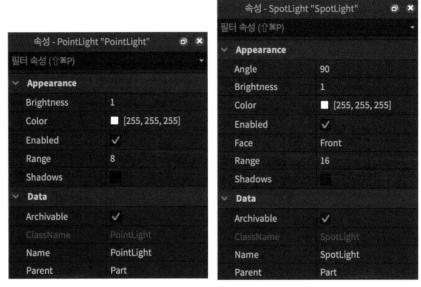

그림 21.1 PointLight(왼쪽)와 SpotLight(오른쪽)는 다수의 속성을 부모 클래스인 Light로부터 상속받아 공유한다.

상속 설정하기

루아에서 상속은 앞선 장에서 사용했던 클래스들과 동일하게, 클래스와 메타테이블 구조를 기반으로 한다. 다음 단계를 따라 기본적인 패턴을 만들 수 있다.

1. 부모 클래스와 생성자를 생성한다.

```
local ParentClass = {}
ParentClass.__index = ParentClass

function ParentClass.new()
    local self = {}
    setmetatable(self, ParentClass)
    return self
end
```

2. 자식 클래스를 생성한다.

```
local ParentClass = {}
```

```
ParentClass.__index = ParentClass

function ParentClass.new()
    local self = {}
    setmetatable(self, ParentClass)
    return self
end

local ChildClass = {}
ChildClass.__index = ChildClass
```

3. setmetatable 함수를 사용한다. 이번에는 자식 클래스의 이름과 부모 클래스의 이름을 전달한다.

```
local ParentClass = {}
ParentClass.__index = ParentClass

function ParentClass.new()
    local self = {}
    setmetatable(self, ParentClass)
    return self
end

local ChildClass = {}
ChildClass.__index = ChildClass
setmetatable(ChildClass, ParentClass)
```

4. 새로운 클래스의 생성사를 만든다.

```
local ParentClass = {}
ParentClass.__index = ParentClass

function ParentClass.new()
    local self = {}
    setmetatable(self, ParentClass)
    return self
end

local ChildClass = {}
ChildClass.__index = ChildClass
```

```lua
setmetatable(ChildClass, ParentClass)

function ChildClass.new()

end
```

5. 자식 클래스 생성자의 내부에 self 변수를 만든다. 앞서 생성자에서 했던 것처럼 값을 {}로 설정하는 대신, 부모 클래스의 새로운 인스턴스를 값으로 설정한다.

```lua
local ParentClass = {}
ParentClass.__index = ParentClass

function ParentClass.new()
    local self = {}
    setmetatable(self, ParentClass)
    return self
end

local ChildClass = {}
ChildClass.__index = ChildClass
setmetatable(ChildClass, ParentClass)

function ChildClass.new()
    local self = ParentClass.new()
end
```

6. 자식 클래스의 self 변수를 위한 메타테이블을 설정하고 self를 반환한다.

```lua
local ParentClass = {}
ParentClass.__index = ParentClass

function ParentClass.new()
    local self = {}
    setmetatable(self, ParentClass)
    return self
end

local ChildClass = {}
ChildClass.__index = ChildClass
setmetatable(ChildClass, ParentClass)
```

```
function ChildClass.new()
    local self = ParentClass.new()
    setmetatable(self, ChildClass)
    return self
end
```

속성 상속하기

부모 클래스에서 정의한 속성 역시 자식 클래스의 속성이 될 수 있다. 클래스마다 동일한 속성을 코딩할 필요가 없기 때문에 가장 이상적인 DRY 코딩 기법이라고 할 수 있을 것이다.

```
local ParentClass = {}
ParentClass.__index = ParentClass

function ParentClass.new()
    local self = {}
    setmetatable(self, ParentClass)
    self.inheritedProperty = "Inherited property"
    return self
end
```

직접 해보기 ▼

Vehicle 클래스와 Car 클래스 만들기

엔진의 개수를 설정하는 속성을 가진 Vehicle 부모 클래스를 만들고 엔진의 개수 속성을 상속받는 자식 클래스인 Car 클래스를 만들어보자. Car 클래스는 바퀴의 수를 결정하는 자체적인 속성을 가진다.

1. Vehicle 클래스와 생성자를 만든다.

```
local Vehicle = {}
Vehicle.__index = Vehicle

function Vehicle.new()
    local self = {}
    setmetatable(self, Vehicle)
```

▼

```
        return self
    end
```

2. numberOfEngines 속성을 self에 추가한다.

```
local Vehicle = {}
Vehicle.__index = Vehicle

function Vehicle.new()
    local self = {}
    setmetatable(self, Vehicle)
    self.numberOfEngines = 1
    return self
end
```

3. Vehicle에서 상속을 받는 Car 클래스를 만든다.

```
local Vehicle = {}
Vehicle.__index = Vehicle

function Vehicle.new()
    local self = {}
    setmetatable(self, Vehicle)
    self.numberOfEngines = 1
    return self
end

local Car = {}
Car.__index = Car
setmetatable(Car, Vehicle)
```

4. Car 클래스의 생성자를 만든다.

```
local Vehicle = {}
Vehicle.__index = Vehicle

function Vehicle.new()
    local self = {}
    setmetatable(self, Vehicle)
    self.numberOfEngines = 1
```

```
        return self
    end

    local Car = {}
    Car.__index = Car
    setmetatable(Car, Vehicle)

    function Car.new()
        local self = Vehicle.new()
        setmetatable(self, Car)
        return self
    end
```

5. Car 클래스에 numberOfWheels 속성을 추가한다.

```
    local Vehicle = {}
    Vehicle.__index = Vehicle

    function Vehicle.new()
        local self = {}
        setmetatable(self, Vehicle)
        self.numberOfEngines = 1
        return self
    end

    local Car = {}
    Car.__index = Car
    setmetatable(Car, Vehicle)

    function Car.new()
        local self = Vehicle.new()
        setmetatable(self, Car)
        self.numberOfWheels = 4
        return self
    end
```

6. car의 새로운 인스턴스를 생성하고 엔진과 바퀴의 수를 출력해보자.

```
    local Vehicle = {}
```

▼

```
Vehicle.__index = Vehicle

function Vehicle.new()
    local self = {}
    setmetatable(self, Vehicle)
    self.numberOfEngines = 1
    return self
end

local Car = {}
Car.__index = Car
setmetatable(Car, Vehicle)

function Car.new()
    local self = Vehicle.new()
    setmetatable(self, Car)
    self.numberOfWheels = 4
    return self
end

local car = Car.new()
print("Engines:", car.numberOfEngines)
print("Wheels:", car.numberOfWheels)
```

다양한 자식 클래스 만들어 보기

하나의 부모 클래스에서 상속을 받는 여러 개의 자식 클래스를 만들 수 있다. 앞선 예제에서 우리는 Vehicle 클래스를 상속받는 Car 클래스를 만들었다. 동일하게 Vehicle 클래스를 상속받는 Motorcycle 클래스를 만들어 볼 수도 있다. Car 클래스와 Motorcycle 클래스는 각기 다른 속성을 가진다. 이 경우 바퀴의 숫자가 다를 것이다. 하지만 엔진의 개수는 동일하다.

```
local Motorcycle = {}
Motorcycle.__index = Motorcycle
```

```
setmetatable(Motorcycle, Vehicle)

function Motorcycle.new()
    local self = Vehicle.new()
    setmetatable(self, Motorcycle)
    self.numberOfWheels = 2
    return self
end

local motorcycle = Motorcycle.new()
print("Engines:", motorcycle.numberOfEngines)
print("Wheels:", motorcycle.numberOfWheels)
```

함수 상속하기

속성을 상속할 수 있는 것처럼 자식 클래스는 부모 클래스의 모든 함수를 상속받을 수 있다.

```
local ParentClass = {}
ParentClass.__index = ParentClass

function ParentClass.new()
    local self = {}
    setmetatable(self, ParentClass)
    return self
end

function ParentClass:inheritedFunction()

end
```

다형성 이해하기

때로는 자식 클래스가 비슷한 행동을 각기 다른 방식으로 수행해야 하는 경우들이 발생한다. 이런 경우 부모 클래스에서 자식 클래스가 기본적으로 수행해야 하는 행동이 어떤 것인지 정의하는 함수를 만들 수 있다. 하지만 자식 클래스는 부모로부터 상속받은 함수를 동일한 이름의 함수로 오버라이드 함으로써 좀 더 특별한 행동을 취할 수도 있다.

```lua
local ParentClass = {}
ParentClass.__index = ParentClass

function ParentClass:doSomething()
    -- 자식 클래스가 스스로 정의하는 특별한 행동이 없을 때 수행하는 기본적인 행동
end

local ChildClassOne = {}
setmetatable(ChildClassOne, ParentClass)

function ChildClassOne:doSomething()
    -- ChildClassOne 클래스가 수행하는 특별한 행동
end

local ChildClassTwo = {}
setmetatable(ChildClassTwo, ParentClass)

function ChildClassTwo:doSomething()
    -- ChildClassTwo 클래스가 수행하는 특별한 행동
end

local ChildClassThree = {}
setmetatable(ChildClassThree, ParentClass)
-- ChildClassThree는 별도의 함수를 정의하지 않는다.
-- 대신 부모 클래스와 동일한 기능을 수행하는 함수를 호출한다.
```

▼ 직접 해보기

각기 다른 소리를 내는 동물을 만들어보자

Animal 부모 클래스와 그 자식 클래스인 Dog와 Cat을 만들어보자. 강아지와 고양이가 각각 "멍멍", "야옹"하는 소리를 낼 수 있도록 만들어 볼 것이다. 이들을 각 클래스에서 Dog:woof()와 Cat:meow() 함수로 정의하고, 공통된 부분은 Animal:speak()라는 이름으로 공유하는 함수를 만든다.

1. 부모 클래스인 Animal 클래스와 생성자를 만든다.

```
local Animal = {}
Animal.__index = Animal

function Animal.new()
    local self = {}
    setmetatable(self, Animal)
    return self
end
```

2. 자식 클래스인 Dog와 Cat, 그리고 각각의 생성자를 만든다.

```
local Animal = {}
Animal.__index = Animal

function Animal.new()
    local self = {}
    setmetatable(self, Animal)
    return self
end

local Dog = {}
Dog.__index = Dog
setmetatable(Dog, Animal)

function Dog.new()
    local self = Animal.new()
    setmetatable(self, Dog)
    return self
end

local Cat = {}
Cat.__index = Cat
setmetatable(Cat, Animal)

function Cat.new()
    local self = Animal.new()
    setmetatable(self, Cat)
    return self
end
```

▼

3. Animal 클래스에 speak 함수를 추가한다.

```lua
local Animal = {}
Animal.__index = Animal

function Animal.new()
    local self = {}
    setmetatable(self, Animal)
    return self
end

function Animal:speak()
    print("The animal makes a noise")
end

local Dog = {}
Dog.__index = Dog
setmetatable(Dog, Animal)

function Dog.new()
    local self = Animal.new()
    setmetatable(self, Dog)
    return self
end

local Cat = {}
Cat.__index = Cat
setmetatable(Cat, Animal)

function Cat.new()
    local self = Animal.new()
    setmetatable(self, Cat)
    return self
end
```

팁

함수를 표시할 때 콜론 사용하기

속성을 표시할 때 점 연산자를 사용했던 것과 달리 함수를 표시할 때는 콜론을 사용한다.

4. speak 함수를 Dog와 Cat 클래스에 추가한다.

```
local Animal = {}
Animal.__index = Animal

function Animal.new()
    local self = {}
    setmetatable(self, Animal)
    return self
end

function Animal:speak()
    print("The animal makes a noise")
end

local Dog = {}
Dog.__index = Dog
setmetatable(Dog, Animal)

function Dog.new()
    local self = Animal.new()
    setmetatable(self, Dog)
    return self
end

function Dog:speak()
    print("Woof")
end

local Cat = {}
Cat.__index = Cat
setmetatable(Cat, Animal)

function Cat.new()
    local self = Animal.new()
    setmetatable(self, Cat)
    return self
end
```

```
function Cat:speak()
    print("Meow")
end
```

5. 스크립트의 마지막에 Dog와 Cat 클래스의 speak() 함수를 호출한다.

```
Cat:speak()
Dog:speak()
```

부모의 함수 호출하기

다형성을 고려해 자식 클래스가 가지고 있는 커스터마이징 된 함수뿐만 아니라 가끔 부모 클래스에서 정의한 기본 함수를 호출해야 하는 경우가 발생한다. 만일 부모 클래스와 자식 클래스가 동일한 이름의 함수를 가지고 있다면, 아래와 같은 패턴으로 자식 클래스에서 부모 클래스의 함수를 호출할 수 있다.

```
function ChildClass:sameFunctionName()
    ParentClass.sameFunctionName(self)
end
```

지금 이 패턴이 일반적인 함수 호출과 살짝 다르다는 것을 눈치챘을 것이다. 특정한 오브젝트로부터 함수를 호출하는 것이 아니고, 클래스 자체를 호출하고 있는 것이다. 함수를 호출하기 위해 콜론(:)이 아닌 점(.) 연산자를 사용하고 있는 것도 눈여겨보아야 한다. 변수로 self를 사용한다는 것도 놓치지 말자. 이 변수는 함수 호출을 통해 얻으려는 실제 오브젝트를 나타내는 것이다.

다음 코드 샘플은 플레이어가 선택할 수 있는 전사와 마법사 2개의 직업을 보여주고 있다. 두 개의 직업 모두 공격하기 위해 에너지를 사용한다. 에너지 속성과 공격 함수는 부모인 job 클래스에 정의돼 있다.

```
local Job = {}
Job.__index = Job

function Job.new()
```

```lua
    local self = {}
    setmetatable(self, Job)
    self.energy = 1
    return self
end

function Job:attack()
    if self.energy > 0 then
        self.energy -= 1
        return true
    end
    return false
end

local Warrior = {}
Warrior.__index = Warrior
setmetatable(Warrior, Job)

function Warrior.new()
    local self = Job.new()
    setmetatable(self, Warrior)
    return self
end

function Warrior:attack()
    local couldAttack = Job.attack(self)
    if couldAttack then
        print("I swing my weapon!")
    else
        print("I'm too tired to attack!")
    end
end

local Mage = {}
Mage.__index = Mage
setmetatable(Mage, Job)

function Mage.new()
    local self = Job.new()
```

```
        setmetatable(self, Mage)
        return self
end

function Mage:attack()
        local couldAttack = Job.attack(self)
        if couldAttack then
            print("I cast a spell!")
        else
            print("I'm out of mana!")
        end
end

local warrior = Warrior.new()
local mage = Mage.new()

-- 처음 attack() 함수가 호출되면 공격을 수행한다.
-- 두 번째 호출되면 이들의 마나가 모두 소진될 것이다.
warrior:attack()
warrior:attack()
mage:attack()
mage:attack()
```

요약

상속과 다형성은 객체지향 프로그래밍을 수행하는데 큰 도움을 주는 효과적인 도구들이다. zoo animal 클래스와 같은 부모 클래스를 설정하면, 원하는 만큼 많은 동물을 표현할 수 있는 자식 클래스를 만들 수 있다. 동물의 머리와 꼬리, 다리 개수처럼 공통적으로 가질 수 있는 기본 속성은 부모 클래스에서 정의될 수 있고 이들이 자식 클래스로 전달될 수 있다.

동물원의 동물들이 모두 고유한 특징을 가지고 있는 것처럼, 다형성이라는 측면에서 부모 클래스가 가지고 있는 함수와 속성은 모두 변경이 가능하다. 얼룩말과 침팬지 모두 어슬렁거리며 돌아다니는 행동을 할 수 있지만, 서로 다른 애니메이션과 사운드 효과를 낼 수 있다.

워크샵

지금까지 배운 것을 정리하면서 마무리하자. 다음 질문들에 답해보자.

퀴즈

1. 참인가 거짓인가. 자식 클래스는 부모 클래스에서 정의된 모든 속성을 포함하고 있어야 한다.

2. 상속이란 무엇인가?

3. 자식 클래스는 최대한 몇 개까지 만들 수 있는가?

4. 다형성이란 무엇인가?

5. 참인가 거짓인가. 자식 클래스는 속성은 상속할 수 있지만, 함수는 상속이 불가능하다.

정답

1. 거짓. 부모 클래스에서 정의된 속성이 자식 클래스에서 정의되지 않아도 자식 클래스는 부모 클래스에서 정의된 것들을 사용할 수 있다.

2. 상속이란 하나의 클래스에서 정의된 함수와 속성이 다른 클래스로 전달돼 사용되는 것을 의미한다.

3. 자식 클래스의 최대 개수는 제한이 없다. 원하는 만큼 만들 수 있다.

4. 때로는 자식 클래스에서 서로 유사한 기능을 각자 다른 방식으로 수행할 필요가 있다. 이번 시간에 살펴본 것처럼 각각의 동물이 서로 다른 소리를 내는 것이 하나의 예라고 할 수 있다.

5. 거짓. 자식 클래스는 속성과 함수 모두를 상속받을 수 있다.

연습

롤플레잉 게임의 직업 2개를 만들어보자. 각각의 직업을 위한 클래스를 설정한다. 각각의 직업에 따라 다른 경험치를 제공하며, 이를 추가해주는 함수를 설정한다. 또한 에너지와 스태미나, 마나와 같이 각각의 직업에 따라 사용하는 리소스가 달라진다. 클래스와 상관없이 이 리소스를 소모하면서 공격을 수행한다. 작업이 완성되면 이들 클래스의 오브젝트를 만들자.

팁

▶ 동일한 변수나 코드를 사용하는 2개의 클래스를 만든다면 부모 클래스를 만드는 것이 효과적인지 생각해보자.

▶ 함수를 수행하기 전과 그 이후를 각각의 속성값을 출력해 봄으로써 비교해 볼 수 있다. 함수가 정상적으로 동작하는지 확인할 수 있는 효과적인 방법이다.

HOUR 22
레이캐스팅

이 시간에 배울 내용:

▶ 레이캐스트를 수행하기

▶ 빛을 받을 오브젝트를 찾아내기

▶ 빛의 방향을 찾아내는 법 알아보기

▶ 빛의 방향 안에 있는 오브젝트 무시하는 법 살펴보기

로블록스 게임 안에 존재하는 오브젝트들은 활발하게 위치를 바꾼다. 때로는 찾으려는 물체가 어디 있는지 파악하기 위해 그 주변 환경을 살펴보는 코드를 작성해야 할 때도 있다. 레이캐스팅^{raycasting}이라고 부르는 기법도 이런 목적을 달성하기 위해 사용되는 방법의 하나다. 레이캐스트는 엔진에게 한 지점을 지정해 주고 그 지점에서 특정한 방향과 특정한 거리로 선을 긋게 하는 것과 같다. 선을 그리는 동안 선이 어딘가에 닿는다면 레이캐스트 함수가 어떤 것에 닿았는지 알려준다. 이 기법은 유리 표면에 생기는 섬세한 반사 화면을 만드는 것에서부터 FPS 게임의 탄환 궤도를 추적하는 것에 이르기까지 매우 나양한 곳에서 활용될 수 있다.

레이캐스팅을 위한 함수 설정하기

로블록스에 레이캐스트를 수행하려면 workspace:Raycast() 함수를 사용해야 한다. 이 함수에는 3개의 매개변수가 필요하다. 빛이 시작하는 지점, 빛이 진행하는 방향, 그리고 선택적으로 사용할 수 있는 3번째 매개변수는 빛의 특정한 행동을 정의하는 것이다. 이 3번째 매개변수에 대해서는 이 장의 후반부에 더 자세하게 살펴볼 것이다. 지금은 우선 첫 번째와 두 번째 매개변수에 집중해 보자.

1. 벡터3 좌표를 사용해 origin과 direction 매개변수를 설정한다.

```
local origin = Vector3.new(0, 5, 0)
local direction = Vector3.new(0, -10, 0)
```

2. workspace:Raycast() 함수를 호출하고 그 결과를 변수에 저장한다.

```
local origin = Vector3.new(0, 5, 0)
local direction = Vector3.new(0, -10, 0)
local result = game.Workspace:Raycast(origin, direction)
```

3. 결과를 확인한다.

```
local origin = Vector3.new(0, 5, 0)
local direction = Vector3.new(0, -10, 0))
local result = game.Workspace:Raycast(origin, direction)
if result then
    -- 무언가를 수행한다.
end
```

4. 결과가 존재한다면, 감지한 인스턴스를 출력한다.

```
local origin = Vector3.new(0, 5, 0)
local direction = Vector3.new(0, -10, 0)
local result = game.Workspace:Raycast(origin, direction)
if result then
    print("Found object:", result.Instance)
end
```

▼ 직접 해보기

카멜레온 재질

이번 연습하기에서는 그림 22.1과 같이 바닥의 재질을 복사해 스스로를 위장할 수 있는 파트를 만들어 볼 것이다.

그림 22.1 레이캐스트를 수행하기 이전(왼쪽)에는 파트의 재질은 플라스틱이다. 그 아래 위치한 바닥의 재질과 동일한 재질로 업데이트를 수행한다(오른쪽).

1. 그림 22.1에서 보이는 것과 같이 서로 다른 재질의 타일 몇 개를 만든다. 이중 하나는 카멜레온처럼 동작하는 camo 파트가 될 것이다.

2. camo 파트에 스크립트를 추가하고 레퍼런스를 만든다.

```
local camouflagePart = script.Parent
```

3. camo 파트를 빛의 시작점으로 설정한다. 그 다음 빛이 진행할 방향도 함께 설정한다.

```
local camouflagePart = script.Parent
local origin = camouflagePart.Position

local direction = Vector3.new(0, -5, 0)
```

4. 만들고 결과를 서상한다.

```
local camouflagePart = script.Parent
local origin = camouflagePart.Position
local direction = Vector3.new(0, -5, 0)
local result = game.Workspace:Raycast(origin, direction)
```

5. 빛이 진행되는 중간에 파트가 발견된다면 camo 파트의 재질을 업데이트한다.

```
local camouflagePart = script.Parent
local origin = camouflagePart.Position
local direction = Vector3.new(0, -5, 0)
local result = game.Workspace:Raycast(origin, direction)
```

```
if result then
    camouflagePart.Material = result.Material
end
```

팁

빛의 길이

만일 파트의 재질이 변경되지 않는다면, 빛의 길이가 충분하지 않는 것이 그 원인일 수 있다. 이런 경우 camo 파트의 방향을 업데이트하거나, 위치를 옮겨보면서 결과를 관찰해 보자.

3D 수학의 속임수: 방향 구하기

Raycast 함수의 두 번째 매개변수, 즉 방향direction은 Vector3을 활용한다. 간단한 경우라면 빛이 어느 방향을 향하는지 알 수 있을 것이고 이런 경우 그 값을 하드코딩해도 상관없다. 예를 들어 어떤 것이 기준보다 아래에 있는지 확인하려면 간단하게 y축에 기준보다 적은 수 혹은 음수를 입력하면 된다. 하지만 그림 22.2처럼 두 지점의 중간에 위치하거나, 단순하게 어떤 것의 위나 아래에 위치하지 않는 것이라면 어떻게 처리하는 것이 좋을까?

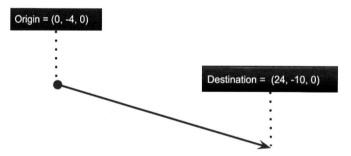

그림 22.2 Origin과 Destination은 서로가 영향을 미치는 상대적인 관계라고 볼 수 있다. 또한 여기서 방향은 알 수 없다.

다행히 벡터 수학에서는 두 지점 간의 방향을 간단한 방법으로 알 수 있다. destination의 위치에서 origin의 위치를 빼면 방향을 구할 수 있다.

```
local pointA = Vector3.new(0, -4, 0)
local pointB = Vector3.new(24, -10, 0)
local fromAToB = pointB - pointA
```

레이캐스트 매개변수 설정하기

빛이 진행하는 방향에 어떤 파트가 존재하는지 검색하는 것도 매우 유용하지만 좀 더 복잡한 상황에서 사용하려면 추가 항목을 설정해야 한다. 특히 어떤 경우에는 환경 안의 일부 파트만 감지하고 다른 파트들은 하지 못하는 경우도 발생한다. 다음 단계들은 다른 오브젝트들을 무시하면서 하나의 오브젝트를 확인하는 방법을 알려준다.

1. 빛의 원점과 방향을 정하는 변수를 설정한다.

```
local origin = Vector3.new(0, 5, 0)
local direction = Vector3.new(0, -10, 0)
```

2. 새로운 RaycastParams 오브젝트를 생성하고 이를 변수에 저장한다.

```
local origin = Vector3.new(0, 5, 0)
local direction = Vector3.new(0, -10, 0)
local parameters = RaycastParams.new()
```

3. 새로운 테이블에 parameters.FilterDescendantsInstances의 값을 설정한다.

```
local origin = Vector3.new(0, 5, 0)
local direction = Vector3.new(0, -10, 0)
local parameters = RaycastParams.new()
parameters.FilterDescendantsInstances = {
    -- 필터 정보가 여기에 입력된다.
}
```

4. 레이캐스트 도중 무시할 오브젝트를 새로운 테이블에 설정한다.

```
local origin = Vector3.new(0, 5, 0)
local direction = Vector3.new(0, -10, 0)
local parameters = RaycastParams.new()
parameters.FilterDescendantsInstances = {
    game.Workspace.IgnorePart1,
    game.Workspace.IgnorePart2,
}
```

5. 매개변수 오브젝트의 `FilterType` 매개변수를 `Enum.RaycastFilterType.Blacklist`로
   설정한다.

```
local origin = Vector3.new(0, 5, 0)
local direction = Vector3.new(0, -10, 0)
local parameters = RaycastParams.new()
parameters.FilterDescendantsInstances = {
    game.Workspace.IgnorePart1,
    game.Workspace.IgnorePart2,
}
parameters.FilterType = Enum.RaycastFilterType.Blacklist
```

6. Raycast 함수를 호출한다.

```
local origin = Vector3.new(0, 5, 0)
local direction = Vector3.new(0, -10, 0)
local parameters = RaycastParams.new()
parameters.FilterDescendantsInstances = {
    game.Workspace.IgnorePart1,
    game.Workspace.IgnorePart2,
}
parameters.FilterType = Enum.RaycastFilterType.Blacklist
local result = game.Workspace:Raycast(origin, direction, parameters)
```

▼ 직접 해보기

창문을 지나가는 레이캐스트

안과 밖으로 구별이 되는 투명한 창을 하나 만들자. 창문을 무시한 채로 각각의 오브젝트 사이에 빛을 쏘아
보자.

1. 그림 22.3과 같이 창문을 사이에 두고 구와 정육면체 오브젝트를 만든다.

그림 22.3 투명한 유리를 사이에 두고 안과 밖에 붉은색 오브젝트를 배치한다.

2. ServerScriptService에 스크립트를 추가하고 2개의 파트와 창문 오브젝트에 대한 레퍼런스를 생성한다.

3. 구의 위치를 빛의 원점으로 설정한다.

```lua
local sphere = game.Workspace.Sphere
local cube = game.Workspace.Cube
local window = game.Workspace.Window

local origin = sphere.Position
```

4. 방향을 찾기 위해, 정육면체의 위치에서 구의 위치를 뺀다.

```lua
local origin = sphere.Position
local direction = cube.Position - sphere.Position
```

5. 새로운 RaycastParams 오브젝트를 생성한다.

```lua
local origin = sphere.Position
local direction = cube.Position - sphere.Position
local parameters = RaycastParams.new()
```

6. 필터 리스트를 설정하고 창문을 포함시킨다.

```
local origin = sphere.Position
local direction = cube.Position - sphere.Position
local parameters = RaycastParams.new()
parameters.FilterDescendantsInstances = {
    window,
}
parameters.FilterType = Enum.RaycastFilterType.Blacklist
```

7. 빛을 쏜 다음, 창문이 결과를 반환하지 않는 것을 확인한다.

```
local origin = sphere.Position
local direction = cube.Position - sphere.Position
local parameters = RaycastParams.new()

parameters.FilterDescendantsInstances = {
    window,
}
parameters.FilterType = Enum.RaycastFilterType.Blacklist

local result = game.Workspace:Raycast(origin, direction, parameters)
if result then
    print("Found object:", result.Instance)
end
```

▌ 팁

증거의 부재는 부재의 증거가 아니다

지금까지는 단지 창문이 빛의 경로에서 감지되지 않는 것을 확인했다. 실제로 코딩을 수행할 때는 스크립트를 테스트할 수 있는 다양한 방법을 고려해야 한다. 이번과 같은 경우에는 창문 말고도 다른 오브젝트들도 감지가 되는지 확인해 볼 필요가 있다.

3D 수학의 속임수: 방향의 제약

Raycast 함수의 두 번째 매개변수는 빛의 방향을 결정할 뿐만 아니라, 빛의 길이도 결정한다. 때로는 빛이 특정한 길이만큼만 뻗어 나가도록 설정해야 한다.

예를 들어 적이 플레이어를 감지하는 데 레이캐스트를 사용한다고 가정해보자. 지도의 모든 곳에서 적이 플레이어를 감지하기를 원하지는 않을 것이다. 적이 플레이어를 감지할 수 있는 거리에는 한계가 있어야 한다. 이런 경우 방향을 결정하는데 단위 벡터[unit vector]를 사용한다. Vector3의 단위 벡터는 방향은 같지만 그 길이가 1스터드[stud][1]에 불과하다.

```
local maximumDistance = 10
local pointA = Vector3.new(2.5, 10, 0)
local pointB = Vector3.new(16, 5, -9)
local fromAToB = pointB - pointA
local unit = fromAToB.Unit
local fromAToBCapped = unit * maximumDistance
```

요약

레이캐스팅은 선을 그리고 그 선에서 감지되는 것을 반환해 주는 것을 의미한다. 이 기법을 활용해 장애물을 감지하고, 반사되는 상을 그리고, 무기를 발사하고, 주변 환경에 맞추어 오브젝트를 업데이트할 수 있다.

빛에는 x, y, z축 값으로 구성되는 원점과 방향이 필요하다. 방향은 모르지만 빛이 닿아야 하는 목표 지점을 알고 있다면, 목표에서 원점의 좌표 값을 빼는 방식으로 방향을 구할 수 있다. 원점의 좌표가 (2, 2, 2), 목표 지점의 좌표가 (7, 7, 7)이라면 방향은 (5, 5, 5)가 되는 것이다.

빛의 경로에서 감지되는 특성한 오브젝트를 제외할 수 있도록 매개변수를 설정할 수도 있다.

---

1   로블록스에서 사용하는 기본 단위 – 역자 주

Q&A

Q 빛의 경로에 있는 오브젝트를 무시하는 대신, 특정한 오브젝트를 반환하고 싶다면 어떻게 해야 하는가?

A 오브젝트를 제외하는 대신 특정한 유형의 오브젝트를 찾고 싶다면, Enum.RaycastFilterType.Whitelist 를 사용해 필터링을 수행하면 된다.

워크샵

지금까지 배운 것을 정리하면서 마무리하자. 다음 질문들에 답해보자.

퀴즈

1. 레이캐스팅에 필요한 2개의 매개변수는 무엇인가?

2. 원점과 목표 지점을 알고 있을 때 방향은 어떻게 구할 수 있는가?

3. 참인가 거짓인가: 레이캐스팅은 빛이 그려진 경로를 따라 계속 물건을 찾는다.

4. 참인가 거짓인가: 레이캐스팅을 수행할 때 빛의 최대길이를 설정할 수 있다.

정답

1. 원점과 목표.

2. 목표 지점 좌표에서 원점의 좌표를 빼면 빛의 방향을 구할 수 있다.

3. 거짓. 달리 지정하지 않는 이상 빛의 경로에서 한 번 감지된 것만 반환한다.

4. 참. 단위 벡터를 사용해 빛의 최대길이를 설정할 수 있다.

연습

주변에 플레이어가 있는지 찾아내는 감지기를 만들어 보자. 감지기는 특정한 범위 안으로 플레이어가 들어오면 이를 감지해 컬러를 바꾼다. Players:GetPlayers()를 사용하면 게임 안에 입장하는 모든 플레이어의 정보를 가져올 수 있다. player.Character를 사용해 플레이어 캐릭터를 가져올 수 있다는 것도 잊지 말자.

팁: 지금까지는 스크립트 1개당 레이캐스팅을 한 번만 수행했다. Raycast 함수는 호출되면 그 순간에 정확하게 빛을 쏘았다는 것을 명심하자. 적절하게 동작하는 감지기를 만들려면 밀리 초 마다 레이캐스팅을 수행해야 한다.

HOUR 23
게임 안에 오브젝트 떨어트리기: 파트 1

이 시간에 배울 내용

▶ 오브젝트를 배치할 수 있는 버튼 만들기

▶ 렌더 스텝 이해하기

▶ 렌더 스텝에 함수 바인딩하기

당신이 만든 게임 안에서 사용자들이 환경을 제어할 수 있다면 사용자 스스로를 표현할 수 있는 기회가 될 것이다. 이를 통해 사용자들은 더욱 게임에 흥미를 느끼고 집중할 수 있을 것이다. 다음 2시간 동안은 졸업 프로젝트를 수행할 것이다. 플레이어가 게임 안에 오브젝트를 배치하거나 "떨어뜨릴" 수 있는 버튼을 만들 것이다. 이 버튼을 활용해 그림 23.1처럼 플레이어는 그들만의 집을 꾸미거나 정원을 가꿀 수 있을 것이다.

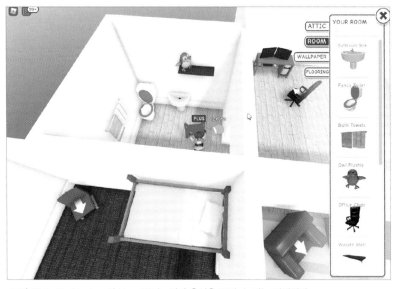

그림 23.1 AlexNewtron의 MeepCity는 집과 욕실을 꾸밀 수 있는 게임이다.

프로젝트를 진행하면서 2개의 새로운 개념을 배우게 될 것이다. 첫 번째는 게임을 리프레시할 때마다 오브젝트나 코드를 업데이트하는 것이며, 두 번째는 3D 환경에서 플레이어의 클릭을 감지하는 것이다.

이번 시간에는 당신에게만 보이는 고스트 이미지를 드래그 할 수 있도록 마우스의 움직임을 추적하는 법을 배워볼 것이다. 이 목표를 달성하려면 우선 렌더 스텝^{render step}에 대해 배워야 한다. 그 다음 시간에는 서버에서 오브젝트 배치를 완료하기 위해 사용자의 입력을 받아들이는 법을 배울 것이다.

오브젝트 설정하기

우선 플레이어가 배치할 수 있는 오브젝트와 떨어트릴 수 있는 파트가 필요하다. 이 섹션에서는 이벤트와 버튼을 설정하고, 이들을 폴더 안에 구조적으로 정리해 볼 것이다.

1. 워크스페이스에 **Surfaces**라는 이름의 폴더를 추가한다. 이 폴더 안에 플레이어가 배치할 파트가 위치할 것이다.

2. 폴더 안에 그림 23.2와 같이 바닥으로 사용될 파트를 추가한다.

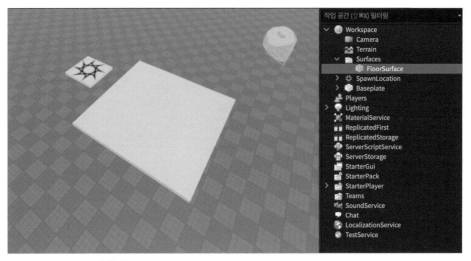

그림 23.2 바닥으로 사용할 파트

3. ReplicatedStorage에 **Events**라는 이름의 새로운 폴더를 만들고 그 안에 **PloEvent**
   라는 이름의 새로운 RemoteEvent를 추가한다(그림 23.3 참조).

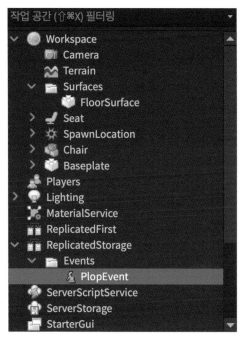

그림 23.3 ReplicatedStorage에 새로운 RemoteEvent
를 추가한다.

4. 동일한 ReplicatedStorage에 **GhostObjects**라는 이름의 폴더를 추가한다.

5. 배치할 오브젝트를 설정하고 투명도를 변경해 고스트 버전을 만든다. 모델에는 바
   닥이 있어야 한다. 이 바닥이 이후 2번에서 설치한 바닥과 정렬될 때 사용된다. 그
   림 23.4는 고스트 체어를 보여주고 있다.

그림 23.4 투명도를 변경해 만든 고스트 체어를 바닥 위에 배치한다.

6. Base가 PrimaryPart인지 확인하고 모델 전체를 GhostObjects 폴더로 옮긴다(그림 23.5 참조).

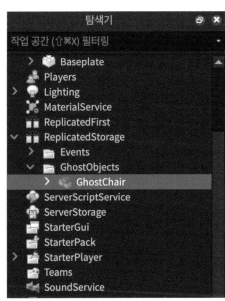

그림 23.5 PrimaryPart를 설정한 다음(왼쪽), 모델을 GhostObjects 폴더로 옮긴다(오른쪽).

7. ServerStorage에 Ploppable이라는 이름의 새로운 폴더를 추가하고 일반적인 투명도를 가지는 동일한 모델의 복사본을 여기로 옮긴다(그림 23.6 참조). 마찬가지로 base를 PrimaryPart로 설정해야 한다.

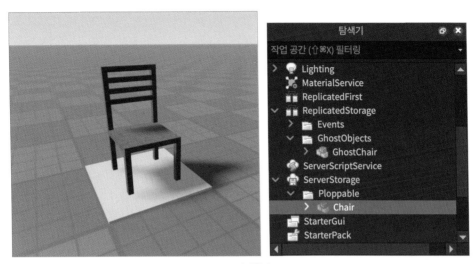

그림 23.6　이 폴더에는 게임에 실제 배치될 오브젝트를 저장한다.

8. StarterGui에 ScreenGui를 추가하고 PloButton이라는 이름의 TextButton을 추가한다(그림 23.7 참조).

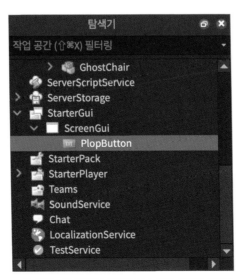

그림 23.7　오브젝트를 떨어뜨리기 위해 사용할 버튼을 만든다.

떨어뜨리기 버튼 만들기

이제 클라이언트 쪽 작업을 시작해야 한다. 사람들은 어디에 오브젝트를 배치할지 결정하기 위해 움직일 수 있는 고스트 오브젝트를 사용할 것이다. 이를 만들 수 있는 로컬스크립트를 작성해야 한다. 클라이언트에서 수행되는 작업이므로 사용자는 고스트를 보는 것만 할 수 있다. 가장 먼저 작업해야 할 것은 떨어뜨리기 버튼에 입력을 연결하는 것이다. 플레이어가 취하게 되는 일련의 액션들 중 가장 먼저 수행되는 부분이기 때문이다.

1. StarterPlayer > StarterPlayerScripts에 새로운 LocalScript를 추가한다.

2. LocalScript에 플레이어 서비스와 로컬 플레이어를 위한 변수를 생성한다.

   ```
   local Players = game:GetService("Players")

   local player = Players.LocalPlayer
   ```

3. GUI 컴포넌트를 위한 변수를 생성한다.

   ```
   -- 앞선 코드
   local playerGui = player:WaitForChild("PlayerGui")
   local plopScreen = playerGui:WaitForChild("ScreenGui")
   local plopButton = plopScreen:WaitForChild("PlopButton")
   ```

4. OnPlopButtonActivated라는 이름의 새로운 함수를 생성한다.

   ```
   -- 앞선 코드
   local function onPlopButtonActivated()

   end
   ```

5. 함수 내부에서 버튼의 Visible 속성을 false로 설정한다. 이 설정을 통해 버튼이 처음에는 보이지 않게 한다.

   ```
   -- 앞선 코드
   local function onPlopButtonActivated()
       plopButton.Visible = false

   end
   ```

6. 함수를 plopButton의 Activated 이벤트와 연결한다.

```
local Players = game:GetService("Players")

local player = Players.LocalPlayer

local playerGui = player:WaitForChild("PlayerGui")
local plopScreen = playerGui:WaitForChild("ScreenGui")
local plopButton = plopScreen:WaitForChild("PlopButton")

local function onPlopButtonActivated()
    plopButton.Visible = false
end

plopButton.Activated:Connect(onPlopButtonActivated)
```

7. 코드를 테스트해보자. 버튼을 클릭한 다음 버튼이 사라져야 한다.

마우스 움직임 추적하기

이제 사물을 떨어뜨릴 수 있는 버튼을 만들었으니, 그 다음 단계는 플레이어가 조작하는 마우스의 움직임을 추적하는 것이다. 이를 통해 오브젝트가 어느 곳에 떨어지는지 알 수 있다.

BindToRenderStep

화면이 리프레시될 때마다 코드는 화면의 뒤에서 무엇이 표시돼야 하는지 계산한다. 이를 렌더 스텝render step이라고 부른다. 카메라와 같이 부드럽게 움직여야 하는 오브젝트의 경우, BindToRenderStep() 함수를 추가해 렌더 스텝을 수행할 수 있다. 이를 추가하고 연결하는 과정이 쉽지는 않다. 렌더 스텝을 너무 과하게 적용하면 스크린 리프레시의 빈도가 감소해 랙이 걸린 것처럼 느려지거나 어색하게 보일 수 있다.

BindToRenderStep는 RunService의 한 부분이며 3개의 매개변수를 가진다. 사용법은 아래와 같다.

```
RunService:BindToRenderStep(bindingName, priority, functionName)
```

3개의 매개변수는 다음과 같다.

- ▶ **bindingName**: 함수 이름과 동일하지 않아도 된다. 이 이름은 바인딩의 이름을 의미한다.
- ▶ **priority**: 얼마나 빨리 렌더 스텝이 수행돼야 하는지 결정하는 숫자 값이다.
- ▶ **functionName**: 바인딩되는 함수의 이름을 의미한다.

이번 프로젝트에서는 고스트 오브젝트가 부드럽게 움직이면서 떨어뜨릴 위치를 살펴보아야 하므로 렌더 스텝을 위한 코드가 추가돼야 한다.

1. 동일한 LocalScript 안에 RunService 변수를 생성한다. 이 서비스에 렌더 스텝이 포함돼 있다.

```
local Players = game:GetService("Players")
local RunService = game:GetService("RunService")

local player = Players.LocalPlayer
-- 나머지 코드
```

2. 바인딩 네임을 위한 변수를 생성한다.

```
-- 앞선 변수들
local plopButton = plopScreen:WaitForChild("PlopButton")

local PLOP_MODE = "PLOP_MODE"

local function onPlopButtonActivated()
    plopButton.Visible = false
end

plopButton.Activated:Connect(onPlopButtonActivated)
```

3. onPlopButtonActivated() 함수의 윗 부분에, onRenderStepped라는 이름으로 새로운 함수를 생성한다.

```
-- 앞선 변수들
local plopButton = plopScreen:WaitForChild("PlopButton")

local PLOP_MODE = "PLOP_MODE"
```

```
local function onRenderStepped()

end

local function onPlopButtonActivated()
    plopButton.Visible = false
end

plopButton.Activated:Connect(onPlopButtonActivated)
```

4. onPlopButtonActivated 함수의 내부에서 onRenderStepped 함수를 바인딩한다.

```
-- 앞선 변수들
local plopButton = plopScreen:WaitForChild("PlopButton")

local PLOP_MODE = "PLOP_MODE"

local function onRenderStepped()

end

local function onPlopButtonActivated()
    plopButton.Visible = false
    RunService:BindToRenderStep(PLOP_MODE,
        Enum.RenderPriority.Camera.Value + 1, onRenderStepped)
end
plopButton.Activated:Connect(onPlopButtonActivated)
```

팁

Priority 값 결정하기

여기서는 숫자 '20'과 같이 특정한 값으로 설정하지 않았다는 것에 유의하자. 플레이어 카메라의 값을 찾고 거기에 1을 더함으로써 바운드되는 코드가 바로 이어서 실행될 수 있도록 했다.

마우스에서 레이캐스팅 하기

이제 사용자의 커서에서부터 Surfaces 폴더에 포함돼 있는 모든 것에 대해 레이캐스팅을 수행한다.

1. 동일한 스크립트의 player 변수 아래에 카메라와 마우스를 위한 변수를 추가한다.

```
-- 앞선 변수들
local player = Players.LocalPlayer
local camera = game.Workspace.Camera
local mouse = player:GetMouse()

local player Gui = player:WaitForChild("Player Gui")
-- 나머지 코드
```

팁

변수를 한 곳에 두자

변수의 양이 늘어날수록 한 곳에 모아두는 것이 중요하다. 서비스는 서비스대로, 오브젝트는 오브젝트와, 상수는 상수끼리 모아 놓는 것이 좋다.

---

2. Raycast 매개변수를 만들고 이를 **RaycastParameters**라는 이름의 변수로 저장하자.

```
-- 앞선 변수들
local plopButton = plopScreen:WaitForChild("PlopButton")

local raycastParameters = RaycastParams.new()

local PLOP_MODE = "PLOP_MODE"
-- 나머지 코드
```

3. 필터 유형을 Whitelist로 설정하고 앞서 만들어 놓은 surfaces 폴더를 리스트 인스턴스에 추가한다.

```
-- 앞선 변수들
local plopButton = plopScreen:WaitForChild("PlopButton")

local raycastParameters = RaycastParams.new()
raycastParameters.FilterType = Enum.RaycastFilterType.Whitelist
raycastParameters.FilterDescendantsInstances = { game.Workspace.Surfaces }

local PLOP_MODE = "PLOP_MODE"
-- 나머지 코드
```

4. **RAYCAST_DISTANCE**라는 이름의 변수를 만든다. 이 변수를 통해 빛의 거리를 제어할 수 있으며 추후 Raycast 함수에서 사용할 것이다.

```
-- 앞선 변수들

local PLOP_MODE = "PLOP_MODE"
local RAYCAST_DISTANCE = 200

local function onRenderStepped()
-- 나머지 코드
```

5. onRenderStepped 함수에서 ScreenPointToRay 함수를 사용해 카메라에서 시작해 플레이어의 마우스로 향하는 빛을 설정한다.

```
-- 다른 변수들

local function onRenderStepped()
    local mouseRay = camera:ScreenPointToRay(mouse.X, mouse.Y, 0)
end
-- 나머지 코드
```

6. onRenderStepped() 함수 내부에서 앞 단계에서 ScreenPointToRay()을 통해 얻게 된 값과 Raycast 함수를 사용한다. 기본적으로 얻게 된 값이 단위 벡터 형태이므로 방향에 RAYCAST_DISTANCE 값을 곱해야 하는 것에 유의하자.

```
local function onRenderStepped()
    local mouseRay = camera:ScreenPointToRay(mouse.X, mouse.Y, 0)
    -- mouseRay에서 얻은 원점과 방향을 사용해 레이캐스트를 수행한다.
    local raycastResults = game.Workspace:Raycast(mouseRay.Origin,
        mouseRay.Direction * RAYCAST_DISTANCE, raycastParameters)
end
```

7. 테스트를 수행해보자. 결과는 앞서의 테스트와 다르지 않다. 다만 어떤 에러도 발생하지 않는지 한 번 더 검증해보자.

지금까지 작성된 코드는 다음과 같다.

```
local Players = game:GetService("Players")
local RunService = game:GetService("RunService")

local player = Players.LocalPlayer
local camera = game.Workspace.Camera
local mouse = player:GetMouse()
```

```
local playerGui = player:WaitForChild("PlayerGui")
local plopScreen = playerGui:WaitForChild("ScreenGui")
local plopButton = plopScreen:WaitForChild("PlopButton")

local raycastParameters = RaycastParams.new()
raycastParameters.FilterType = Enum.RaycastFilterType.Whitelist
raycastParameters.FilterDescendantsInstances = { game.Workspace.Surfaces }

local PLOP_MODE = "PLOP_MODE"
local RAYCAST_DISTANCE = 200

local function onRenderStepped()
    local mouseRay = camera:ScreenPointToRay(mouse.X, mouse.Y, 0)
    local raycastResults = game.Workspace:Raycast(mouseRay.Origin,
        mouseRay.Direction * RAYCAST_DISTANCE, raycastParameters)
end

local function onPlopButtonActivated()
    plopButton.Visible = false
    RunService:BindToRenderStep(PLOP_MODE, Enum.RenderPriority.Camera.Value + 1,
        onRenderStepped)
end

plopButton.Activated:Connect(onPlopButtonActivated)
```

오브젝트 미리보기

그 다음 단계는 플레이어의 마우스가 위치하는 곳에 떨어뜨리려는 오브젝트의 고스트
버전을 보여주는 것이다. 이를 통해 플레이어는 결과를 미리 볼 수 있다. 이번 예제에는
GhostChair라는 오브젝트를 배치해 볼 것이다. 만일 이름이 다르게 설정돼 있다면 코드에
서 이 부분을 업데이트해야 하는 것을 잊지 말자.

1. 여전히 동일한 스크립트에서 ReplicatedStorage와 고스트 오브젝트를 저장할 변
   수를 생성하자.

   ```
   local Players = game:GetService("Players")
   local ReplicatedStorage = game:GetService("ReplicatedStorage")
   ```

```
local RunService = game:GetService("RunService")
...
...
raycastParameters.FilterDescendantsInstances = {game.Workspace.Surfaces}

local ghostObjects = ReplicatedStorage:WaitForChild("GhostObjects")
local ghostChair = ghostObjects:Wa itForChild("GhostChair")

local PLOP_MODE = "PLOP_MODE"
...
```

팁

보이지 않는 코드

코드 샘플에서도 확인할 수 있듯이 코드 전부가 매번 노출되지는 않는다.

---

2. `plopCFrame`이라는 이름의 변수를 만들자. 플레이어 마우스가 가리키는 위치를 저장하는 용도로 사용될 것이다.

```
...
local ghostChair = ReplicatedStorage:WaitForChild("GhostChair")

local plopCFrame = nil

local PLOP_MODE = "PLOP_MODE"
...
```

3. onRenderStepped 함수 내부의 Raycast 다음 부분에서 Raycast가 결과를 반환하는지 확인한다.

```
...
local function onRenderStepped()
    local mouseRay = camera:ScreenPointToRay(mouse.X, mouse.Y, 0)
    local raycastResults = game.Workspace:Raycast(mouseRay.Origin,
        mouseRay.Direction * RAYCAST_DISTANCE, raycastParameters)
    if raycastResults then

    end
end
...
```

4. Raycast가 결과를 반환한다면 마우스가 유효한 범위 안에 있으므로 오브젝트를 노출시켜야 한다는 것을 의미한다. plopCFrame의 값을 Raycast가 반환한 결과로 치환한다.

```
...
local function onRenderStepped()
    local mouseRay = camera:ScreenPointToRay(mouse.X, mouse.Y, 0)
    local raycastResults = game.Workspace:Raycast(mouseRay.Origin,
        mouseRay.Direction * RAYCAST_DISTANCE, raycastParameters)
    if raycastResults then
        plopCFrame = CFrame.new(raycastResults.Position)
    end
end
...
```

5. 고스트 오브젝트의 SetPrimaryPartCFrame 함수를 사용해 오브젝트를 plopCFrame으로 옮긴다.

```
...
local function onRenderStepped()
    local mouseRay = camera:ScreenPointToRay(mouse.X, mouse.Y, 0)
    local raycastResults = game.Workspace:Raycast(mouseRay.Origin,
        mouseRay.Direction * RAYCAST_DISTANCE, raycastParameters)
    if raycastResults then
      plopCFrame = CFrame.new(raycastResults.Position)
      ghostChair:SetPrimaryPartCFrame(plopCFrame)
    end
end
...
```

6. 오브젝트를 워크스페이스로 옮긴다. else 구문에서 오브젝트를 다시 Replicated Storage로 이동한다.

```
...
local function onRenderStepped()
    local mouseRay = camera:ScreenPointToRay(mouse.X, mouse.Y, 0)
    local raycastResults = game.Workspace:Raycast(mouseRay.Origin,
    mouseRay.Direction * RAYCAST_DISTANCE, raycastParameters)
    if raycastResults then
        plopCFrame = CFrame.new(raycastResults.Position)
```

```
        ghostChair:SetPrimaryPartCFrame(plopCFrame)
        ghostChair.Parent = game.Workspace
    else
        plopCFrame = nil
        ghostChair.Parent = ReplicatedStorage
    end
end
...
```

7. 테스트를 수행해보자. 버튼을 클릭한 다음, 그림 23.8과 같이 베이스 영역에서 마우스를 움직일 때마다 고스트 의자가 따라 움직이는 것을 확인할 수 있을 것이다.

그림 23.8 버튼을 클릭한 다음, 고스트 오브젝트가 Surfaces 폴더에 포함돼 있는 오브젝트 위를 마우스를 따라 떠다니는 것을 확인할 수 있을 것이다.

요약

이번 시간에는 사용자만 확인이 가능한 고스트 오브젝트를 만드는 법에 대해 알아봤다. 아주 짧은 시간 동안 어떤 그래픽이 계산돼야 하는지 결정하는 렌더 스텝이라는 개념도 공부해 봤다.

렌더 스텝에 오브젝트를 바인딩하려면 RunService:BindToRenderStep(bindingName, priority, functionName)를 사용해야 한다. 매개변수는 다음과 같이 동작한다.

- ▶ **bindingName**: 함수 이름과 동일하지 않아도 된다. 이 이름은 바인딩의 이름을 의미한다. 이를 통해 어떤 것을 렌더 스텝과 연결할 수도 있고, 연결을 해제할 수도 있다.
- ▶ **priority**: 얼마나 빨리 렌더 스텝이 수행돼야 하는지 결정하는 숫자 값이다.
- ▶ **functionName**: 바인딩되는 함수의 이름을 의미한다.

다음 시간에는 사용자의 클릭을 감지해 오브젝트의 배치를 마무리하는 과정에 대해 배워볼 것이다.

Q&A

Q 레이캐스트에 화이트리스트를 사용하는 이유는 무엇인가?

A 화이트리스트를 통해 특정한 오브젝트만 찾아낼 수 있다. 찾은 오브젝트 외에 다른 모든 오브젝트를 블랙리스트에 올리는 방법도 있지만, 이는 너무 많은 시간을 들여야 하는 작업이 될 수 있다. 또한 새로운 오브젝트를 추가할 때마다 블랙리스트를 업데이트해야 하는 번거로움도 감수해야 한다.

워크샵

지금까지 배운 것을 정리하면서 마무리하자. 다음 질문들에 답해보자.

퀴즈

1. 렌더 스텝이란 무엇인가?
2. BindToRenderStep은 어떤 일을 수행하는가?
3. 렌더 스텝에 액션을 추가하기 위해 필요한 서비스는 무엇인가?
4. BindToRenderStep의 첫 번째 매개변수는 무엇이며, 어떤 일을 수행하는가?

정답

1. '렌더 스텝'이란 화면이 출력될 때 어떤 것을 출력할지 결정하는 계산 과정을 의미한다.

2. `BindToRenderStep`은 함수와 렌더 스텝을 연결해 준다.

3. 렌더 스텝에 액션을 추가하려면 `RunService`를 활용해야 한다.

4. 첫 번째 매개변수는 바인딩의 이름으로, 이를 통해 함수와 렌더 스텝을 연결할 수도 있고, 이 연결을 해제할 수도 있다.

연습

지금까지 배운 패턴을 활용해 그림 23.9와 같이 사용자가 떨어뜨릴 수 있는 2번째 오브젝트를 만들어보자.

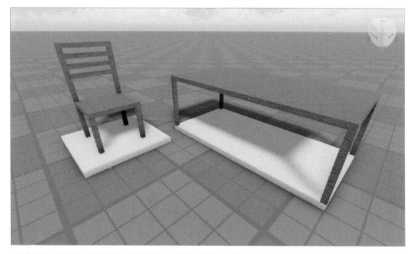

그림 23.9 테이블 이야말로 이 2번째 오브젝트에 잘 어울리지 않을까?

팁: 마찬가지로 모델에는 베이스가 포함돼야 하며 Primary Part로 설정돼야 한다.

부록에서 코드를 확인할 수 있다.

HOUR 24
게임 안에 오브젝트 떨어뜨리기: 파트 2

이 시간에 배울 내용:

▶ 플레이어의 입력을 감지하기 위해 ContextActionService 사용하기

▶ 서버에서 플레이어가 원하는 곳에 오브젝트 배치하기

▶ 마우스를 추적하고 이를 활용해 레이캐스트 수행하기

이번 시간은 2시간으로 구성되는 프로젝트 중 2번째 시간이다. 앞선 시간에는 플레이어의 마우스가 움직이는 것을 추적하고 그에 맞추어 렌더 스텝을 활용해 밖으로 보이는 것을 업데이트했다. 이번 시간에는 ContextActionService를 사용해 플레이어의 클릭을 감지하고 오브젝트를 배치하는 과정을 마무리한다. 그림 24.1과 같이 플레이어가 게임 안에서 집을 꾸미는 것도 동일한 과정을 거친다.

그림 24.1 〈Welcome to Bloxburg〉에서 사용자는 그들의 집과 정원을 꾸밀 수 있다.

마우스 입력 감지하기

이제 플레이어가 어느 곳에 오브젝트를 배치하고 싶어하는지 알 수 있으니, 플레이어가 클릭하는 것을 감지해 오브젝트의 배치를 마무리할 시간이다. ContextActionService를 사용해 이런 과정을 수행할 수 있다.

ContextActionService는 특정한 조건 하에서만 어떤 행위가 발생하도록 해준다. 플레이어의 입력을 빠르게 바인딩하고, 또 바인딩을 해제하는데 주로 활용된다. 예를 들어 마우스 클릭이나 키보드의 입력에 BindAction()를 사용할 수 있다. 형태는 다음과 같다.

ContextActionService:BindAction(actionName, functionName, addMobileButton,inputTypes)

- ▶ **actionName**: 바인딩의 이름
- ▶ **functionName**: 입력이 발생할 경우 호출되는 함수의 이름
- ▶ **addMobileButton**: 모바일 디바이스에 이런 행위를 수행할 수 있도록 화면에 버튼을 추가함
- ▶ **inputType**: 바인딩을 촉발하는 입력의 유형

BindAction과 바인딩되는 함수는 다음과 같은 매개변수를 가진다.

onInput(actionName, inputState)

- ▶ **actionName**: 바인딩의 이름
- ▶ **inputState**: 함수가 호출됐을 때 입력의 상태를 알려줌

더 이상 특정한 입력이 있는지 감지할 필요가 없다면, UnbindAction 함수를 사용해 바인딩을 해제할 수 있다.

ContextActionService:UnbindAction(actionName)

1. 앞서 작업했던 동일한 스크립트에 ContextActionService와 바인딩 이름을 위한 변수를 생성한다.

```
local ContextActionService = game:GetService("ContextActionService")
local Players = game:GetService("Players")
...
```

```
...
local plopCFrame = nil

local PLOP_CLICK = "PLOP_CLICK"
local PLOP_MODE = "PLOP_MODE"
...
```

2. onPlopButtonActivated()의 윗부분에 onMouseInput이라는 이름의 새로운 함수를 만든다.

```
...
local function onMouseInput(actionName, inputState)

end

local function onPlopButtonActivated()
...
```

3. onPlopButtonActivated 함수에서 BindAction 함수를 사용해 onMouseInput 함수를 바인딩 한다.

```
...
local function onPlopButtonActivated()
    plopButton.Visible = false
    RunService:BindToRenderStep(PLOP_MODE,
        Enum.RenderPriority.Camera.Value + 1, onRenderStepped)
    ContextActionService:BindAction(PLOP_CLICK, onMouseInput, false,
        Enum.UserInputType.MouseButton1)
end

...
```

4. onMouseInput 함수에서, 플레이어가 마우스를 클릭했을 때의 상황이므로 입력의 상태가 End인지 확인한다.

```
...
local function onMouseInput(actionName, inputState)
    if inputState == Enum.UserInputState.End then

    end
```

```
    end
...
```

5. if 구문 안에서 고스트 오브젝트가 ReplicatedStorage로 돌아가 있는지 확인한다.

```
...
local function onMouseInput(actionName, inputState)
    if inputState == Enum.UserInputState.End then
        ghostChair.Parent = ReplicatedStorage
    end
end
...
```

6. 동일한 if 구문 안에서 클릭 액션의 바인딩을 해제하고 UnbindAction과 UnbindFrom
RenderStep을 사용해 렌더 액션을 수행한다.

```
...
local function onMouseInput(actionName, inputState)
    if inputState == Enum.UserInputState.End then
        ghostChair.Parent = ReplicatedStorage
        RunService:UnbindFromRenderStep(PLOP_MODE)
        ContextActionService:UnbindAction(PLOP_CLICK)
    end
end
...
```

7. plop 버튼을 다시 보이도록 만든다.

```
...
local function onMouseInput(actionName, inputState)
    if inputState == Enum.UserInputState.End then
        ghostChair.Parent = ReplicatedStorage
        RunService:UnbindFromRenderStep(PLOP_MODE)
        ContextActionService:UnbindAction(PLOP_CLICK)
        plopButton.Visible = true
    end
end
...
```

8. 테스트를 수행해보자. 클릭한 다음에 오브젝트가 사라지고 버튼이 다시 나타나는
지 확인한다.

서버로 메시지 보내기

이제 RemoteEvent를 사용해 플레이어가 어떤 오브젝트를 어느 곳에 배치하는지 서버
에 전송한다.

1. 동일한 스크립트에서 리모트 이벤트를 위한 변수를 생성한다.

```
...
local ghostChair = ReplicatedStorage:WaitForChild("GhostChair")

local events = ReplicatedStorage:WaitForChild("Events")
local plopEvent = events:WaitForChild("PlopEvent")

local raycastParameters = RaycastParams.new()
...
```

2. onMouseInput의 끝 부분에 if 구문을 추가해 plopCFrame이 존재한다면 그 인자인
plopCFrame 변수를 전달하는 리모트 이벤트가 수행되도록 한다.

```
...
local function onMouseInput(actionName, inputState)
    if inputState == Enum.UserInputState.End then
        ghostChair.Parent = ReplicatedStorage
        RunService:UnbindFromRenderStep(PLOP_MODE)
        ContextActionService:UnbindAction(PLOP_CLICK)
        plopButton.Visible = true
        if plopCFrame then
            plopEvent:FireServer(plopCFrame)
        end
    end
end
...
```

💡 팁

여러 개의 오브젝트 다루기

지난 시간 마지막 연습 문제에서도 다루었듯이 여러 개의 오브젝트가 존재한다면 고스트 오브젝트의 이름도 함께
전송해야 한다.

메시지 수신하기

이제 다른 스크립트에서 작업을 수행해야 한다. ServerScriptService에서 PlopEvent를 수신하고 다른 사람들도 모두 배치된 오브젝트를 확인할 수 있도록 만드는 스크립트를 작성한다.

1. ServerScriptService에 새로운 스크립트를 추가한다.

2. ReplicatedStorage와 ServerStorage를 위한 변수를 만든다.

   ```
   local ReplicatedStorage = game:GetService("ReplicatedStorage")
   local ServerStorage = game:GetService("ServerStorage")
   ```

3. RemoteEvent와 chair 오브젝트를 위한 변수를 만든다.

   ```
   local ReplicatedStorage = game:GetService("ReplicatedStorage")
   local ServerStorage = game:GetService("ServerStorage")

   local events = ReplicatedStorage.Events
   local plopEvent = events.PlopEvent
   local ploppable = ServerStorage.Ploppable
   local chair = ploppables.Chair
   ```

4. **onPlop**이라는 이름의 함수를 생성한다. 이 함수는 player와 CFrame을 인자로 가진다.

   ```
   local ReplicatedStorage = game:GetService("ReplicatedStorage")
   local ServerStorage = game:GetService("ServerStorage")

   local events = ReplicatedStorage.Events
   local plopEvent = events.PlopEvent
   local ploppable = ServerStorage.Ploppable
   local chair = ploppables.Chair

   local function onPlop(player, cframe)

   end
   ```

팁

여러 개의 오브젝트 다루기 II

하나 이상의 오브젝트를 처리해야 한다면 여기서 매개변수를 추가해 오브젝트의 이름을 받아와야 한다.

---

5. onPlop 함수를 plopEvent의 OnServerEvent와 연결한다.

```
local ReplicatedStorage = game:GetService("ReplicatedStorage")
local ServerStorage = game:GetService("ServerStorage")

local events = ReplicatedStorage.Events
local plopEvent = events.PlopEvent
local ploppable = ServerStorage.Ploppable
local chair = ploppables.Chair

local function onPlop(player, cframe)
end

plopEvent.OnServerEvent:Connect(onPlop)
```

6. onPlop 함수 안에서 Clone 함수를 사용해 의자의 복제본을 만든다.

```
local ReplicatedStorage = game:GetService("ReplicatedStorage")
local ServerStorage = game:GetService("ServerStorage")

local events = ReplicatedStorage.Events
local plopEvent = events.PlopEvent
local ploppable = ServerStorage.Ploppable
local chair = ploppables.Chair

local function onPlop(player, cframe)
    local chairCopy = chair:Clone()
end

plopEvent.OnServerEvent:Connect(onPlop)
```

7. 복제된 오브젝트를 CFrame으로 옮기고 부모를 workspace로 변경한다.

```
local ReplicatedStorage = game:GetService("ReplicatedStorage")
local ServerStorage = game:GetService("ServerStorage")

local events = ReplicatedStorage.Events
local plopEvent = events.PlopEvent
local ploppable = ServerStorage.Ploppable
local chair = ploppables.Chair
```

```
local function onPlop(player, cframe)
    local chairCopy = chair:Clone()
    chairCopy:SetPrimaryPartCFrame(cframe)
    chairCopy.Parent = game.Workspace
end

plopEvent.OnServerEvent:Connect(onPlop)
```

8. 테스트를 수행해 보자. 원하는 곳을 클릭하면 오브젝트가 배치되고 워크스페이스
   에 추가될 것이다. 여러 개의 의자를 배치해보자.

요약

지금까지 이 책에서 배운 것들을 사용해 프로젝트를 성공적으로 완료했다. 사용자가 스
스로의 환경을 꾸밀 수 있도록 해주는 시스템을 만들면서 사용된 스킬을 정리하면 다음
과 같다.

1. 레이캐스팅을 사용해 마우스의 위치를 찾고 특정한 오브젝트의 이름만 반환하기
   위해 화이트리스트를 사용했다.

2. 사용자가 고스트 오브젝트를 마우스로 드래그할 수 있고 함수와 렌더 스텝을 바인
   딩해 위치를 계속 업데이트할 수 있었다.

3. 사용자는 마우스를 클릭해 배치를 마무리할 수 있다. ContextActionService를 사용
   해 마우스 클릭과 오브젝트를 배치하는 함수를 바인딩했다.

이번 시간은 이 책의 마지막 시간이다. 하지만 여전히 배워야 할 것들이 많이 남아 있다.
지금까지 이 책을 통해 배운 것들은 시작에 불과하다. 모든 프로젝트에서 코드를 확장할
수 있고 배운 것들을 새로운 방식으로 응용할 수 있다. 탁월한 개발자 커뮤니티인 로블록
스 개발자 포럼이나 developer.roblox.com 같은 곳에서 수많은 코드 샘플과 더불어 동
료 개발자들의 도움을 손쉽게 얻을 수 있을 것이다.

스킬이 발전할수록 코드를 구조화하고 다양한 시나리오에 맞추어 테스트를 자주 수행해
야 한다는 것을 잊지 말자. 얼마나 다양한 화면 사이즈를 지원하는지, 그리고 서버에 얼
마나 많은 사람이 접속해 있는 지와 같이 여러 요소가 코드 수행에 영향을 미칠 수 있다

는 것을 항상 고려해야 한다. 다른 사람들이 당신이 만든 게임을 테스트해보는 것도 좋은 방법이다.

라이팅이나 사운드, 환경, 그리고 애니메이션 등의 다양한 주제에 관해 좀 더 많이 알고 싶고 이를 통해 더 나은 게임을 만들어 보고 싶다면, 〈로블록스 개발 첫 발자국 떼기〉를 참조하기를 바란다.

Q&A

Q 필요하지 않을 경우 떨어뜨리기 버튼을 어떻게 보이지 않게 할 수 있는가?

A 떨어뜨리기 버튼을 만들 때 필요한 모든 GUI를 더 큰 프레임의 '꾸미기'나 '상점'안에 배치할 수 있다. 기본적으로 프레임은 비활성화돼야 한다. 지금까지 배운 것을 활용하면 플레이어가 클릭할 수 있거나 하지 못하는 버튼, 그리고 그들이 선택할 수 있는 데코를 모두 보여주거나 숨길 수 있는 버튼을 만들 수 있을 것이다.

Q ContextActionService에서 취할 수 있는 다른 액션은 무엇이 있는가?

A 플레이어가 어떤 것을 하느냐에 따라 제어할 수 있는 것이 달라진다. 예를 들어 플레이어가 차 안에 있다면 브레이크나 주유, 클랙슨을 울리는 것 등을 할 수 있을 것이다. 플레이어가 차 밖에 있다면 이 버튼들을 비활성화할 수 있다.

워크샵

지금까지 배운 것을 정리하면서 마무리하자. 다음 질문들에 답해보자.

퀴즈

1. ContextActionService를 통해 어떤 일을 할 수 있는가?
2. 특정 조건 하에서 특정한 키를 활성화시킬 수 있는 함수는 무엇인가?
3. 여러 개의 오브젝트를 떨어뜨려야 한다면, 베이스 코드에서 어떤 속성이 추가로 전달돼야 하는가?

정답

1. ContextActionService를 통해 특정 조건에서만 발생하는 액션을 만들 수 있다.

2. BindAction()을 사용해 특정 조건에서 특정한 키를 활성화할 수 있다.

3. 떨어뜨릴 오브젝트가 여러 개라면 오브젝트의 이름이 함께 전달돼야 한다.

연습

오브젝트를 배치한 다음 이를 회전할 수 있는 버튼을 만들어보자. 버튼을 누를 때마다 특정한 각도만큼 오브젝트가 회전돼야 한다.

팁

▶ 오브젝트가 회전해야 하는 각도는 상수로 설정한다.

▶ ContextActionService를 사용해 R과 같은 키를 눌러 회전하도록 한다.

부록에서 코드를 찾을 수 있다.

로블록스 기본

다음 표는 로블록스에서 사용되는 주요한 키를 설명하고 있다.

표 A.1 스튜디오 카메라 움직임

키	설명
W A S D	카메라를 이동시킨다.
	W: 전진
	A: 후진
	S: 왼쪽으로 이동
	D: 오른쪽으로 이동
E	카메라를 상승시킨다.
Q	카메라를 하강시킨다.
Shift	카메라를 천천히 이동시킨다.
오른쪽 마우스 버튼(을 누르고 드래그 함)	카메라를 회전한다.
마우스 가운데 버튼	카메라를 드래그 한다.
마우스 스크롤 휠	카메라를 줌인 줌 아웃 한다.
F	선택한 오브젝트에 초점을 맞춘다.

표 A.2 인게임 카메라 움직임

키	설명
W A S D	카메라를 이동시킨다.
	W: 전진
	A: 후진
	S: 왼쪽으로 이동
	D: 오른쪽으로 이동

키	설명
E	카메라를 상승시킨다.
Q	카메라를 하강시킨다.
오른쪽 마우스 버튼(을 누르고 드래그 함)	카메라를 회전한다.
마우스 스크롤 휠	카메라를 줌인 줌 아웃한다.

키워드

루아 예약어

다음 키워드들은 루아에서 예약돼 사용되므로 함수나 변수의 이름으로 사용할 수 없다.

and	break	do	else	elseif	end	false
function	for	if	in	local	nil	not
or	repeat	return	then	true	until	while

아래 추가된 키워드들은 로블록스 플랫폼에서 중요한 역할을 수행하는 키워드 들이다.

script	game	self	workspace

데이터 유형

루아 데이터 유형

boolean	function	nil	number
string	thread	table	userdata

로블록스 루아 데이터 유형

아래의 데이터 유형은 로블록스의 기본 루아에 의해 추가된 것이다. developer.roblox.com 사이트의 API 페이지를 참조하면 이 특별한 유형들에 대해 더 많은 것을 배울 수 있을 것이다.

A

Axes

B

BrickColor

C

CatalogSearchParams

CFrame

Color3

ColorSequence

ColorSequenceKeypoint

D

DateTime

DockWidgetPluginGuiInfo

E

Enum

EnumItem

Enums

F

Faces

I

Instance

N

NumberRange

NumberSequence

NumberSequenceKeypoint

P

PathWaypoint

PhysicalProperties

R

Random

Ray

RaycastParams

RaycastResult

RBXScriptConnection

RBXScriptSignal

Rect

Region3

Region3int16

T

TweenInfo

U

UDim

UDim2

V

Vector2

Vector2int16ector2

Vector3

Vector3int16

연산자

연산자는 연산을 수행하거나 조건에 맞는지 평가를 수행할 때 사용되는 특별한 기호를
의미한다.

논리 연산자

조건 구문을 표현할 때 사용되는 논리 연산자에는 and, or 그리고 not이 있다. 이 연산자
들은 거짓과 nil을 모두 "거짓"으로 판단하며 그 밖의 것들은 "참"으로 간주한다.

연산자	설명
and	양쪽의 조건이 모두 참이면 참이라고 판단한다.
or	양쪽의 조건 중 하나만 참 이어도 참이라고 판단한다.
not	조건의 반대로 평가한다.

관계 연산자

관계 연산자는 2개의 매개변수를 비교하고 그 결과로 불린 타입의 참 혹은 거짓을 반환
한다.

연산자	설명	관련된 메타메서드
==	동일한 관계	__eq
~=	동일하지 않은 관계.	
>	보다 큰	
<	보다 작은	__lt
>=	같거나 큰	
<=	같거나 작은	__le

산술 연산자

루아는 일반적인 2항 연산 기호^{binary operator}와 함께 제곱^{exponentiation}, 나머지^{modulus}, 단항 부정^{unary negation} 등의 연산자도 지원한다.

연산자	설명	예제	관련된 메타메서드
+	더하기	1+1=2	__add
−	빼기	1-1=0	__sub
*	곱하기	5*5=25	__mul
/	나누기	10/5=2	__div
^	제곱	2^4=16	__pow
%	나머지	13%7=6	__mod
−	단항부정	-2=0-2	__unm

기타

2개의 스트링을 병합하고 테이블의 길이를 알려주는 연산자도 존재한다.

연산자	설명	관련된 메타메서드
..	2개의 스트링을 병합	__concat
#	테이블의 길이	__len

네이밍 컨벤션

▶ 모든 단어를 줄이지 말고 사용하라. 약어를 사용하면 코드 작성은 쉬울지 모르지만 읽기 어렵게 만든다.

▶ 클래스와 오브젝트 이름에는 파스칼케이스^{PascalCase}를 사용한다.

▶ 모든 로블록스 API에는 파스칼케이스를 사용한다. 카멜케이스^{camelCase}를 사용하던 API는 대부분 사용되지 않고 있지만, 일부는 여전히 동작하고 있다.

- ▶ 지역 변수와 멤버 변수, 함수에는 카멜케이스를 사용한다.

- ▶ 이름 안에 있는 두문자의 경우, 전체를 대문자로 표기하지 않는다. 예를 들어 Json Variable 혹은 MakeHttpCall과 같이 사용한다.

- ▶ 단, 단어의 일부가 약어로 구성되는 경우는 예외로 한다. 예를 들어 RGBValue 혹은 GetXYZ와 같은 경우다. 이와 같은 경우, RGB는 RedGreenBlue의 약어로 사용된 것이며 따라서 두 문자로 볼 수 없다.

- ▶ 지역 상수는 LOUD_SNAKE_CASE를 사용한다.

- ▶ _camelCase와 같이, 밑줄을 사용해 Private 멤버 앞에 접두사를 붙인다.

- ▶ 루아에는 가시성 규칙^{visibility rules}이 없지만, 밑줄과 같은 문자를 사용해 비공개 액세스를 눈에 띄게 만들 수 있다.

- ▶ 모듈의 이름은 모듈이 내보내는 오브젝트의 이름과 일치해야 한다.

애니메이션 이징

애니메이션 이징^{Animation easing}은 트윈이 발생할 때의 "방향"과 스타일을 결정한다.

스타일	설명
Linear	일정한 속도로 움직인다.
Sine	사인 곡선에 따라 움직이는 속도가 결정된다.
Back	트윈의 움직임이 범위를 벗어났다가 다시 돌아온다.
Quad	2차 보간법quadratic interpolation에 따라 움직인다.
Quart	Quad와 유사하지만 시작 혹은 종료 지점이 더욱 강조된다.
Quint	Quad와 유사하지만 시작 혹은 종료 지점이 더 많이 강조된다.
Bounce	시작 혹은 종료 지점에서 바운드가 발생한다.
Elastic	마치 오브젝트가 고무 밴드에 붙은 것처럼 움직인다.

방향	설명
In	트윈이 느리게 시작했다가 종료 지점에 다가갈수록 빨라진다.
Out	트윈이 빠르게 시작했다가 종료 지점에 다가갈수록 느려진다.
InOut	하나의 트윈에서 In과 Out이 동시에 발생한다. 즉, 시작할 때는 In, 절반 지점을 넘어서면 Out이 적용된다.

연습문제 해답

다음은 각 장의 연습문제를 해결할 수 있는 코드들이다. 정확하게 이와 같지 않더라도 연습문제를 해결할 수 있다.

Hour1

터치하는 모든 것을 파괴하는 코드를 만들어라.

위치와 유형: Part > Script

```
-- 파트를 건드리는 모든 것을 파괴
local lava = script.Parent
local function onTouch(partTouched)
    partTouched:Destroy()
    -- 이를 통해 플레이어가 용암으로 떨어짐
    lava.CanCollide = false
end
lava.Touched:Connect(onTouch)
```

Hour2

연습문제1

코드를 사용해 일반적인 파트를 인사말과 얼굴이 있는 NPC로 만들어보자.

위치와 유형: Part > Script

```
-- 부모를 NPC로 설정한다.

local guideNPC = script.Parent
local message = "Don't fall in!"
local decal = Instance.new("Decal")

guideNPC.Transparency = 0.25
guideNPC.Dialog.InitialPrompt = message
guideNPC.Color = Color3.fromRGB(40, 0, 160)
decal.Parent = guideNPC
```

연습문제2

코드를 사용해 월드의 중앙에 새로운 파트 인스턴스를 만들고 여기에 얼굴과 대화창을
부여하자.

위치와 유형: ServerScriptService > Script

```
-- 월드의 중앙에 NPC를 생성한다.
local newNPC = Instance.new("Part")
local message = "Don't fall in!"
local dialog = Instance.new("Dialog")
local decal = Instance.new("Decal")

dialog.InitialPrompt = message
dialog.Parent = newNPC

decal.Texture = "rbxassetid://494291269"
decal.Parent = newNPC

newNPC.Transparency = 0.25
newNPC.Color = Color3.fromRGB(40, 0, 160)
newNPC.Anchored = true
newNPC.Parent = workspace
```

Hour3

다리를 활성화/비활성화시킬 수 있는 버튼을 만들어보자.

위치와 유형: Part > Script

```
-- 터치했을 때 다리를 활성화시키는 버튼

local button = script.Parent
local bridge = workspace.BridgePiece01 -- 다리의 위치를 설정함

local function deactivateBridge()
    bridge.Transparency = 1
    bridge.CanCollide = false
end

local function onTouch()
    bridge.Transparency = 0
    bridge.CanCollide = true
    -- 충분한 시간을 줌
    wait(3.0)
    deactivateBridge()
end

button.Touched:Connect(onTouch)
```

Hour4

닿는 모든 것을 불타게 만드는 파트를 만들어보자.

위치와 유형: Part > Script

```
-- fire 인스턴스를 bonfire에 추가한다.
local bonfire = script.Parent
local function onTouch(otherPart)
    local fire = Instance.new("Fire")
    fire.Parent = otherPart
end

bonfire.Touched:Connect(onTouch)
```

Hour5

휴머노이드를 찾는 파트를 만들고 만일 발견되면 그들이 걷는 속도를 올려보자.

위치와 유형: Part > Script

```
-- 건드리는 모든 사람의 보행 속도를 50으로 설정한다.
local ServerStorage = game:GetService("ServerStorage")
local speedBoost = script.Parent

local function onTouch(otherPart)
    -- 휴머노이드를 찾고 저장한다.
    local character = otherPart.Parent
    local humanoid = character:FindFirstChildWhichIsA ("Humanoid")

    -- 휴머노이드에 스피드부스트가 적용됐는지 확인한다.
    if humanoid and humanoid.WalkSpeed <= 16 then
        -- SpeedParticles이라고 이름 지은 ParticleEmitter가 있다고 가정한다.
        local speedParticles = ServerStorage.SpeedParticles:Clone()
        speedParticles.Parent = otherPart
        humanoid.WalkSpeed = 50
        wait(2.0)
        humanoid.WalkSpeed = 16
        speedParticles:Destroy()
    end
end

speedBoost.Touched:Connect(onTouch)
```

Hour6

연습문제1

당신이 작성한 코드가 향후에 얼마든지 개선될 수 있다는 것을 인지하는 것은 매우 중요한 일이다. 여기서 코드와 게임을 개선하는 몇 가지 방법에 대해 알아본다. 물론 이것보다 훨씬 더 많은 방법이 존재한다.

▶ 플레이어는 쿨다운 중에도 ProximityPrompt를 사용할 수 있다는 사실에 혼란스러워할 수 있다.

▶ 시력이 약하거나 색맹인 사람들도 게임을 즐긴다. 채굴을 하는 동안 사운드를 추가 해 게임이 동작하고 있다는 것을 알려주면 좋다.

▶ 사람들은 세션이 진행되면서 포인트를 잃는다.

▶ 채굴 이후 금이 획득됐다고 인지하는 것은 쉽지 않다. 파티클 혹은 사운드를 통해 어떤 일이 벌어졌는지 확실하게 전달하는 것이 좋다.

▶ 스피드와 관련된 코드 부분을 보면 플레이어는 특정한 스피드로만 이동할 수 있다. 플레이어가 더 빠른 속도로 움직이거나 파트를 터치할 때마다 더 빨라지도록 코드 를 수정할 수 있을 것이다.

연습문제2

터치를 하는 사람을 거인(혹은 난장이)로 만들어보자.

위치와 유형: Part > Script

```
-- 파트를 건드린 사람의 크기 조정
local growthPotion = script.Parent
local originalColor = growthPotion.Color -- 파트의 원래 컬러를 가져옴
local isEnabled = true
local COOLDOWN = 3.0
local SCALE_AMOUNT = 2.0 -- 아바타의 크기를 변경하기 위한 수치 적용

local function onTouch(otherPart)
    local otherPartParent = otherPart.Parent
    local humanoid = otherPartParent:FindFirstChildWhichIsA("Humanoid")

    if isEnabled == true and humanoid then
        isEnabled = false
        growthPotion.Color = Color3.fromRGB(7, 30, 39)

        local headScale = humanoid.HeadScale
        local bodyDepthScale = humanoid.BodyDepthScale
        local bodyWidthScale = humanoid.BodyWidthScale
        local bodyHeightScale = humanoid.BodyHeightScale

        headScale.Value = headScale.Value * SCALE_AMOUNT
```

```
        bodyDepthScale.Value = bodyDepthScale.Value * SCALE_AMOUNT
        bodyWidthScale.Value = bodyWidthScale.Value * SCALE_AMOUNT
        bodyHeightScale.Value = bodyHeightScale.Value * SCALE_AMOUNT

        wait(COOLDOWN)

        isEnabled = true
        growthPotion.Color = originalColor
    end
end

growthPotion.Touched:Connect(onTouch)
```

Hour7

플레이어가 나무와 금광석을 채집할 수 있어야 한다. 채집과 관련된 스크립트, 그리고 리더보드 스크립트가 관련돼 있다.

파트나 매시를 사용해 나무를 만들고 아래와 같이 커스텀 속성을 추가한다.

- ▶ Name: ResourceType
- ▶ Type: String
- ▶ Value: Logs

캠프파이어 스크립트

위치와 유형: ServerScriptService > Script

```
local ProximityPromptService = game:GetService("ProximityPromptService")

-- 하나의 장작이 얼마나 오래 타는지 결정
local BURN_DURATION = 3

local function onPromptTriggered(prompt, player)
    if prompt.Enabled and prompt.Name == "AddFuel" then
        local playerstats = player.leaderstats
```

```
            local logs = playerstats.Logs
        if logs.Value > 0 then

            logs.Value -= 1
            local campfire = prompt.Parent
            local fire = campfire.Fire

            local currentFuel = campfire:GetAttribute("Fuel")
            campfire:SetAttribute("Fuel", currentFuel + 1)

            if not fire.Enabled then

                fire.Enabled = true
                while campfire:GetAttribute("Fuel") > 0 do
                        local currentFuel = campfire:GetAttribute("Fuel")
                        campfire:SetAttribute("Fuel", currentFuel - 1)
                        wait(BURN_DURATION)
                    end
                    fire.Enabled = false
            end
        end
    end
end

ProximityPromptService.PromptTriggered:Connect(onPromptTriggered)
```

Leaderboard Script

위치와 유형: ServerScriptService > Script

```
local Players = game:GetService("Players")

local function statsSetup(player)
    local leaderstats = Instance.new("Folder")
    leaderstats.Name = "leaderstats"
    leaderstats.Parent = player

    local gold = Instance.new("IntValue")
    gold.Name = "Gold"
```

```
    gold.Value = 0
    gold.Parent = leaderstats

    local logs = Instance.new("IntValue")
    logs.Name = "Logs"
    logs.Value = 5
    logs.Parent = leaderstats
end

Players.PlayerAdded:Connect(statsSetup)
```

Harvesting Script

위치와 유형: ServerScriptService > Script

```
local ProximityPromptService = game:GetService("ProximityPromptService")

local DISABLED_DURATION = 10

local function onPromptTriggered(prompt, player)
    local node = prompt.Parent
    local resourceType = node:GetAttribute("ResourceType")
    if resourceType and prompt.Enabled then
        prompt.Enabled = false
        node.Transparency = 0.8

        local leaderstats = player.leaderstats
        local resourceStat = leaderstats:FindFirstChild(resourceType)
        resourceStat.Value += 1

        wait(DISABLED_DURATION)

        prompt.Enabled = true
        node.Transparency = 0
    end
end

ProximityPromptService.PromptTriggered:Connect(onPromptTriggered)
```

Hour8

연습문제1

캠프파이어에 사용할 히트 박스hit box를 만들고, 이를 건드리면 누구든지 피해를 입도록 만들어보자.

위치와 유형: Part > Script

```lua
-- hitBox를 터치하면 매번 대미지를 가한다.
local hitBox = script.Parent
local BURN_DURATION = 3
local DAMAGE_PER_TICK = 10

local enabled = true

local function onTouch(otherPart)
    local otherPartParent = otherPart.Parent
    local humanoid = otherPartParent:FindFirstChildWhichIsA("Humanoid")

    if humanoid and enabled == true then
        enabled = false
        for burnCount = 0 , BURN_DURATION, 1 do
            humanoid.Health = humanoid.Health - DAMAGE_PER_TICK
            wait(1.0)
        end
        enabled = true
    end
end

hitBox.Touched:Connect(onTouch)
```

연습문제2

루프를 활용할 수 있는 몇 가지 예제는 다음과 같다.

▶ **밤/낮 사이클**: while 루프를 사용해 낮 동안의 시간을 흘려보낼 수 있다. 이와 관련된 다양한 튜토리얼이 존재하므로, 원한다면 이들을 활용해도 좋을 것이다.

- ▶ **계절 사이클**: 밤/낮 사이클과 유사한 계절 사이클도 존재한다. while 루프 내부에 각 각의 계절이 시작될 때 환경을 바꾸는 트리거를 넣을 수도 있다.

- ▶ **다양한 오브젝트에 변경사항 적용하기**: 다양한 오브젝트에 루프를 사용해 업데이트를 수행할 수 있다. 예를 들어 앞서 언급했던 것처럼 계절이 바뀔 때 루프를 사용해 여러 오브젝트의 외관을 한 번에 바꿀 수 있다.

- ▶ **라운드와 로비 생성하기**: 어떤 게임들은 라운드 기반 구조를 사용해 언제 게임을 시작할 지와 플레이어를 기다려야 할지 결정한다.

- ▶ **사라지는 계단이나 다리 만들기**: 루프를 사용해 지속적으로 오브젝트가 나타나게 하거나 혹은 사라지게 만들 수 있다.

- ▶ **무기 쿨다운**: 마법이나 스킬을 다시 충전할 때까지 얼마나 오래 걸리는지를 제어할 때. wait()을 사용할 수도 있지만 루프를 사용하면 훨씬 효과적으로 제어가 가능하다.

- ▶ **오브젝트를 전진시키거나 후퇴시키기**: 경로를 따라 걸어 다니는 NPC나 A지점과 B지점을 오가는 플랫폼(발판) 등에 적용될 수 있다.

Hour9

여러 파트의 외관을 바꿀 수 있는 스크립트를 작성해 보자. 예제의 스크립트는 소나무가 녹색에서 눈 덮인 흰색으로 바뀌게 해 줄 것이다.

위치와 유형: ServerScriptService > Script

```
local treeFolder = workspace.Trees

local trees = treeFolder:GetChildren()

for index, tree in ipairs(trees) do

    local leaves = tree:GetChildren()
    for index, value in ipairs(leaves) do
        if value:isA("BasePart") then
            value.Color = Color3.fromRGB(129, 157, 146)
            -- 변경되는 것을 시각적으로 확인하고 싶다면 wait()을 적절하게 설정한다.
```

```
            wait(0.005)
        else
            print("Not a BasePart")
        end
    end
end
```

Hour10

게임에 참여하는 플레이어들을 "red"와 "blue"로 구분하고 그 결과를 출력해보자.

위치와 유형: ServerScriptService > Script

```
Players = game:GetService("Players")
local AssignRed = true

local teamAssigments = {

}

local function printTeamAssignments()
    print("Teams are:")
    for player, team in pairs(teamAssigments) do
        print(player.name .. " is on " .. team .. " team" )
    end
end

local function assignTeam(newPlayer)

    local name = newPlayer.Name
    print("hello " .. name)
    if AssignRed == true then
        teamAssigments[newPlayer] = "Red"
        AssignRed = false

    else
        teamAssigments[newPlayer] = "Blue"
        AssignRed = true
```

```
        end

    printTeamAssignments()
end

Players.PlayerAdded:Connect(assignTeam)
```

Hour11

〈스스로 연습하기〉에서 활용할 수 있는 리더스탯 코드

리더보드를 아직 설정하지 않았다면 아래와 같은 코드를 사용해 리더보드를 만들 수 있다.

스크립트 이름: PlayerStats

위치와 유형: ServerScriptService > Script

```
local Players = game:GetService("Players")

local function statsSetup(player)
    local leaderstats = Instance.new("Folder")
    leaderstats.Name = "leaderstats"
    leaderstats.Parent = player

    local gold = Instance.new("IntValue")
    gold.Name = "Gold"
    gold.Value = 40
    gold.Parent = leaderstats

    local logs = Instance.new("IntValue")
    logs.Name = "Logs"
    logs.Value = 5
    logs.Parent = leaderstats
end

Players.PlayerAdded:Connect(statsSetup)
```

연습문제

이번 연습문제의 목표는 앞선 시간의 〈스스로 연습하기〉에서 하드코딩돼 있던 서버의
상점 아이템에 관한 정보를 삭제하는 것이다.

1. GetShopInfo라는 이름으로 새로운 RemoteFunction을 추가한다(그림 A.1 참조).

그림 A.1 새로운 RemoteFunction을 추가한다.

2. 판매를 원하는 아이템에 StatName, Price 그리고 NumberToGive 속성을 추가
한다(그림 A.2 참조).

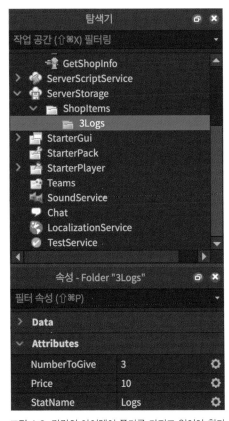

그림 A.2 각각의 아이템이 폴더를 가지고 있어야 한다.

하이라이트된 부분은 연습문제를 위한 코드이며 나머지 부분은 앞선 〈스스로 연습하기〉
부분의 코드다.

```lua
local ReplicatedStorage = game:GetService("ReplicatedStorage")
local Players = game:GetService("Players")
local ServerStorage = game:GetService("ServerStorage")

local checkPurchase = ReplicatedStorage:WaitForChild("CheckPurchase")
local getShopInfo = ReplicatedStorage:WaitForChild("GetShopInfo")

local shopItems = ServerStorage.ShopItems

local function confirmPurchase(player, purchaseType)
    local leaderstats = player.leaderstats
    local currentGold = leaderstats:FindFirstChild("Gold")

    local purchaseType = shopItems:FindFirstChild(purchaseType)
    local resourceStat =
        leaderstats:FindFirstChild(purchaseType:GetAttribute("StatName"))
    local price = purchaseType:GetAttribute("Price")
    local numberToGive = purchaseType:GetAttribute("NumberToGive")

    local serverMessage

  if currentGold.Value >= price then
      currentGold.Value = currentGold.Value - price
      resourceStat.Value += numberToGive

      serverMessage = ("Purchase Successful!")
    elseif currentGold.Value < price then
      serverMessage = ("Not enough Gold")
    else
      serverMessage = ("Didn't find necessary info")
    end
    return serverMessage
end

-- 연습문제를 위해 새로 작성된 코드
local function getButtonInfo(player, purchaseType)
```

```
    local purchaseType = shopItems:FindFirstChild(purchaseType)

    local numberToGive = purchaseType:GetAttribute("NumberToGive")
    local statName = purchaseType:GetAttribute("StatName")
    local price = purchaseType:GetAttribute("Price")

    return numberToGive, statName, price
end

checkPurchase.OnServerInvoke = confirmPurchase
getShopInfo.OnServerInvoke = getButtonInfo -- 연습문제를 위해 새로 작성된 코드
```

ButtonManager

위치와 유형: StarterGui > ShopGui (ScreenGui) > Buy3Logs (TextButton)> ButtonManager (LocalScript)

```
local ReplicatedStorage = game:GetService("ReplicatedStorage")

local checkPurchase = ReplicatedStorage:WaitForChild("CheckPurchase")
local getShopInfo = ReplicatedStorage:WaitForChild("GetShopInfo")

local button = script.Parent
local purchaseType = button:GetAttribute("PurchaseType")
-- 연습문제를 위해 새로 작성된 코드
local numberToGive, statName, price = getShopInfo:InvokeServer(purchaseType)
local defaultText = "Buy " .. numberToGive .. statName .. " for " .. price

button.Text = defaultText

local COOLDOWN = 2.0

local function onButtonActivated()

    local confirmationText = checkPurchase:InvokeServer(purchaseType)
    button.Text = confirmationText
    button.Selectable = false
    wait(COOLDOW N)
```

```
    button.Text = defaultText
    button.Selectable = true
end

button.Activated:Connect(onButtonActivated)
```

Hour12

이번 연습문제에서는 모든 클라이언트가 어떤 맵이 선택됐는지 알 수 있도록 만든다.

완성된 상태의 탐색기 구조는 그림 A.3과 같다.

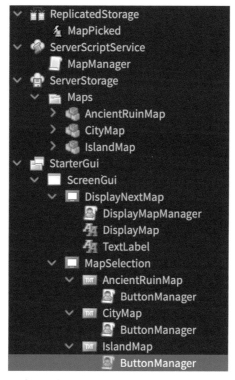

그림 A.3 단 하나의 RemoteEvent로 설정이 가능하다.

```
local ReplicatedStorage = game:GetService("ReplicatedStorage")
local mapPicked = ReplicatedStorage:WaitForChild("MapPicked")

local ServerStorage = game:GetService("ServerStorage")
```

```
local mapsFolder = ServerStorage:WaitForChild("Maps")
local currentMap = nil

local function announceMap(player, chosenMap)
    print("server says".. chosenMap)
    mapPicked:FireAllClients(chosenMap)
end

local function onMapPicked(player, chosenMap)
    local mapChoice = mapsFolder:FindFirstChild(chosenMap)

    if mapChoice then
        if currentMap then
            currentMap:Destroy()
        end
        currentMap = mapChoice:Clone()
        currentMap.Parent = workspace
    else
        print("Map choice not found")
    end
end

mapPicked.OnServerEvent:Connect(announceMap)
mapPicked.OnServerEvent:Connect(onMapPicked)
```

DisplayMapManager

위치와 유형: StarterGui > Frame > LocalScript

```
local ReplicatedStorage = game:GetService("ReplicatedStorage")
local nextMap = ReplicatedStorage:WaitForChild("MapPicked")

local frame = script.Parent
local displayMap = frame.DisplayMap

local DISPLAY_DURATION = 4.0

local function onMapPicked(chosenMap)
```

```
    displayMap.Text = chosenMap
    frame.Visible = true
    wait(DISPLAY_DURATION)
    frame.Visible = false
end
nextMap.OnClientEvent:Connect(onMapPicked)
```

Hour13

이번 연습문제에서는 이전 시간에 작업했던 함정 파트를 모듈스크립트로 전환해보자. 휴머노이드의 체력을 확인하는 용도 외에도 체력의 일부를 뺏거나 그 반대로 플레이어에게 힐을 줄 수 있는 용도로 사용할 수 있다.

PickupManager

위치와 형태: ServerStorage > 모듈스크립트

```
local PickupManager = {}

function PickupManager.modifyHealth(part)
    local character = part.Parent
    local humanoid = character:FindFirstChild("Humanoid")

    if humanoid then
        humanoid.Health = 0
    end
end

return PickupManager
```

On Touch

위치와 형태: Part > Script

```
local ServerStorage = game:GetService("ServerStorage")
local PickupManager = require(ServerStorage.PickupManager)
```

```
local trap = script.Parent

local function onTouch(part)
    PickupManager.modifyHealth(part)
end

trap.Touched:Connect(onTouch)
```

Hour14

이번 연습문제에서는 플레이어를 한 지점에서 다른 지점으로 순간이동 시켜본다.

점프 패드 스타팅 코드

이름: JumpPadManager

위치와 유형: ServerStorage > 모듈스크립트

```
local JumpPadManager = {}

-- Local because they're not needed outside of this ModuleScript
local JUMP_DURATION = 1.0
local JUMP_DIRECTION = Vector3.new(0, 6000, 0)

-- Not local because the jump pads need these functions
function JumpPadManager.jump(part)
    local character = part.Parent
    local humanoid = character:FindFirstChildWhichIsA("Humanoid")

    if humanoid then
        local humanoidRootPart = character:FindFirstChild("HumanoidRootPart")
        local vectorForce = humanoidRootPart:FindFirstChild("VectorForce")
        if not vectorForce then
            vectorForce = Instance.new("VectorForce")
            vectorForce.Force = JUMP_DIRECTION
            vectorForce.Attachment0 = humanoidRootPart.RootRigAttachment
            vectorForce.Parent = humanoidRootPart
            wait(JUMP_DURATION)
```

```
            vectorForce:Destroy()
        end
    end
end

return JumpPadManager
```

이름: OnTouchManager

위치와 유형: Part > Script

```
local ServerStorage = game:GetService("ServerStorage")
local JumpPadManager = require(ServerStorage.JumpPadManager)

local jumpPad = script.Parent

local function onTouch(otherPart)
    JumpPadManager.jump(otherPart)
end

jumpPad.Touched:Connect(onTouch)
```

연습문제

이번 연습문제에서는 플레이어를 한 지점에서 다른 지점으로 순간이동 시켜본다.

설정: 각자 Origin과 Destination이라고 이름 붙은 파트를 만든다.

스크립트 이름: OnTouchTeleport

위치와 유형: Part > Script

```
local ServerStorage = game:GetService("ServerStorage")

local origin = script.Parent
local destination = workspace.Destination

-- 플레이어를 origin part에서 destination part로 순간이동 시킴
local function teleportPlayer(otherPart)
    local character = otherPart.Parent
```

```
    local humanoid = character:FindFirstChild("Humanoid")
    if humanoid then
        character:SetPrimaryPartCFrame(CFrame.new(destination.Position))
    end
end
origin.Touched:Connect(teleportPlayer)
```

Hour15

한 컬러에서 다른 컬러로 무한히 변환되는 SpotLight를 만들어보자. 라이트의 원래 컬러
와 목표 테이블의 컬러가 반복해서 변환되도록 만들 것이다. EasingStyle, Bounce를 적
용하고 살짝 깜박거리는 이펙트를 추가해 캠프파이어에 어울리도록 만들어 본다.

스크립트 이름: SpotLightManager

위치와 유형: Part > Script

설정: 파트 안에 SpotLight가 위치하고 있다고 가정한다.

```
local TweenService = game:GetService("TweenService")
local lightModel = script.Parent
local spotLight = lightModel:FindFirstChild("SpotLight")

local tweenInfo = TweenInfo.new(
    3.0,
    Enum.EasingStyle.Bounce,
    Enum.EasingDirection.InOut,
    -1,
    true
)

local goal = {}
goal.Color = Color3.fromRGB(255, 0, 255)

local spotLightTween = TweenService:Create(spotLight, tweenInfo, goal)

spotLightTween:Play()
```

Hour16

한 경기에서 얼마나 많은 킬과 데스, 어시스트를 기록했는지 저장하는 딕셔너리를 만들고 가장 많은 킬을 올린 사람 기준으로 정렬해보자. 동점이 발생한다면 어시스트를 그 다음 기준으로 삼는다.

위치와 유형: ServerScriptService > Script

```lua
-- 딕셔너리 예제
local playerKDA = {
    Ana = {kills = 0, deaths = 2, assists = 20},
    Beth = {kills = 7, deaths = 5, assists = 0},
    Cat = {kills = 7, deaths = 0, assists = 5},
    Dani = {kills = 5, deaths = 20, assists = 8},
    Ed = {kills = 1, deaths = 1, assists = 8},
}

-- 배열에 추가
local sortedKDA = {}

for key, value in pairs(playerKDA) do
    table.insert(sortedKDA, {playerName = key, kills = value.kills, deaths = value.
deaths, assists = value.assists})
end

-- 트러블슈팅이 필요하다면 이 지점에서 한 번 Print 구문을 수행하자.
print("Original array:")
print(sortedKDA)

-- 처음에는 킬 수 기준으로, 두 번째는 어시스트 기준으로 정렬한다.
local function sortByKillsAndAssists(a,b)
    return (a.kills > b.kills) or (a.kills == b.kills and a.assists > b.assists)
end

table.sort(sortedKDA, sortByKillsAndAssists)
print("Sorted array:")
print(sortedKDA)
```

Hour17

플레이어들이 게임에 참여할 때마다 골드를 지급해보자. 이번에는 출력창에 그들이 보유한 골드를 표시할 것이다. 추후 리더보드나 GUI를 사용해 업데이트가 가능할 것이다.

위치와 유형: ServerScriptService > Script

```lua
local DataStoreService = game:GetService("DataStoreService")
local goldDataStore = DataStoreService:GetDataStore("Gold")
local Players = game:GetService("Players")

local GOLD_ON_JOIN = 5.0

local function onPlayerAdded(player)
    local playerKey = "Player_" .. player.UserId

    -- 이전 값을 구하기 위해 UpdateAsync를 사용하고, 업데이트된 값을 보낸다.
    local updateSuccess, errorMessage = pcall(function ()
        goldDataStore:UpdateAsync(playerKey, function (oldValue)
            local newValue = oldValue or 0
            newValue = newValue + GOLD_ON_JOIN
            return newValue
        end)
    end)

    -- 에러가 없는지 확인한다.
    if not updateSuccess then
        print(errorMessage)
    end

    -- pcall()을 사용해 데이터에 접근한다.
    local getSuccess, currentGold = pcall(function()
        return g oldDataStore:GetAsync(playerKey)
    end)

    if getSuccess then
        print(player.Name .. " has " .. currentGold)
    end
end

Players.PlayerAdded:Connect(onPlayerAdded)
```

Hour18

라운드가 시작할 때 "Round Starting", 라운드가 종료될 때 "Round Ending"을 출력하는 모듈을 만들어보자.

Announcements Module

위치와 유형: ServerStorage > ModuleScripts > 모듈스크립트

```lua
local Announcements = {}

-- 서비스
local Players = game:GetService("Players")
local ServerStorage = game:GetService("ServerStorage")

local events = ServerStorage.Events
local roundEnd = events.RoundEnd
local roundStart = events.RoundStart

local function onRoundStart()
    print("Match starting")
end

local function onRoundEnd()
    print("Match over")
end

roundStart.Event:Connect(onRoundStart)
roundEnd.Event:Connect(onRoundEnd)

return Announcements
```

Updated RoundManager

```lua
-- 서비스
local ServerStorage = game:GetService("ServerStorage")
local Players = game:GetService("Players")
```

```
-- 모듈 스크립트
local moduleScripts = ServerStorage.ModuleScripts
local playerManager = require(moduleScripts.PlayerManager)
local announcements = require(moduleScripts.Announcements)
local roundSettings = require(moduleScripts.RoundSettings)

-- 이벤트
local events = ServerStorage.Events
local roundStart = events.RoundStart
local roundEnd = events.RoundEnd

while true do
    repeat
        wait(roundSettings.intermissionDuration)
    until Players.NumPlayers >= roundSettings.minimumPeople
    roundStart:Fire()
    wait(roundSettings.roundDuration)
    roundEnd:Fire()
end
```

Hour19

실제로 사용자가 구매할 수 있는 패스를 만들어보자. 패스의 기능이 구매가 가능할 정도
로 고유해야 하므로 여기서는 특별한 솔루션을 제시하지 않는다.

Hour20

NPC의 이름을 출력하는 클래스를 만들어보자.

```
local Person = {}
    Person.__index = Person

function Person.new(name)
    local self = {}
    setmetatable(self, Person)

    self.name = name
```

```
    return self
end

function Person:sayName()
    print("My name is", self.name)
end

local sam = Person.new("Sam")
sam:sayName() -- "My name is Sam"을 출력한다.
```

Hour21

캐릭터가 다양한 직업을 선택할 수 있는 RPG 게임을 만든다고 가정해보자. 하나의 Parent job 클래스와 2개의 각기 다른 자식 클래스를 만들어 보자.

```
local Job = {}
Job.__index = Job

function Job.new()
    local self = {}
    setmetatable(self, Job)
    self.experience = 0
    return self
end

function Job:gainExperience(experience)
    self.experience = experience
end

function Job:attack()
    print("I attack the enemy!")
end

local Warrior = {}
Warrior.__index = Warrior
setmetatable(Warrior, Job)

function Warrior.new()
```

```lua
    local self = Job.new()
    setmetatable(self, Warrior)
    self.stamina = 5
    return self
end

function Warrior:attack()
    if self.stamina > 0 then
        print("I swing my weapon at the enemy!")
        self.stamina -= 1
    else
        print("I am too tired to attack")
    end
end

local Mage = {}
Mage.__index = Mage
setmetatable(Mage, Job)

function Mage.new()
    local self = Job.new()
    setmetatable(self, Mage)
    self.mana = 10
    return self
end

function Mage:attack()
    if self.mana > 0 then
        print("I cast a spell at the enemy!")
        self.mana -= 1
    else
        print("I am out of mana")
    end
end

local warrior = Warrior.new()
print("Warrior experience", warrior.experience)
print("Warrior stamina:", warrior.stamina)
print("Warrior mana:", warrior.mana) -- nil이어야 한다.
```

```
warrior:attack()
warrior:gainExperience(1)
print("Warrior experience", warrior.experience) -- 1 더 커야 한다.
print("Warrior stamina:", warrior.stamina) -- 1 더 작아야 한다.
print("Warrior mana:", warrior.mana) -- nil이어야 한다.

local mage = Mage.new()
print("Mage experience:", mage.experience)
print("Mage stamina:", mage.stamina) -- nil이어야 한다.
print("Mage mana:", mage.mana)
mage:attack()
mage:gainExperience(1)
print("Mage experience:", mage.experience) -- 1 더 커야 한다.
print("Mage stamina:", mage.stamina) -- nil이어야 한다.
print("Mage mana:", mage.mana) -- 1 더 작아야 한다.
```

Hour22

플레이어 감지기를 만들어보자. 플레이어가 파트에 접근했을 때 빛을 이용해 이를 감지한다.

위치와 유형: Part > Script

```
local Players = game:GetService("Players")

local detector = script.Parent

local DETECTION_RANGE = 20
local DETECTION_INTERVAL = 0.25

local DETECTED_COLOR = Color3.new(0, 1, 0)
local NOT_DETECTED_COLOR = Color3.new(1, 0, 1)

local function findCharacter(character)
    if character then
        local humanoidRootPart = character:FindFirstChild("HumanoidRootPart")
        if humanoidRootPart then
            local toCharacter = humanoidRootPart.Position - detector.Position
```

```
            local toCharacterWithRange = toCharacter.Unit * DETECTION_RANGE
            local raycastResult = game.Workspace:Raycast(detector.Position,
                toCharacterWithRange)
            if raycastResult then
                local hitPart = raycastResult.Instance
                if hitPart:IsDescendantOf(character) then
                    return true
                end
            end
        end
    end
    return false
end

local function checkForPlayers()
    for _, player in ipairs(Players:GetPlayers()) do
        local character = player.Character
        if findCharacter(character) then
            return true
        end
    end
    return false
end

detector.Color = NOT_DETECTED_COLOR
while wait(DETECTION_INTERVAL) do
    if checkForPlayers() then
        detector.Color = DETECTED_COLOR
    else
        detector.Color = NOT_DETECTED_COLOR
    end
end
```

Hour23

〈스스로 연습하기〉에서 작성된 코드를 업데이트해 배치 가능한 오브젝트를 하나 더 추
가하자. 사용자가 고스트 오브젝트를 드래그하는 지점까지 코드를 준비하면 된다.

위치와 유형: StarterPlayer > StarterPlayerScripts > LocalScript

```lua
local Players = game:GetService("Players")
local ReplicatedStorage = game:GetService("ReplicatedStorage")
local RunService = game:GetService("RunService")

local player = Players.LocalPlayer
local camera = game.Workspace.Camera
local mouse = player:GetMouse()

local playerGui = player:WaitForChild("PlayerGui")
local plopScreen = playerGui:WaitForChild("ScreenGui")
local plopChairButton = plopScreen:WaitForChild("PlopChairButton")
local plopTableButton = plopScreen:WaitForChild("PlopTableButton")

local ghostObjects = ReplicatedStorage:WaitForChild("GhostObjects")
local ghostChair = ghostObjects:WaitForChild("GhostChair")
local ghostTable = ghostObjects:WaitForChild("GhostTable")
local events = ReplicatedStorage.Events
local plopEvent = events:WaitForChild("PlopEvent")

local raycastParameters = RaycastParams.new()
raycastParameters.FilterType = Enum.RaycastFilterType.Whitelist
raycastParameters.FilterDescendantsInstances = { game.Workspace.Surfaces }

local plopCFrame = nil
local activeGhost = nil

local PLOP_MODE = "PLOP_MODE"
local RAYCAST_DISTANCE = 200

local function onRenderStepped()
    local mouseRay = camera:ScreenPointToRay(mouse.X, mouse.Y, 0)
    local raycastResults = game.Workspace:Raycast(mouseRay.Origin,
        mouseRay.Direction * RAYCAST_DISTANCE, raycastParameters)
    if raycastResults then
        plopCFrame = CFrame.new(raycastResults.Position)
        activeGhost:SetPrimaryPartCFrame(plopCFrame)
        activeGhost.Parent = game.Workspace
```

```
    else
        activeGhost.Parent = ReplicatedStorage
    end
end

local function onPlopButtonActivated()
    plopChairButton.Visible = false
    plopTableButton.Visible = false
    RunService:BindToRenderStep(PLOP_MODE, Enum.RenderPriority.Camera.Value + 1,
onRenderStepped)
end

local function onPlopChairButtonActivated()
    activeGhost = ghostChair
    onPlopButtonActivated()
end

local function onPlopTableButtonActivated()
    activeGhost = ghostTable
    onPlopButtonActivated()
end

plopChairButton.Activated:Connect(onPlopChairButtonActivated)
plopTableButton.Activated:Connect(onPlopTableButtonActivated)
```

Hour24

지금까지 작성한 코드에 더해 플레이어가 오브젝트를 배치하기 전에 오브젝트를 회전해
볼 수 있는 기능을 추가하자.

위치와 유형: StarterPlayer > StarterPlayerScripts > LocalScript

```
local ContextActionService = game:GetService("ContextActionService")
local Players = game:GetService("Players")
local ReplicatedStorage = game:GetService("ReplicatedStorage")
local RunService = game:GetService("RunService")

local player = Players.LocalPlayer
```

```lua
local camera = game.Workspace.Camera
local mouse = player:GetMouse()

local playerGui = player:WaitForChild("PlayerGui")
local plopScreen = playerGui:WaitForChild("ScreenGui")
local plopButton = plopScreen:WaitForChild("PlopButton")

local raycastParameters = RaycastParams.new()
raycastParameters.FilterType = Enum.RaycastFilterType.Whitelist
raycastParameters.FilterDescendantsInstances = { game.Workspace.Surfaces }

local ghostObjects = ReplicatedStorage:WaitForChild("GhostObjects")
local ghostChair = ghostObjects:WaitForChild("GhostChair")

local events = ReplicatedStorage:WaitForChild("Events")
local plopEvent = events:WaitForChild("PlopEvent")

local plopCFrame = nil
local rotationAngle = 0

local PLOP_CLICK = "PLOP_CLICK"
local PLOP_ROTATE = "PLOP_ROTATE"
local PLOP_MODE = "PLOP_MODE"
local RAYCAST_DISTANCE = 200
local ROTATION_STEP = 45

local function onRenderStepped()
    local mouseRay = camera:ScreenPointToRay(mouse.X, mouse.Y, 0)
    local raycastResults = game.Workspace:Raycast(mouseRay.Origin,
        mouseRay.Direction * RAYCAST_DISTANCE, raycastParameters)
    if raycastResults then
        local rotationAngleRads = math.rad(rotationAngle)
        local rotationCFrame = CFrame.Angles(0, rotationAngleRads, 0)
        plopCFrame = CFrame.new(raycastResults.Position) * rotationCFrame
        ghostChair:SetPrimaryPartCFrame(plopCFrame)
        ghostChair.Parent = game.Workspace
    else
        plopCFrame = nil
        ghostChair.Parent = ReplicatedStorage
```

```
        end
end

local function onMouseInput(actionName, inputState)
    if inputState == Enum.UserInputState.End then
        ghostChair.Parent = ReplicatedStorage
        RunService:UnbindFromRenderStep(PLOP_MODE)
        ContextActionService:UnbindAction(PLOP_CLICK)
        ContextActionService:UnbindAction(PLOP_ROTATE)
        plopButton.Visible = true
        rotationAngle = 0
        if plopCFrame then
            plopEvent:FireServer(plopCFrame)
        end
    end
end

local function onRotate(actionName, inputState)
    if inputState == Enum.UserInputState.End then
        rotationAngle += ROTATION_STEP
        if rotationAngle >= 360 then
            rotationAngle -= 360
        end
    end
end

local function onPlopButtonActivated()
    plopButton.Visible = false
    RunService:BindToRenderStep(PLOP_MODE,
        Enum.RenderPriority.Camera.Value + 1, onRenderStepped)
    ContextActionService :BindAction(PLOP_CLICK, onMouseInput, false,
        Enum.UserInputType.MouseButton1)
    ContextActionService:BindAction(PLOP_ROTATE, onRotate, false, Enum.KeyCode.R)
end

plopButton.Activated:Connect(onPlopButtonActivated)
```

찾아보기

로블록스 루아 프로그래밍 첫 발자국 떼기

로블록스 공식 가이드

발　행 | 2023년 1월 3일

옮긴이 | 진석준
지은이 | 제네비에브 존슨

펴낸이 | 권성준
편집장 | 황영주
편　집 | 김진아
디자인 | 윤서빈

에이콘출판주식회사
서울특별시 양천구 국회대로 287 (목동)
전화 02-2653-7600, 팩스 02-2653-0433
www.acornpub.co.kr / editor@acornpub.co.kr

한국어판 ⓒ 에이콘출판주식회사, 2022, Printed in Korea.
ISBN 979-11-6175-702-5
http://www.acornpub.co.kr/book/roblox-lua-24hours

책값은 뒤표지에 있습니다.